个案工作实务手册

安 芹 编著

北京理工大学出版社
BEIJING INSTITUTE OF TECHNOLOGY PRESS

内 容 提 要

本书包括三部分：第一篇理论部分，阐释个案工作实务的基础理论、基本程序及主要理论模式；第二篇实务部分，包括打工子弟小学生个案工作、老年个案工作、医务个案工作和残疾个案工作；第三篇实习文件与问答部分，介绍社会工作专业教师与学生进入实务领域个案实习的文件规定，以及对常见问题进行解答。本手册适用于社会工作专业的教师、学生以及社会工作实践者，同时也可以为相关服务领域的志愿者提供参考。

版权专有　侵权必究

图书在版编目（CIP）数据

个案工作实务手册/安芹编著. —北京：北京理工大学出版社，2015.1（2021.1 重印）

ISBN 978-7-5682-0027-1

Ⅰ.①个… Ⅱ.①安… Ⅲ.①社会个案工作-手册 Ⅳ.①C916-62

中国版本图书馆 CIP 数据核字（2014）第 297389 号

出版发行 / 北京理工大学出版社有限责任公司
社　　址 / 北京市海淀区中关村南大街 5 号
邮　　编 / 100081
电　　话 / （010）68914775（总编室）
　　　　　82562903（教材售后服务热线）
　　　　　68948351（其他图书服务热线）
网　　址 / http：//www.bitpress.com.cn
经　　销 / 全国各地新华书店
印　　刷 / 北京虎彩文化传播有限公司
开　　本 / 710 毫米×1000 毫米　1/16
印　　张 / 18　　　　　　　　　　　　　责任编辑 / 刘　娟
字　　数 / 249 千字　　　　　　　　　　　文案编辑 / 刘　娟
版　　次 / 2015 年 1 月第 1 版　2021 年 1 月第 2 次印刷　责任校对 / 周瑞红
定　　价 / 36.00 元　　　　　　　　　　　责任印制 / 王美丽

图书出现印装质量问题，请拨打售后服务热线，本社负责调换

序

实践生产的知识与教学相长的知识生产

社会工作的魅力是什么？它张扬着追求社会公平、助人自助的理念，倡导对他人、社会的关怀，为有需求的人提供帮助，更是将理念与方法应用于实践的专业。个案工作是社会工作的三大方法之一，它透过对案主的工作，真正将社会工作的理想、理念、方法付诸实际的社会服务中。

从北京理工大学社会工作系2003年成立起，作者安芹就承担了个案工作这门专业课程，并且也担任了社会工作专业个案工作实习的教学任务。从理论讲授，到实践督导，多次与学生进行分享讨论。多年的积累终于促成了此书的诞生，在此致以特别的祝贺！

我觉得此书的撰写有两个特点：

一是实践产生知识。此书是和本人所编著的另一本《团体工作》共同策划的。国内外类似的书不少，但我们希望此系列书的出版能对我们多年来的教学，以及对案主实际服务的经验进行总结，从我们的实践中生产出社会工作的理论以及具体的社会工作的操作方法。

二是教学相长的知识生产。北京理工大学社会工作专业的实习是专业训练的重要一部分，也是专业建设最重视、最优势的部分。由于社会工作在中国还处在发展的初始阶段，不管是在专业建设发展上，还是在社区、社会服务组织的社会工作实践上，都没有多少经验，多处于探索和尝试中。学生们在打工子弟学校、在养老院、在社区，运用所学专业知识直接为案主服务时，边学习边实践边总结，教学相长，成就了新的知识产出。该书对特定人群的个案工作的实际服务环节、细致入微的对话过程，生动具体地展现了个案工作的操作过程，对所服务群体的特点、服务机构的性质和特征的介绍与讨论，都有利于学人思考接下来如何为个案提供更好的帮助，而这些均来自于老师与学生相互探讨的经验总结。

感动且感谢安芹老师和她的学生为该书所付出的努力！这是一个重要的学术成果。愿此书能为社会工作专业同行以及热心于心理社会服务的各方同道提供有益的参考和重要帮助！

贾晓明
2014. 12

引 言

目前我国正处于经济快速发展的社会转型阶段，人们在面对更多发展机遇与挑战的同时会遇到很多社会适应问题，当社会制度或社会政策无法面向所有群体合理配置社会资源时，有些群体在满足基本需求的过程中可能遭遇各种阻碍。个案工作实务是社会工作者在专业理念的指导下，以个体为服务对象，运用科学的理论知识和技术方法，通过个别化的方式帮助案主充分认识并利用自身拥有的资源和潜能，发展应对现实生活困扰的实际策略，同时辅以社会环境的调整和改善，促进案主达成与环境之间的适应性平衡，进而提高案主的生活质量和主观幸福感。

个案工作是社会工作实务领域最直接、最基础的专业服务方法。本书在介绍个案工作实务基础理论和主要治疗模式的基础上，选取打工子弟小学生、机构养老介助老年人和社区居家养老丧偶老年人、接受基金会资助手术治疗的先心病患儿以及残疾人四种不同类型的服务对象，重点介绍个案工作实务的具体服务过程，并对个案干预的关键环节以及影响因素进行深入探讨，基于专业视角探索针对不同群体的个案服务模式。

本手册包括三部分：第一篇理论部分，主要阐释个案工作实务的基础理论、基本程序及主要理论模式；第二篇实务部分，主要包括打工子弟小学生个案工作、老年个案工作、医务个案工作和残疾个案工作；第三篇实习文件与问答部分，主要介绍社会工作专业教师与学生进入实务领域个案实习的文件规定，以及对常见问题进行解答。

本手册所提供的案例是北京理工大学社会工作专业高年级学生近年来专业实践的真实个案，在一定程度上反映了我国目前社会工作实务领域的现实状况。这些学生是：刘雅婷（2008级本科生，单亲家庭打工子弟小学生个案）、王甜（2008级本科生，自卑打工子弟小学生个案）、岳明（2008级本科生，养老机构介助老人个案）、王茹（2010级本科生，居家丧偶老人个案）、杨玉婷（2009级本科生，先心病患儿个案）和邢贝贝（2008级本科生，残疾人个案）。

  本手册适用于社会工作专业的教师、学生以及社会工作实践者，同时也可以为相关服务领域的志愿者提供借鉴和参考。

目 录

第一篇 理论部分

第一章 个案工作实务的基础理论 ………………… 003
第一节 个案工作概述 ………………………………… 003
一、个案工作的基本概念 ……………………………… 003
二、个案工作的基本特点 ……………………………… 005
三、个案工作的基本原则 ……………………………… 006
第二节 个案工作的专业关系 ………………………… 008
一、专业关系的特点 …………………………………… 008
二、个案工作者的基本素质 …………………………… 009
三、专业关系中常见的问题及应对 …………………… 010
第三节 个案工作实务的基本技术 …………………… 013
一、专业会谈 …………………………………………… 013
二、访视 ………………………………………………… 016
三、记录与文件归档 …………………………………… 017
第四节 个案工作实务的价值和伦理议题 …………… 019
一、个案工作的价值 …………………………………… 019
二、个案工作实务的伦理 ……………………………… 022
三、个案工作实务领域的主要伦理困境 ……………… 024
附1：中国社会工作者协会社会工作者守则 …………… 027
附2：个案工作记录表 …………………………………… 029

第二章 个案工作的基本程序 ……………………… 031
第一节 接案与建立关系阶段 ………………………… 032

一、工作目标 ··· 033
　　二、准备工作 ··· 033
　　三、工作内容 ··· 035
第二节　资料收集与诊断 ·· 042
　　一、工作目标 ··· 042
　　二、资料收集 ··· 042
　　三、诊断 ··· 044
第三节　制定工作目标与制订计划 ·· 045
　　一、工作目标 ··· 045
　　二、制定目标的原则 ··· 045
　　三、制定目标的步骤 ··· 046
　　四、制订工作计划 ··· 047
第四节　提供服务 ·· 048
　　一、工作目标 ··· 048
　　二、个案工作者的角色 ··· 048
第五节　结案与评估 ·· 049
　　一、结案 ··· 050
　　二、评估 ··· 052

第三章　个案工作实务的理论模式 ······································ 054
第一节　心理社会治疗模式 ·· 055
　　一、理论基础 ··· 055
　　二、实施程序 ··· 056
　　三、基本方法与技术 ··· 059
第二节　行为治疗模式 ·· 063
　　一、理论基础 ··· 063
　　二、实施程序 ··· 065
　　三、基本方法与技术 ··· 068
第三节　以人为中心治疗模式 ·· 072

一、理论基础 …………………………………………………… 072
　　二、实施程序 …………………………………………………… 073
　　三、基本方法与技术 …………………………………………… 074
　第四节　理性情绪治疗模式 ……………………………………… 084
　　一、理论基础 …………………………………………………… 085
　　二、实施程序 …………………………………………………… 086
　　三、基本方法与技术 …………………………………………… 087

第二篇　实务部分

第四章　打工子弟小学生个案工作实务 ……………………………… 093
　第一节　打工子弟小学生的心理社会发展及需求 ……………… 094
　　一、打工子弟小学生的心理社会发展特点 …………………… 094
　　二、影响打工子弟小学生心理社会发展的根源探析 ………… 095
　　三、打工子弟小学生个案工作的相关理论 …………………… 097
　第二节　单亲家庭打工子弟小学生的个案干预过程 …………… 099
　　一、第一阶段：接案与建立关系 ……………………………… 099
　　二、第二阶段：资料收集与诊断 ……………………………… 100
　　三、第三阶段：制定工作目标和制订计划 …………………… 103
　　四、第四阶段：提供服务 ……………………………………… 105
　　五、第五阶段：结案与评估 …………………………………… 109
　第三节　自卑打工子弟小学生的个案干预过程 ………………… 111
　　一、第一阶段：接案与建立关系 ……………………………… 111
　　二、第二阶段：资料收集与诊断 ……………………………… 112
　　三、第三阶段：制定工作目标和制订计划 …………………… 116
　　四、第四阶段：提供服务 ……………………………………… 118
　　五、第五阶段：结案与评估 …………………………………… 124
　第四节　打工子弟小学生个案干预模式的讨论 ………………… 126
　　一、打工子弟小学生个案干预的关键点 ……………………… 126

二、打工子弟小学生个案干预效果的影响因素 …………………… 128
　第五节　对打工子弟小学生个案工作的建议 ………………………… 130
　　一、政府方面 …………………………………………………… 130
　　二、学校方面 …………………………………………………… 131
　　三、个案工作方面 ……………………………………………… 131

第五章　老年个案工作实务 133
　第一节　关于老年人的发展及服务需求 ……………………………… 134
　　一、老年人的身心发展特点 …………………………………… 134
　　二、老年群体心理发展相关理论 ……………………………… 136
　　三、丧偶老年群体的研究及相关理论 ………………………… 143
　　四、老年人对个案工作服务的需求 …………………………… 144
　第二节　机构养老介助老年人的个案干预过程 ……………………… 146
　　一、第一阶段：接案与建立关系 ……………………………… 146
　　二、第二阶段：资料收集与诊断 ……………………………… 148
　　三、第三阶段：制定工作目标和制订计划 …………………… 151
　　四、第四阶段：提供服务 ……………………………………… 153
　　五、第五阶段：结案与评估 …………………………………… 157
　第三节　机构养老介助老年人个案干预模式的讨论 ………………… 161
　　一、机构养老介助老年人个案干预的关键点 ………………… 161
　　二、机构养老介助老年人个案干预效果的影响因素 ………… 163
　第四节　居家养老丧偶老年人的个案干预过程 ……………………… 164
　　一、第一阶段：接案与建立关系 ……………………………… 165
　　二、第二阶段：资料收集与诊断 ……………………………… 166
　　三、第三阶段：制定工作目标和制订计划 …………………… 170
　　四、第四阶段：提供服务 ……………………………………… 172
　　五、第五阶段：结案与评估 …………………………………… 177
　第五节　居家养老丧偶老年人个案干预模式的讨论 ………………… 179
　　一、居家养老丧偶老年人个案干预的关键点 ………………… 179

二、居家养老丧偶老年人个案干预效果的影响因素 …………… 182
　第六节　对老年个案工作的建议 ……………………………………… 183
　　一、政府方面 …………………………………………………………… 183
　　二、机构方面 …………………………………………………………… 184
　　三、个案工作方面 ……………………………………………………… 185

第六章　医务个案工作实务 ……………………………………………… 186
　第一节　关于先天性心脏病患儿的心理干预 ………………………… 187
　　一、我国先心病患儿及治疗的概况 …………………………………… 187
　　二、对先天性心脏病患儿的心理研究 ………………………………… 188
　　三、对先天性心脏病患儿的干预研究 ………………………………… 190
　　四、对先天性心脏病患儿的个案工作介入 …………………………… 192
　第二节　先心病患儿的个案干预过程 ………………………………… 192
　　一、第一阶段：接案与建立关系 ……………………………………… 192
　　二、第二阶段：收集资料与诊断 ……………………………………… 195
　　三、第三阶段：制定工作目标和制订计划 …………………………… 199
　　四、第四阶段：提供服务 ……………………………………………… 204
　　五、第五阶段：结案与评估 …………………………………………… 208
　第三节　先心病患儿个案干预模式的讨论 …………………………… 211
　　一、先心病患儿个案干预的关键点 …………………………………… 211
　　二、先心病患儿个案干预效果的影响因素 …………………………… 214
　第四节　对医务个案工作的建议 ……………………………………… 216
　　一、政府方面 …………………………………………………………… 216
　　二、医院方面 …………………………………………………………… 217
　　三、个案工作方面 ……………………………………………………… 218

第七章　残疾人个案工作实务 …………………………………………… 219
　第一节　残疾人的心理特点及服务需求 ……………………………… 219
　　一、关于残疾人及其就业环境 ………………………………………… 220

二、影响残疾人就业意愿的心理因素 …………………………… 220
　　三、残疾人个案工作的相关理论 ………………………………… 222
　　四、改善残疾人就业意愿的可能性 ……………………………… 224
第二节　改善残疾人就业意愿的个案工作干预过程 ………………… 224
　　一、第一阶段：接案与建立关系 ………………………………… 224
　　二、第二阶段：资料收集与诊断 ………………………………… 226
　　三、第三阶段：制定工作目标和制订计划 ……………………… 229
　　四、第四阶段：提供服务 ………………………………………… 230
　　五、第五阶段：结案与评估 ……………………………………… 234
第三节　改善残疾人就业意愿个案干预模式的讨论 ………………… 234
　　一、改善残疾人就业意愿个案干预的关键点 …………………… 235
　　二、残疾人就业意愿个案干预效果的影响因素 ………………… 236
第四节　对我国残疾人个案工作的建议 ……………………………… 237
　　一、政府方面 ……………………………………………………… 238
　　二、机构方面 ……………………………………………………… 238
　　三、个案工作方面 ………………………………………………… 238

第三篇　实习文件与问答

第八章　社会工作专业实习文件 ………………………………… 243
第一节　社会工作专业学生实习守则 ………………………………… 243
　　一、实习学生的职责 ……………………………………………… 244
　　二、实习学生的权利 ……………………………………………… 245
　　三、实习学生的纪律要求 ………………………………………… 245
　　四、实习学生的伦理规范 ………………………………………… 246
第二节　社会工作专业实习指导教师守则 …………………………… 247
　　一、实习指导教师的角色 ………………………………………… 248
　　二、实习指导教师的职责 ………………………………………… 248
　　三、实习指导教师的伦理规范 …………………………………… 250

四、学校的职责 …………………………………………… 250

第三节　社会工作专业实习督导 ………………………… 251

　　一、实习督导的含义 ……………………………………… 251

　　二、实习督导的功能 ……………………………………… 251

　　三、实习督导的理论基础 ………………………………… 252

　　四、实习督导的形式 ……………………………………… 254

　　五、学校督导与机构督导的合作 ………………………… 256

　　六、学生接受实习督导的过程及具体要求 ……………… 256

第四节　社会工作专业实习中的问与答 ………………… 257

　　一、实习学生部分 ………………………………………… 257

　　二、实习指导教师部分 …………………………………… 267

参考文献 ……………………………………………………… 270

后记 …………………………………………………………… 275

第一篇

理论部分

第一章　个案工作实务的基础理论

本章主要内容

- ❖ 个案工作的基本概念
- ❖ 个案工作的特点与原则
- ❖ 个案工作专业关系的主要特点
- ❖ 个案工作专业会谈的基本特征
- ❖ 个案工作实务重要的伦理议题

第一节　个案工作概述

个案工作实务最初起源于西方的宗教慈善救济，历经百年发展历程逐渐向专业化、学科化、职业化方向发展，呈现多元化的发展态势。助人者是专业社会工作者，服务对象是案主，个案工作实务强调社工以专业理念为指导、在专业关系的框架内、通过专业化的工作方法达成助人目标。

一、个案工作的基本概念

个案工作实务作为专业化的助人活动，既是一种专业工作，同时也是一种职业行为。所谓个案工作，指专业社工通过直接的、面对面的沟通方式，运用有关人与社会的专业知识和技术，对个人或家庭提供心理调整和环境改善等方面的支持和服务，目的是协助个人或家庭充分认识自身拥有的资源和潜能，完善人格和自我，增强适应社会和解决困难的能力，从而达到个人或家庭的良好福利状态（翟进，张曙，2001）。

解读个案工作的基本概念，可以归纳出个案工作实务包含以下四个最为基本的构成要素：

- 实施主体是专业社工

作为专业化服务的提供者，首先强调社工必须接受过系统的专业训练，应具有专业认可的职业资格。个案工作实务是一种特殊的职业活动，单凭热情和经验是远远不够的，需要经过专门的学习培养专业理念，通过实务训练发展专业技能。专业社工尤其重视对人尊重和接纳的价值理念，突显对人性的关怀，强调社会公正和社会责任，要求在服务过程中使用专业化的工作方法。

- 服务对象是个人

个案工作实务的服务对象是感受困难的个人或家庭。导致案主困扰的原因有很多，既可能是内心冲突、情绪困扰、人际失调等心理层面的问题，也可能是贫困、失业、吸毒等社会层面的问题。一般来说，只要服务对象希望改变生活状况，有追求自我成长的动机并愿意尝试做出努力，都可以从个案工作实务中获益。社工可以为各种社会适应不良的个体提供专业化服务，关注弱势群体是社工义不容辞的社会责任。

- 基础是职业化的专业关系

从本质而言，个案工作实务就是社工为案主提供了一种有意义的联结。透过专业关系，社工不仅可以为案主提供心理支持，更重要的是经由社工的引导促进案主自我觉察，并且为案主的努力改变提供专业指导。社工与案主之间的专业关系是个案工作实务的基础，是社工提供服务并对案主产生影响的首要前提，有利于激发案主的潜能，促使案主实现自我功能的整合及发展。

- 核心是专业化的服务过程

个案工作实务以社会学、心理学等学科的专业知识为理论基础，以个别化的、面对面的沟通方式为案主提供服务，目的是协助案主解决问题，提升案主介入现实生活的技能。在助人过程中，社工注重科学化的工作程序，重视理论在个案工作实务中的功能，无论是收集资料、进行评估和诊断，还是制定目标和制订工作计划，都是以一定的理论模式为指导，采用专业方法达成对案主的帮助。

二、个案工作的基本特点

个案工作实务涉及的服务领域很多，服务群体非常广泛。综观个案工作实务过程，发现其通常具有以下基本特点：

- 助人自助理念

个案工作实务强调助人自助理念。个案工作实务与思政教育明显不同，社工不是直接告诉案主要成为什么样的人、应该按照怎样的标准做事或者帮助案主具体解决生活难题，而是引导案主通过探索深化自我认识，试图发现造成困扰的真正原因，反思自己的生活态度和行为模式对个人生活带来的影响，学习如何为自己做出负责任的选择。个案工作实务需要一个过程，重要的不是解决问题，而是以案主求助的问题为引子，促进案主的自我觉察和理解，提升案主分析问题和解决问题的能力。

- 系统化视角

无论是理解案主的问题还是帮助案主寻找改变的途径，社工始终强调系统化的视角。每位案主都生活在一定的社会环境里，包括家庭、学校、社区以及朋辈群体等。一方面，案主问题的形成和发展总是或多或少与环境因素有关，有时甚至可能是导致案主问题的关键原因；另一方面，环境因素也可能是案主发生改变的资源，成为促使案主努力改变的支持性因素。社工帮助案主直接调整心理或间接改善环境，都有助于促进案主与环境达成更好的协调和适应，这同样是个案工作实务的目标。

- 个别化服务

每一位案主都是独特的个体，社工为案主提供的服务一定是个别化的。案主带着各自困扰的问题前来求助，有时从表面上看不同案主的问题或许有一定的相似性，但问题形成的原因以及发展过程不一定相同，重要的是每位案主对问题的理解都有自己独特的视角，问题带给每个人的经验和影响有很大差异，而每位案主应对问题的策略又各有其特点，在改变的过程中可以利用的自我力量以及社会资源更是千差万别。所有这些因素，都决定了对每一位案主提供的个案工作实务必然是个性化的服务过程。

- 科学化过程

个案工作实务是理论指导下的专业化服务。从最初接案、收集资料到评估和诊断，从制定目标到商讨工作计划，包括帮助案主心理调整或环境改善的整个服务过程，直至最后结案，社工所采用的始终是在理论指导下的专业化工作方法。也就是说，在与案主建立良好专业关系的基础上，社工以一定的理论模式为指导收集信息，依据理论形成个案概念化以促进对案主的理解，和案主共同商讨设定目标和计划，采用相应的技术方法提供服务，自始至终是循序渐进的工作过程。

三、个案工作的基本原则

社工为每一位案主提供的每一次服务都是独一无二的专业服务。从专业的角度来讲，个案工作实务必须遵循以下基本原则：

- 工作准则：维护案主的尊严和权益

尊重人的价值和尊严，是社会工作者最基本的准则。无论带着什么样的问题前来求助，每一位案主都是值得尊重的个体。社工是助人者，案主是受助者，虽然二者是帮助与被帮助的关系，但社工与案主是平等的。保护案主的隐私权是社工职业道德操守中最基本的要求，案主的故事不可以成为社工的生活话题，以案主的利益为中心是社工维护案主权益的具体体现。

- 工作立场：不评判并保持价值中立

保持价值中立，是社会工作者最基本的立场。社工的角色既不是评判官，也不是审判者。个案工作实务的出发点是理解，不是评判是非、对错、功过，不是告知案主应该还是不应该，更不是直接解决案主的问题。社工对案主的帮助过程，是经由社工对案主的理解来促进案主的自我理解，帮助案主发现自己的真实需要和内在潜能，在此基础上案主有能力做出更好的选择。社工保持价值中立，不能把自己的价值观强加给案主，更不能越俎代庖。

- 工作态度：接纳案主但不过度认同

尊重与接纳，是社会工作者最重要的态度。社工越是能够营造安全的氛围，越是有利于促进案主的自我表达与情绪宣泄。案主在充分表达内心感受的基础上，才有利于对自我的觉察和接纳，并开始调动自身的正能量投入现实生活。当然，社工对案主的充分接纳并不意味着完全赞同，既不要过度同情也不该盲目迁就，而是尊重并试图理解案主本来的真实面貌，这种接受和包容的态度有利于促成案主对真实自我的探索和接纳。

- 分析问题：综合分析研究

通过综合分析研究，社工才能形成对案主的深刻理解。个案工作实务的目标并不局限于解决案主具体的问题，重要的是促进案主的自我理解，提升案主分析问题和应对问题的实际能力。案主问题的形成与其所处的生活环境密不可分，各环境要素之间又相互影响、交互作用。因此，社工要尽可能多地了解案主各方面的信息，只有综合分析才能发现案主表面问题背后的核心问题，进而了解案主的真实需要。

- 处理问题：具体情况具体分析

具体情况具体分析，是社工达成对案主有效帮助的重要前提。社工为案主提供服务的过程因案主、因求助的问题、因具体情况不同而有所差异，要充分考虑每一位案主独特的成长经验、家庭背景以及环境资源，同时还要结合考虑案主的求助动机和努力程度。尽管社工的实务经验很重要，但个案工作过程几乎是不可以复制的，社工很难把一次成功的助人过程直接运用于另一位案主。

- 解决问题：促进案主积极参与和自决

促进案主积极参与和自决，是对助人自助本质的最好诠释。案主不是把困扰自己的问题带来交给社工解决，社工要做的也不是代替案主解决具体问题，案主和社工各有自己的责任。社工要做的，是引导案主积极参与，同时要充分尊重案主自我决定的权利，越是相信案主可以为自己做出选择，越是有利于提高案主的自我效能感，案主便越有可能改变对问题的认知和态度，发展出并运用解决问题的应对策略。

个案工作实务是一种职业化的助人活动，既区别于日常生活中的乐善好施、乐于助人，也区别于通常意义的志愿活动或者公益行为，遵循专业原则是确保服务专业品质的根本前提。

第二节 个案工作的专业关系

台北学者廖荣利（1992）指出，专业关系犹如血液之于人的身体。如果将技术本身比作人的肉体部分，那么专业关系就如同人的精神和灵魂力量，倘若没有了血液、精神和灵魂，显然也就无法成为一个活生生的人，可见专业关系在个案工作实务中的重要意义。

一、专业关系的特点

专业关系，即社工与案主之间的关系。从某个角度而言，个案工作实务就是为案主提供一种有意义的联结，在这种联结中社工有机会促使案主发生积极的改变。

保持社工与案主之间关系的专业属性是非常重要的。如果缺少了专业关系的框架，即使是达到了案主个人的求助目的，也很难称其为专业化服务。专业关系通常具有以下特点：

- 目的明确且具暂时性

社工与案主建立关系缘起于案主前来求助，社工作为机构代表提供专业帮助，这是双方建立关系的唯一目的。社工与案主之间的关系不仅目的明确，而且双方都明确自己的角色和职责。当助人过程结束，关系即宣告结束，这只是一种暂时性的联结。

- 双方平等但不对等

尊重人的尊严与价值是社会工作最为推崇的价值理念，在个案工作实务中双方的平等关系是最直接、最根本的体现。另一方面，案主带着自身克服不了的问题前来求助，在会谈中集中讨论案主的难题与困扰，而社工作为提供服务的专业人士对案主进行帮助。因此，专业关系是一种平等但不对等的关系。

- 双向影响但单向获益

个案工作实务始终是双向互动的关系，在沟通过程中社工在影响案主的同时也会潜移默化地受到案主的影响。但是，主要获益的肯定是案主一方，这是双方建立并维持关系的唯一目的。尽管社工也有可能从彼此的互动中有所受益，但社工的收获显然不是会谈的目的。

- 兼具主观性与客观性

个案工作实务具有心理学色彩，在会谈中必然涉及案主心理方面的困扰和情绪情感的表达，要求社工经由共情传达对案主的理解，需要社工有主观情感的卷入，为案主提供温暖和支持。但是，在专业关系里又不失客观性，要求社工能够站在中立的立场，通过客观理性的分析帮助案主提升分析和应对问题的能力。

二、个案工作者的基本素质

在社会工作发展成熟的国家或地区，要求从业者必须接受过社会工作专业教育，加入相关的专业协会，遵守社会工作专业守则，并获得相关的资质证书（杜景珍，2007）。这些条件彼此关联、互为补充，在一定程度上保证了社工具备应有的专业素养与专业能力。

我国社会工作的专业化和职业化发展还处于起步阶段，尽管从业者尚不能普遍达到基本要求，但从整体发展来讲正在朝着规范化的方向努力。社工作为专业的助人工作者，所做的一切专业工作都是为了提升案主生命的意义，因此对社工的基本素质有很高的要求。

- 相信自己是成长中的人

个案工作实务是用生命影响生命的职业，作为社工首先要相信人是可以改变的，这是个案工作实务的出发点。社工自己要具有正能量，不仅善于内省，有自我分析的意愿和能力，而且愿意尝试改变，并且相信经过努力可以达成改变，这是社工从事助人工作的前提条件。

- 有乐于助人的意愿

作为专业助人者,助人意愿是社工不可缺少的,社工要乐于奉献,有利他精神,否则很难投身于社会工作职业。具有为他人提供帮助的意愿是选择成为专业社工的基础,在此基础上学习专业技能,才有可能为案主提供专业化的服务,进而有毅力克服并战胜专业工作中的困境和挫折。

- 有影响案主的能力

掌握对他人产生影响的专业技能是对社工的专业要求。社工要坚持助人自助的理念,保持价值中立的立场,学习助人的专业技术,掌握挖掘案主能力和潜质的工作策略和技巧。需要注意的是,社工与案主的专业关系、社工个人的特质或人格魅力也是对案主具有影响力的重要因素。

- 具备相当的勇气和敏感度

案主寻求专业帮助是需要勇气的,决定试图改变自己更是需要勇气,因此社工自身也要具有面对挑战的勇气。对于案主讲述的经验以及案主情绪的变化,社工应该是细心的、敏感的,能够敏锐地察觉到案主的需要,有利于专业关系的推进以及服务过程的深化,并促进服务效果的产生。

总之,社工既要保持对人的兴趣与探索,同时还应注意不要以专家自居,因为毕竟案主是最了解自己的。社工只有在实践过程中不断加强专业学习,才能更好地为案主提供服务。

三、专业关系中常见的问题及应对

在与案主建立、发展以及维持专业关系的过程中,社工是居于主动的一方,具有主导作用。一方面,社工要以亲近、温和的态度拉近与案主的距离,缓解案主的紧张与焦虑;另一方面,社工还要注意专业设置,与案主保持必要的专业边界以确保专业效能。

良好的专业关系是实现助人效果的必要保证。关于专业关系,以下几个问题尤其值得初学者思考。

- 社工只有将案主的问题视为自己的问题,才可能更好地帮助案主?

想案主之所想、竭尽自己所能为案主提供服务,确实是社工的工作职责，但与此同时不能忽略案主自决的权利。从助人自助的本质而言，如果社工在助人过程中忽视了案主的主观能动性，没有做到促进案主的积极参与和自决，即使确实帮助案主解决了问题，也一定是有问题的。

这种倾向在实习学生或者刚刚走上社工岗位的从业者中非常普遍，他们会认为将案主的问题看作是自己的问题，做到想案主之所想、急案主之所急才是对工作的投入与敬业。面对案主的烦恼，社工的助人热情或者救星原型很容易被唤起，常常期望自己能快些帮助案主摆脱困境。事实上，相信案主自身的潜能，重视案主为自己做出选择的权利，更有利于提升案主的自我效能感。从另一方面来讲，社工不能代替案主决策或解决问题，保持价值中立才是社工应有的专业态度。

- 社工应消除对案主的个人看法，以免对助人过程产生影响？

对于案主遇到的困惑或者问题，社工必定会有自己的想法、分析和判断。社工也是普通人，有自己的生活经历和人生态度，对人、对事必然会有自己的判断和观点。如果社工认为要保持中立就不可以有自己的看法，显然是一种非理性的要求，也就是说，社工试图完全消除个人的看法是不现实的。

但是，社工应该清楚地觉察个人的看法，并且有意识地避免个人看法可能对案主造成的影响，这是社工必须做到的。事实上，很多案主寻求帮助就是希望了解社工作为专家的评价，尽管社工注意不发表个人观点，但是敏感的案主往往还是会搜集社工点点滴滴的线索，以获知社工的个人看法。这种情况下，社工要传达的专业态度是"我有个人的看法，但我愿意去倾听和理解案主自己的看法"。例如："如果是我的话，可能我不会这样选择，但我想你这样做一定有你的理由，你愿意讲给我听吗？"以此成为了解案主的契机。

- 怎样理解双方的承诺与责任？

在专业关系中，社工与案主双方都有自己的承诺和责任。作为社工，要按约定为案主提供服务，以案主的利益为首要原则，有责任维持专业关系并推进助人过程，尊重案主的权利和隐私。作为案主，要准时参加会谈，在沟通过程中坦诚、投入，愿意尝试改变，并不断做出努力。

遵守对专业关系的承诺、明确各自的责任是取得助人效果的关键因素，签订工作协议就是以书面文件的形式加强双方的承诺感和责任感。当双方都明确了相互的承诺和责任以后，有助于增强专业关系的确定感，促进双方彼此的信任程度，否则双方很可能会出现一些不必要的焦虑。例如社工可能担心案主在助人过程中的不够投入，而案主更会怀疑社工的助人动机，对彼此的信任感造成不必要的耗损。

- 怎样理解社工的权威与权力？

在为案主提供服务的实际过程中，社工容易出现两种极端的倾向。一种是社工过分夸大自己的专家身份，虽然对于某些群体来说，权威感确实有利于案主接受专业影响，但通常不利于助人关系的建立和发展，构成案主深度自我探索的破坏性因素。另一种是社工过于淡化自己的专业角色，将个案实务过程混同于一般聊天或拉家常，即使有利于与案主建立关系，也很容易弱化专业影响。

因此，社工要正确理解自己的角色，适当的专业角色和专业影响是必然的，但不是以专家身份强制，毕竟只有案主最了解自己，同时也只有依靠案主自己的努力才有可能获得真正的改变。

- 怎样理解社工对案主的接纳？

接纳是社工对案主的基本态度，也是专业关系中最为基本的要素。社工要做到对案主的接纳，包含下面几层含义：其一，社工要清楚地了解案主的态度、感受以及行动；其二，社工以不评判的态度试图理解案主行为背后的原因；其三，尊重案主的选择和决定；其四，社工可以保留个人看法，但不将个人的价值观强加给案主。

有些社工有一种误解，认为案主本身就是来寻求改变的，于是试图去影响并改变案主，但在实务过程中会遇到来自案主很大的阻力。其实，社工越是对案主表现出接纳的态度，案主越是能够面对真实的自己以及困扰，才为进一步的改变提供可能性。但真正做到对案主的接纳并不容易，因为每个人都有各自的成长经验，必然会有不同的选择和判断。

专业关系是个案工作实务的基础，同时也是产生服务效果的关键因素。尽管社工与案主是在专业设置的框架内工作，但仍然可能出现一些特殊情况，例如案主希望延长会谈时间、增加会谈次数、案主迟到或要求早退、案主向社工赠送礼物以及询问社工个人的问题等。如果发生了类似的问题，社工要做的不是简单地予以拒绝，而是要结合助人进程理解案主表面行为背后的原因，这很可能成为案主发生改变的重要契机。

第三节 个案工作实务的基本技术

就本质而言，个案工作实务全程就是社工与案主沟通交流的过程。在日常生活中，与朋友之间的交谈有时也会被认为是有帮助作用的，但是与专业会谈有很大区别。除了会谈技术以外，社工还有可能去案主工作、生活的场所进行访视。

一、专业会谈

专业会谈是社工必须掌握的基本技术。无论个案工作实务以何种理论作为指导，无论采用何种技术手段，始终要通过会谈技术得以实现，正是在会谈过程中完成对案主的帮助。

（一）专业会谈的基本特征

专业会谈是发生在社工和案主之间交互影响的过程。从沟通的形式来讲，有语言沟通和非语言沟通。从沟通的内容来讲，不是只停留在交换信息层面，更多涉及态度与情感，而且在助人过程中态度和情感更为重要。当社工与案主谈论事情时，"情"一定比"事"更重要，"事"往往是接近案主的引子，而"情"才是深入理解案主的关键。

专业会谈区别于日常生活中的交谈，社工要特别注意把握专业会谈通常具有的以下明显特征：

- 明确的会谈目的

会谈是个案工作实务最重要的技术手段，目的明确是专业会谈与日常闲谈最基本的区别。会谈从案主来服务机构求助开始，伴随专业关系结束而终止，会谈唯一的目的是社工实现对案主的帮助。因此，会谈围绕目的而展开，目的一直为会谈过程提供方向性指引。

- 具体的会谈主题

专业会谈聚焦于案主求助的主题，不会漫无边际、天马行空。社工在收集资料以后，根据评估诊断与案主共同协商工作目标，会谈始终朝着工作目标而努力。在会谈过程中，社工有责任把握会谈的方向，探讨与主题相关的内容，排除与目标无关的话题。

- 渐进的会谈过程

专业会谈有渐进性的发展过程，通常先要收集资料做出诊断，然后制定目标、制订计划，再到帮助与改变阶段，因为帮助案主调整与改变要从了解情况开始，循序渐进是工作程序的基本要求。更重要的是，专业会谈涉及案主比较私密性的话题，案主的倾诉与表达取决于是否已经建立信任的专业关系。

- 特定的角色分工

个案工作实务是社工与案主双向互动的过程，同时也是社工对案主单向帮助的关系。个案工作强调平等，但社工与案主不是对等的关系，不是双方互利互惠的关系。在助人过程中，双方有明确的角色区分，各有不同的职责和要求，同时也有一定的专业限制性。

- 专业的设置要求

作为专业化服务，会谈不是随意行为。尽管专业工作只是通过双方交谈完成的，但绝不是随时、随地、随兴就可以开始的谈话。通常专业会谈是预先约定好的，包括时间、地点、会谈时间长短、会谈频率等方面都有专业方面的要求，是在专业框架内进行的会谈过程。

（二）专业会谈的过程性

专业会谈是一个逐渐深入的过程，根据时间进程考虑，大致可以分为开始、中间和结束三个阶段。不同的会谈阶段，都有各自不同的目标，也都有各自需要注意的问题。

1. 开始阶段

开始阶段会谈的主要目标是彼此相识，建立良好的专业关系。在个案工作实务中，社工取得案主的信任尤为重要，有良好的专业关系作为基础，社工才有机会开展后续的工作。

开始阶段社工在与案主建立关系时，会谈包括以下内容：① 澄清专业工作的性质；② 说明机构的服务范畴及提供的服务内容；③ 明确社工与案主双方的责任；④ 消除案主的紧张、担心和疑虑。

社工在开始阶段最重要的会谈技巧是倾听，旨在为案主营造安全放松的氛围以鼓励案主自由表达，促进情绪宣泄，帮助案主进一步澄清问题。此时需要注意以下两个问题：

- 注意因人而异

通常而言，社工提出的越是开放性问题，越有利于案主的自我表达和倾诉，但是也有一些案主比较被动，特别是有些青少年案主可能一时不知道该如何开始，社工在稍作等待以后不妨给出一些具体的引导，以避免案主产生不必要的焦虑。

- 注意话题的推进

有时案主在来机构求助之前压抑已久，容易过快地表达内心深处的复杂情感。其实，案主在开始阶段过度自我表露不一定是"好事"，他们在表达过后有可能感到不安全而重新退回来。因此，在开始阶段社工不宜过快地推动，比较安全的做法是更多倾听，不要急于催化情绪。

2. 中间阶段

随着会谈进程的展开，会谈的主要目标是经由收集资料对案主的问题形成个案概念化，在此基础上达成助人目标，并开始尝试改变的过程。在会谈中社工需要把握好以下三个方面：

- 兼顾会谈的范围与深度

会谈一方面要涉及足够的范围，收集必需的资料，获得对案主较为全面的了解；另一方面要深入特殊的领域，关注必要的细节，在特定的主题对案主有较为深入的理解和工作。显然，对案主的信息了解越是全面、深刻，就越是有助于对案主整体情况的全面把握，但资料收集是需要时间的，社工要根据案主的具体情况做出统筹安排。

- 权衡会谈的连贯与停留

在会谈过程中，澄清是非常必要的，但是如果社工对案主的每句话或者每段话都要打断进行澄清，有时反而成为一种程式化工作，未必有好的沟通效果。保持沟通的连贯与流畅是非常必要的，越是给案主自由表达的空间，越是可以看到案主表达以及组织故事的方式，有助于获得对案主更深刻的理解。但是，社工要以确实获得对案主陈述的了解为前提，并在必要时予以澄清。

- 把握对案主的跟随与话题的转移

案主话题的转移会传递很多信息，社工是跟随案主在某个话题继续停留，还是转移到其他话题，这是有技巧的。一般来说，特别是在收集资料的阶段，社工主要是跟随案主的叙述与表达，促进案主的情绪宣泄，不随意转移话题。但是这并不意味着社工只是一味跟随案主，当案主传递的信息已饱和、情绪已宣泄，社工在倾听性总结的基础上转移话题是必要的，否则反而会加剧案主的无助感。

3. 结束阶段

结束阶段不是一个时间点，而是一个时间段，有特别需要进行的工作。在即将结束专业服务时，会谈目标是对已经开展的工作或已经取得的效果进行小结，同时处理分离情绪，确保平稳而顺畅地结束专业关系。

- 如果是整个助人过程的结束

整个助人过程的结束包括两方面工作内容：其一是对之前工作及其效果进行总结，这是非常必要的，有助于案主将取得的进步迁移到日常生活中；其二是处理分离情绪，避免案主产生被抛弃感，同时预先讨论以后可能遇到的困难以及应对方法。

- 如果是单次会谈的结束

会谈的主要内容包括总结本次会谈、同时预约下次会谈，使前后会谈成为连续的过程。这个阶段社工要注意合理掌握时间，避免案主带着未处理完的情绪结束工作，也可以向案主说明两次会谈之间的作业和需要注意的问题，使会谈具有连贯性。

二、访视

所谓访视，即专业访问，指社工为了更好地帮助案主而到实地考察，到案主生活的家庭、学校、单位、社区进行调查访问。

访视是一种专业访问，不是走马观花、随便看看。因此，要求社工在前往访视以前做好准备工作。一般来说，社工事先准备得越充分、细致，访视的效果越好。

- 访视的目的

社工首先要明确访视不是为了调查真伪，目的是为了获得更详细、更全面的资料，以协助确定案主真正的问题及其原因，并挖掘促进案主发生改变的支持性因素。社工有了正确的访视目的后，会更容易设身处地感受案主的生活处境。

- 访视的准备

访视的过程是结合采用观察、访谈、体验等多种形式收集案主相关的资料，为此准备工作是非常必要的。例如，社工有必要根据访视目的拟写访谈提纲和观察提纲，制订具体的访视计划。

- 访视的时间

访视时间一般根据被访者的方便而定，不一定能安排在工作时间。例如走访青少年家庭，通常要在其父母下班以后。社工做专业访视要提前联系，在方便案主及访视家庭或机构的同时，社工也要注意自己的安全。

- 访视的态度

访视的态度非常重要。社工代表工作机构以专业身份进入案主工作、生活的环境访问，社工要保持谨慎、客观、中立的专业立场，注意尊重社会背景、风俗习惯。另外，访视服装以整洁、朴实、与被访者之间不致产生隔阂为原则，注意个人形象可能对专业工作带来的影响。

三、记录与文件归档

记录是个案工作实务专业化的重要体现，是工作过程中必不可少的重要步骤。正确、完整、简明扼要是个案工作实务记录的基本要求，同时基于保密原则对记录的保存也有特殊要求。

（一）记录的意义

在社会工作服务机构里通常都有统一的记录要求，一般都有标准化的个案工作记录表格，既方便记录，也有利于存档保管。对于专业工作而言，记录具有以下重要的意义：

- 有利于提供持续有效的服务

个案工作实务通常是一个连续的服务过程，可能需要在一段时期内接受帮助，而社工通常要同时为多位案主提供服务，因此对案主的重要信息以及服务过程进行记录是非常必要的，有助于社工在整个服务过程中掌握案主的情况和工作进展。

- 有利于正确的诊断和有效的治疗

个案记录的过程也是社工整理资料和理清思路的过程，通过记录有利于社工对案主及其问题进行比较全面的分析，利于做出正确的评估和诊断、制订工作计划，并在整个工作过程中持续提供服务。

- 有利于反思、督导、研究

无论从个人反思还是接受督导的角度考虑，包括进行个案研究，个案记录作为原始的工作记录都是十分必要的，有利于促进社工专业反思和接受督导，促进社工专业能力的提升。

（二）记录的内容

个案记录一般是在服务当时简要记录，在服务结束后短时间内再做及时补充。记录的内容主要包括两个大的方面：其一是案主的基本资料与问题，指案主的基本情况、对案主问题的分析与诊断等；其二是对案主问题的处理过程，通常包括本次主要的服务内容以及下次会谈计划等。有时，个案记录还包括社工对案主的印象以及对会谈的感受。

个案记录包括不同的形式，不同的记录形式各有好处。

- 叙述式记录

或称为过程记录，通常适用于特殊情境下，例如危机情况下的紧急干预或者重要问题的特殊处理，这时记录越详细越好。其中逐字对话式记录是将社工与案主的对话过程逐字记录下来，以对话方式还原实际的谈话过程，尤其有利于初学者的专业反思。

- 摘要式记录

在长程个案服务过程中经常会用到概要记录。在接案、结案或转案等时间节点，要对前段时间关于个案的了解以及重要的工作内容进行阶段性小结，这一方面有利于社工对案主的整体情况有比较全面的了解，另一方面通过总结有利于为后续的工作开展制订计划。

- 问题取向记录

有时社工的记录采取问题取向而不是个人成长取向，通常案主求助的问题比较明确，记录是围绕案主的问题进行的，包括案主的问题是什么、如何理解和分析案主的问题以及怎样帮助案主克服问题等。该记录形式更简洁，指向性也更加明确。

（三）文件归档

在服务机构里，个案记录及相关资料通常都是统一管理，要集中存放在机构的文件柜里。社工在每次开始工作前领取个案记录文件夹，为案主提供服务以后及时完成记录，而后归还文件夹。

个案记录表格不能随便散落在办公桌上，不能随便带出服务机构，同时他人也不能随便查阅文档记录，这些都是个案工作实务保护案主隐私的具体体现。此外，个案工作记录等资料存放的时限以及处理方式，都必须符合保密原则，同时还要遵守相关规定。

第四节 个案工作实务的价值和伦理议题

个案工作实务缘起于西方的宗教慈善救济，虽然仍然是为需要帮助的人提供帮助，但助人方式已经由最初基于怜悯和同情的施舍演变为以人为本的专业化工作形式，价值和伦理问题始终是最具争议性的。

一、个案工作的价值

对于社工而言，所秉持的价值信念极为关键，直接关系到他们是如何看待助人关系的，同时也决定了他们将如何提供专业服务。

（一）社会工作价值的含义

价值是属于哲学范畴的概念，它规定了人与社会的相互关系。提到价值，人们通常会感到有些抽象，但是每个人都有自己的价值，而且在现实生活中人们正是根据自己持有的价值观来评价或判断是与非、善与恶、美与丑的，进而影响我们如何看待自己与他人、与社会的关系。可以说，是我们所拥有的价值信念在一定程度上决定了我们与他人、与社会的关系。

所谓社会工作价值，指社工所秉持的一套符合专业特性的人类本质的信念，即社工所坚持的有关人类福利、公平、公正以及尊严等方面的理想信念（许莉娅，2004）。社工珍视的价值常常成为其职业信仰，个案工作实务是在对美好社会向往和追求的信念支配下的一种专业行动（翟进，张曙，2001）。

（二）社会工作价值的意义

在社会工作实务领域，价值通常被置于重要的战略地位，被认为是社会工作定义的基础（王思斌，1998）。社会工作价值不仅决定了社工如何理解与案主关系的性质，而且为社工提供的助人服务奠定了基调，对个案工作实务领域具有重要的指导意义。

- 为社工与案主建立专业关系指引方向

社工以人为本的哲学理念关系到人类行为的参考框架，决定了社工如何界定人与人之间的关系，直接影响到专业关系的建立、发展和维持。社工在专业关系的框架内为案主提供专业化服务。

- 是社会工作实务领域发展的动力

社会工作价值被社工内化，使之成为具有可操作性的职业规范，是专业技术和方法发挥专业效能的重要保障，成为一切社会工作实务的动因和内核，是社会工作专业和职业发展的动力和灵魂。

- 是社工从事专业实践的基本前提

坚持社会工作价值是对社工从事专业实践的基本要求。只有对社会工作价值达到确切的理解与领悟，才能最大限度地发挥助人效能，同时社工才有可能将其发展为奋斗一生的职业追求。

- 是社工实现专业理想的根本保障

对于理想的社会工作者而言，价值是其职业生命意义的全部。社工所秉持的价值观，直接决定了社工的职业动机以及职业发展道路，关系到其职业信念的建立与实现过程。

（三）社会工作价值体系的基本内涵

西方很多学者都提出了各自的社会工作价值体系，例如高登（Golden）、比斯台克（Biestek）、泰彻（Teicher）、普姆弗莉（Pumphrey）、列维（Levy）等。虽然具体表述不同，但基本内涵有共同之处，对我国的社会工作实务领域有重要的参考作用。

结合我国社会工作发展的现状以及实务经验，在个案工作实务领域最重要的社会工作价值包括以下几个方面：

- 尊重个人的价值和尊严

每一个人都有作为个体的价值，所有生命个体都应该受到尊重和公正的对待，每一个人的尊严都是至高无上的。无论种族、性别或者地位、权势，无论什么样的生活处境或者人生际遇，每一个人都值得被尊敬和被重视。

- 尊重个人的独特性、隐私和意愿

每个人在本质上都是与众不同的，都是独一无二的个体，都有保留自己秘密的权利。社工为案主提供服务时，应该尊重并重视每一位案主的独特性，认识到必须尊重案主的隐私权，案主个人的意愿和感受应该被尊重和接纳。

- 重视案主的参与及自决权

每个人都有自我发展的天赋和能力，为了实现自我潜能都有要求合适手段的权利。案主有自己选择和自我决定的权力，社工要尽可能多地让案主参与到接受帮助的过程，特别是案主对那些影响未来生活的决策有充分的自决权。

- 给案主提供认识自身潜力的机会

每个人在生理、智力、情感、社会、审美和精神等方面都具有潜能，并同时具有实现潜能的驱动力。每一个人都有权利获得接受教育以扩展个人能力和兴趣的机会，社工要重视案主改变的能力，提升其自信心。

- 公平的社会与公正的对待

社会应该给所有社会成员以关怀。在社会所提供的权力和所保证的机会方面，每一个人都需要被公正地对待，最终实现社会公平。社会有义务和责任挖掘并提供满足每个人基本需要所要求的资源和服务，以促进个人的自我实现。

（四）个案工作实务中的价值

具体到个案工作实务，最终目的都可以归结为促进"人"和"环境"之间达到适应性平衡。因此，个案工作实务中的价值可以分为对"人"的价值和对"社会环境"的价值两大类（顾东辉，2004）。

- 关于"人"的价值

重视个人的尊严和价值，是个案社会工作实务领域的核心价值。有关"人"的价值，至少体现在以下四个方面：

（1）人与人是平等的，每个人都有与他人平等的价值和尊严，既有与他人共同的需求，同时也有自己独特的偏好。

（2）每个人都有追求美好生活的动机，在生活中不仅有自我选择和自我决定的权力，同时也有自我改变的能力。

（3）每个人都有归属需要，人们需要与他人组成群体从而获得归属感，与他人有合作行为，需要彼此互助。

（4）除了对自己负责以外，每个人也要想到其他人，认识并尊重其他人也有自己的权利。

- 关于"社会环境"的价值

强调社会公正和社会责任感，是个案工作者非常重视的价值理念。有关"社会环境"的价值至少体现在以下三个方面：

（1）社会对每个人都应该有公平、公正的机会，让每个人发挥潜能，充实物质和精神生活，给予参与社会的权利。

（2）为满足人们的共同需要，社会应该提供合适的资源和适当的服务，同时避免有人遭遇饥寒、疾病、失学或者受歧视。

（3）社会应该尊重每个人的独特性以及特殊性，尽可能多地接纳不同个体之间的差异。

二、个案工作实务的伦理

个案工作实务通过专业方法达成助人目标，从本质上说是对他人产生影响的过程，由此看来社会工作专业对人生、对社会承担着重大责任。价值是从抽象的理论层面对人与社会的关系做出规定，在实务领域则落实为更具指导性、操作性的伦理守则。

（一）社会工作伦理的含义

所谓伦理守则，是将价值转化为个案工作实务领域操作层面上对人的行为进行指导和判断的准则。

伦理守则相当于职业内部的法规，也可以说是职业行为的底线，即要求从业者必须遵守的专业规则、社工必须遵照执行的职业操守。也就是说，如果社工违背了伦理守则，虽然社工不会受到法律惩处，但是其行为在行业内部会受到专业抵制。

（二）社会工作伦理守则的意义

职业伦理对社会工作实务领域的健康发展和良好运作具有重要的意义，被认为是专业内部确保专业品质和职业声誉的重要规定。

- 社工自我约束的道德规范

社会工作伦理守则表明了最基本的专业特征，是从业人员职业行为的基本行为准则。每一位社工都应该将伦理守则作为自我约束的规范要求，自觉遵照执行，进行自我管理和自我约束。

- 案主接受服务的参考依据

案主作为接受帮助的一方，不一定对专业有足够的了解，可以从伦理守则中确认专业服务的基本属性，通过明确社工应该遵守的实际原则可以获得对个案工作实务的整体把握，作为判断是否寻求并接受此专业服务的依据。

- 社工与案主共信的基础

伦理守则作为社会工作专业行为指南，规范并引导着助人活动的形式，有助于在社工与案主之间建立彼此的共信，通过这一媒介使助人者和受助者双方达成共识，建立信任的关系。

- 社会人士评价的标准

作为社会服务行业，接受社会的评估以及效果评价是必然的，伦理守则可以作为检验社会工作专业服务实施效果的基本标准，即最基本的要求是符合伦理守则，在此基础上进一步提升专业水准。

（三）社会工作伦理守则的功能

监督和约束社会工作者的职业行为，是社会工作伦理守则最基本的功能。具体功能主要体现在以下几方面：

- 有利于促进社会工作专业化和职业化发展

伦理守则反映了社会工作专业的核心价值，是一套指导社会工作实务的基本标准，既可以作为评估、评鉴或考核实务操作的参考标准，又可以维护社会工作实务的专业品质，有利于社会工作专业化和职业化的健康发展。

- 有利于规范社工的职业活动和职业行为

伦理守则可以帮助社工了解和内化社会工作专业的使命和价值理念，转化为可以遵照执行的职业行为标准，成为当社工面对专业伦理困境时寻获解决对策的参考依据。

- 有利于保护案主的利益，提升服务品质

伦理守则规定了社工最基本的职业行为标准，为案主评估社工的操守品行、专业能力以及服务效果提供了最基本的参考依据，在一定程度上是对案主利益的根本保障。

三、个案工作实务领域的主要伦理困境

个案工作实务主要的服务对象通常是弱势群体，即那些因无法得到社会资源合理配置而处于劣势的少数群体。于是，社工常常不可避免地置身于案主与他人、与社会各种复杂的矛盾关系之中，不得不面对各种伦理困境。

（一）关于伦理守则的优先次序

一般而言，在不违反社会利益的大前提下，最大限度地保护案主的个人利益是社工的义务和责任。但是当两个主要的显见义务发生冲突时，例如尊重案主自我决定权的义务和促进案主健康的义务相互矛盾时，要求社工有能力辨识实际义务，在两个或更多的主要义务中进行最有利于案主的协调和选择（Chris，2000）。

根据社会工作伦理价值体系，当问题比较复杂时，有学者建议遵守以下的顺序安排（焦金波，王超，李绍伟，2005）：

- 保护生命安全原则

生命是最宝贵的。保护案主的生命安全是最基本也是最重要的原则，居于所有原则之首。

- 营造机会平等原则

社工在个案工作实务中，面对情况相同的案主就相同对待，面对情况不同的案主就不同对待，以实现社会工作中的公平与正义。

- 最小伤害原则

如果社工迫不得已要对案主做出强制或伤害的话，就应该选择一个限制性最小、最容易恢复到原来生活状态的方案来操作。

- 案主自主自决原则

在尊重案主的价值和尊严、确信案主具有能够改变的能力的前提下，社工要给案主提供认识自身潜能的机会，帮助案主对当下情境做出分析，鼓励案主自我做主和自我决定。

- 保密原则

尊重案主个人的隐私是社工的职业操守，除非有自伤、自杀以及伤害他人等紧急例外情况，社会工作者不得向任何人泄露案主的秘密。

可以看出，社工面对更为复杂的个案时必须权衡利弊，何种原则在此时对于目前这位案主来说是最为重要的，仍然要以案主的利益为首要参照。

（二）关于案主自决

在社会工作伦理守则中，案主自决一直是被高度强调的专业价值观，被列为社会工作伦理最基本的守则之一。但是，如何做到案主自决是诸多困境中最为突出也是最常遇到的伦理困境。

所谓案主自决，是指在社会工作实务中案主有自由选择和决定的需要与权力，社工有义务尊重案主的权利和选择。Michael Horne（2001）认为，社工应当鼓励和促进案主做出自己的决定，并按照自己的标准去生活。因为毕竟案主最了解自己的问题、需要及其成因，同时案主有责任对自己以及自己的生活负责。实务经验表明，越是赋予案主自我决定的权力，越有可能激发案主的改变动机，而且正是在案主参与的过程中有助于提升其分析问题和解决问题的能力，对于预防并应对未来可能的困境是极为有益的。

但是，在以下几种情形中，社工往往很难尊重案主自决这一原则：① 当案主的行为使自己的生命处于危险之中，且案主个人无法控制意外发生时，如有严重自杀倾向的人、无能力自我照顾的老人、残疾人及未成年人等；② 案主的主观偏好违反了社会伦理，包括酗酒、药物滥用等；③ 案主的行为属于严重的犯罪行为，并且有可能侵害第三方的利益；④ 案主因患病丧失了必要的理解力、智力去做出重要的生活决定，例如痴呆患者、精神病患者和智障者等（江娅，2007）。

特别需要强调的是，当儿童、老人、智力障碍者等无法控制自己的理智，或者案主没有能力掌握足够的资讯以及没有能力理解相关资讯时，案主自我决定的权力是受到限制的。

另一个重要的问题是，遵守案主自决原则是否意味着社工不必作为呢？为此，有学者划分了"积极自由"和"消极自由"两种不同意义上的自决概念（易钢，吴斌，2007）。作为"消极自由"的自我决定，指一个人的行为完全发自自己的愿望、选择和决定的情形，把自决看作是案主作为个人具有天生的、不可剥夺的权利，在任何情况下尊重案主的自由意志原则都是不能违背的。作为"积极自由"的自我决定认为，这不是一种无条件的自我选择，而是在一定范围内做出的自由选择。可见，有些情况下社工要面对是尊重案主自决还是直接采取干预的伦理困境。

因此，社工首先应该肯定案主有自决的权利，但这并不意味着社工只能扮演消极被动的角色、不分情境仅凭案主自己做决定。如果社工或服务机构在任何情况下都遵循案主自我决定的伦理守则，他们有可能没有履行其肩负的促进社会福利的社会责任。社工的专业知识正是表现在帮助案主发现问题，寻找解决问题的方案，在提供案主自决机会的同时提高案主自决的能力。社工可以提供建议，特别是当案主的决定明显导致不可逆的消极结果或者可能侵犯他人的权利时，应积极地介入以避免案主或其他人受到不必要的伤害，但是否采用这些建议由案主自己决定。很显然，从案主最根本的利益出发，作为社工盲目遵从案主自决或者说不加区分地服从案主自决，有时反而会给案主带来伤害。社工在尊重案主自我决定权利的同时，既要考虑案主本身的特征，即是否具有自决的基本能力，同时也要考虑情境的特性，即有没有特殊情况发生。

综上所述，如果社工的知识、经验和意见用来指导案主做出最终决定，那就违背了案主自决的伦理守则，但是如果在案主不具备自决能力或者当案主因为缺乏能力或信息不足而做出决定，且危害后果将是不可逆转时，社工仍然被动旁观，显然是没有充分发挥社工应有的职能。

附1：中国社会工作者协会社会工作者守则

一、总则

中国社会工作者继承中华民族悠久的历史、文化传统，吸收世界各国社会工作发展的文明成果，高举人道主义旗帜，以促进社会稳定和全面进步为己任。中国社会工作者通过本职工作，提倡社会互助，调节社会矛盾，解决社会问题，改善人际关系，为社会的物质文明和精神文明建设服务。

二、职业道德

（1）热爱社会工作，忠于职守，具有高度的社会责任感和敬业精神。

（2）全心全意为人民服务，为满足社会成员自我发展、自我实现的合理要求而努力工作，并不因出身、种族、性别、年龄、信仰、社会经济地位或社会贡献不同而有所区别。

（3）尊重人、关心人、帮助人。为保障包括人的生存权、发展权在内的人权而努力。注意维护工作对象的隐私和其他应予保密的权利。

（4）同工作对象保持密切联系，主动了解他们的需要，切实为之排忧解难。

（5）树立正确的服务目标，以关怀的态度，为工作对象困难问题的预防和解决以及其福利要求提供有效的服务。

（6）清正廉洁，不以权谋私。

三、专业修养

（1）确立正确的社会工作价值观和为专业献身的精神。

（2）努力学习和钻研业务，不断提高专业技术水平和专业服务质量。

（3）通过参加专业培训和进修，努力实现专业化，提高工作效率和服务效能。

（4）运用专业的理论知识与方法技能，帮助社会成员改进和完善社会生活方式，不断提高生活质量，以利于民族素质的提高。

（5）从广大群众的集体力量和创造精神中吸取专业营养，促进专业的发展与创新。

四、工作规范

（1）重视调查研究，深入了解社会成员的困难和疾苦，并采取有效措施，切实帮助他们摆脱困境。通过不断的调查研究，提高社会工作的服务水平。

（2）对待工作对象，应平易近人，热情谦和，注意沟通，建立互相信赖的关系，努力满足他们各种正当的要求，并帮助他们在心理和精神等方面获得平衡。

（3）对待同行，应互相尊重，平等竞争，取长补短，共同提高。在业务上诚意合作，遇到问题时，互相探讨，坦诚交换意见，或善意地进行批评和自我批评，以促进专业水平、工作效率和服务效能的提高。

（4）向政府有关部门、社会有关方面反映社会成员需要社会工作解决的问题，以及对工作的意见和建议。

（5）向社会成员宣传贯彻国家有关社会工作的政策、方针和法规，鼓励和组织社会成员积极参与社会事务。

（6）对待组织和领导，应按照民主集中制的原则，主动献计献策，提供咨询意见，并自觉服从决定，遵守纪律，维护集体荣誉，努力使领导和单位的计划实施获得最佳效果，圆满完成社会工作的各项任务。

附2：个案工作记录表

案主姓名		性　别		年　龄	
社工姓名		会谈时间		会谈地点	

一、案主基本资料（学习/工作表现、人际关系状况、家庭背景、精神状态评估、求助问题、求助方式以及曾经尝试的努力等）

续表

二、案例分析（对案主及其求助问题的分析）

三、主要工作内容及过程（使用的理论与方法）

四、评估及反思（工作效果以及存在的困难和问题）

五、督导评估

第二章　个案工作的基本程序

本章主要内容

- 接案与建立关系
- 资料收集与诊断
- 制定目标、制订计划
- 服务提供
- 结案与评估

个案工作是社会工作实务领域里最基本的服务方法，是由一连串的专业服务组成的，包括一个循序渐进的工作流程。个案工作的基本程序，指社工为案主提供专业服务时的一般步骤和先后次序。基本工作流程见图2-1。

尽管不同学者对个案工作基本程序提出了不同的划分方法，以不同治疗模式为指导的个案工作在实施过程中都有各自的特色以及相应的技术方法，但是综合来看个案工作实务可以归纳出一个大致的工作过程。社工从开始与案主接触到服务结束，个案工作的基本程序通常包括接案、收集资料与诊断、制定目标与制订计划、提供服务与帮助改变以及结案与评估五个阶段，同时建立并维持专业关系贯穿整个服务过程始终，特别是在接案阶段能否与案主建立良好的关系直接影响后续的工作过程，而结案的同时

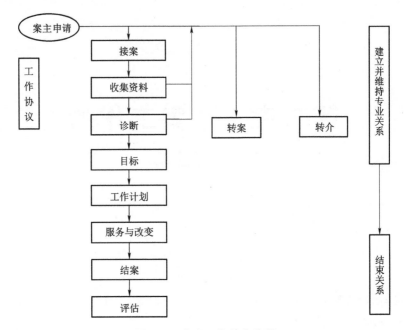

图 2-1 个案工作基本流程

意味着专业关系的结束。

在本章节我们引入一个单亲家庭青少年的个案实务,通过案例解析帮助读者掌握个案工作实务的基本程序。

单亲家庭青少年个案

刘同学,某中学初中二年级男生。近半年学习明显退步,在学校经常违反校规校纪,偶尔旷课去网吧,沉迷于网络游戏。老师多次批评教育无效,他越来越被同学孤立。父母已离婚,后又各自再婚组建家庭。刘同学由父亲抚养,但父亲工作繁忙经常出差,主要由奶奶照顾生活。

第一节 接案与建立关系阶段

个案工作实务通常是从服务对象提出申请、社工经过初步评估决定为案主提供服务开始的。无论求助者是否成为本服务机构的服务对象,只要社工开始与求助者接触，社工就要遵循个案工作的基本原则与案主建立良好的专业关系。

一、工作目标

本阶段最直接的工作目标是社工决定是否接案，贯穿始终的目标是与案主建立良好的专业关系，以取得案主的信任，为开展后续工作奠定基础。需要注意的是，求助者来服务机构寻求专业帮助，不一定就是正式的案主，社工首先要通过初步评估决定是否接案。

二、准备工作

作为专业社工，在接到服务对象提交的申请单、与案主接触以前，准备工作是非常必要的。特别是对于实习学生或经验尚浅的社工而言，在充分准备以后开始工作常常会是一个好的开端。

（一）心理准备

作为社工以什么样的心情开始工作，或者换个角度讲，社工能否首先与服务对象前来求助的心情共情，对于建立良好的专业关系是非常重要的。

社工可以先试着体验案主求助的心情。一般来讲，社工面对的服务对象大多属于弱势群体，案主来服务机构求助的心情通常是极其复杂的。他们不确定自己是否有资格获得服务，也不清楚自己在接受服务的过程中要如何表现，既急于得到帮助以摆脱困境，同时又充满怀疑、焦虑，非常敏感，社工能体谅案主的矛盾心情是与案主建立关系的开始。

Brammer（1979）指出，社工必须对案主以下情况有深刻的认识与了解：

（1）能够主动寻求帮助并不是容易的事。
（2）认识到自己需要加以改变并不是容易的事。
（3）愿意接受他人的影响并不是容易的事。
（4）对陌生人坦诚并且信任并不是容易的事。
（5）从一开始就清楚自己的问题并不是容易的事。

（6）克服自己的问题并不是容易的事。

其实，每个人出于自尊以及自我保护，承认自己出现状况并且愿意接受他人的帮助，需要很大勇气。尽管案主目前的问题给他/她带来困扰，但毕竟这是他/她自己一直以来的生活方式，改变起来可能会遇到各种难题，所以愿意承诺尝试改变本身就是自我挑战。

（二）工作准备

- 了解求助过程，探明求助动机

个案工作服务对象的来源主要有三种途径：其一，服务对象在现实生活中遇到困扰，主动前来求助；其二，社工以外展社会工作的方式发现服务对象，主动提出邀约；其三，服务对象由其他服务机构转介而来，寻求更适合的服务。

一般来说，主动求助的服务对象通常有较强的改变动机。如果服务对象是第一次寻求机构帮助，往往比较迷茫，不确定自己可以获得什么样的帮助。也有一些服务对象以前有过求助经验，相对而言对服务机构的规则和程序有所了解。如果曾经获得过有效帮助，可能对社工有较高的期待和要求；但如果以前的求助经验是失败的，反而有可能平添些许的猜疑和顾虑。那些通过社工外展服务发现的服务对象往往缺乏求助动机，那些由其他服务机构转介来的服务对象对于是否接受服务更可能表现出犹豫不决，这时社工需要给予更多的耐心和等待，先要与他们建立好关系。

由此看来，服务对象常常因为求助过程不同对接受帮助产生不同的心理反应，了解案主的求助过程有利于社工体会案主初次会面的心情。

- 阅读申请报告，了解基本情况

服务对象来机构申请帮助时，各机构通常要求案主填写申请报告单。在申请报告单里，除了包括人口学资料等基本信息以外，通常还涉及案主求助的主要问题、既往重要生活事件以及希望达到的目标等内容。申请报告单有两个基本功能：其一，可以作为服务对象的登记资料，便于机构归档；其二，社工在见到案主以前可以获得初步了解，利于准备与案主会面。

社工在接待案主以前阅读申请报告单，可以了解案主的基本情况及其求助的主要问题，进而做相应的准备以利于工作开展。若为机构转介的案主，必要时社工还可以向相关机构了解有关情况。当然，服务机构间的沟通主要是以了解案主转介的原因和过程为主要目的，此时仍然要遵守个案工作的保密原则，注意保护案主的个人隐私。

- 确定会谈目标，拟写会谈提纲

社工在了解案主大致情况的基础上确定初次会谈的目标，根据实际情形拟写会谈提纲。初次会谈的目标至少包括以下三个方面：其一，与案主建立关系，传达理解与支持；其二，引导案主讲述自己的问题，缓解情绪压力；其三，澄清案主的问题，了解案主的需求。

同时，社工还要设想在会谈过程中可能出现的问题，并思考应对措施。例如服务对象在申请表里明确提出自己的抑郁情绪以及表现，应考虑在初次会谈中进行精神症状评估，以便及时做出筛查。

- 营造会谈环境，注重专业形象

社工与服务对象的初步接触通常是从会谈开始的。在哪里会谈，看起来简单，实际上直接关系到会谈的性质和效果，成为专业化工作的标志之一。社工是作为服务机构的代表为案主提供服务，因此一般情况下会谈是在服务机构进行的。从某种角度而言，能够有资格在服务机构内与案主谈话其实也证明了社工的专业属性以及从业资质。会谈室以不被打扰、保证案主的私密性为基本原则。基本配置是呈直角摆放的一对沙发椅配上小茶几，灯光柔和，色调淡雅，装饰温馨，带给案主舒适感和安全感。

作为专业助人者，社工的专业形象本身也是影响会谈的重要因素。社工大方、亲和的形象更容易与案主拉近距离，有利于赢得案主的信任。在专业关系里，社工既是引导者同时也是示范者。

三、工作内容

（一）判断是否接案

在阅读案主申请报告单的基础上，通过初始会谈，社工可以全面了解求助者的困难及其需求，做出初步判断以决定是否接受求助者成为正式的案主。判断是否接案的依据主要包括以下三个方面：

- 求助者的问题以及希望获取的服务是否属于本机构的服务范畴

各机构都有明确的服务内容和服务群体，如果求助的问题不在本机构服务范围之内，社工通常不予接案。

- 求助者问题的复杂程度是否在社工专业能力的胜任范围之内

求助对象确实在机构服务范畴之内，社工要根据自己的专业能力进行评估，如果自身专业能力不足以应对案主复杂的问题，应以求助者利益为重，不宜接案。

- 评估服务对象的受助意愿以及接受服务的能力

个案服务效果直接与案主的求助动机和改善意愿密切相关。如果求助者没有自我改善的愿望，没有做好努力调整的心理准备，不宜接案。

（二）关注案主的心理状况

个案工作通过一对一的方式、面对面的沟通过程为案主提供服务，个案工作本身具有心理性（陈建兰，曹莉丹，2008）。所谓心理性有两种含义：一方面，个案工作关注案主心理与行为方面的问题，重视案主问题的心理成因；另一方面，个案工作过程中社工会运用心理学的方法和技术，促进案主的积极改变。

很显然，案主的问题必然给案主带来心理层面的影响，了解案主的心理状况是理解案主及其问题的重要途径。如果不关注案主的心理状况，往往很难与案主建立关系。特别是初次会面时，案主往往比较紧张，不仅受困于问题带给自己的困扰，同时也强烈体验到自身难以克服问题而引发的挫败感，更对服务机构能否帮助自己感到疑虑。这时，社工首先要关注案主的心理状态，要以接纳和关怀的态度理解案主的矛盾情感。社工热情地接待案主，引导案主进入会谈室，请案主入座，主动向案主自我介绍，帮助案主了解服务机构提供的服务，并有针对性地澄清案主的疑惑，这些看似简单的方法对于缓解案主的焦虑是非常有效的。

（三）澄清案主求助的问题

决定接案的关键是案主的困扰和诉求是否与机构的服务范畴相符合，因此社工接下来要做的工作是引导案主诉说自己的困扰，在促进案主情绪宣泄的同时通过倾听技巧澄清案主的问题，以便作出初步判定。在案主的叙述中，社工需要厘清以下问题：

- 案主问题的内容和意义

案主求助的问题是什么；这个问题是从什么时候开始出现的，当时是什么情况；在问题出现之前、之后有没有特别的事件发生；这个问题对案主及其生活构成了哪些影响等。

- 案主问题的界定及实质

案主的核心问题是什么，在问题背后案主的深层需要是什么；或者说问题满足了案主什么需求，案主希望达到的目标性结果是什么；又有哪些阻碍因素影响了案主问题的改善及其努力等。

- 案主曾经尝试的应对与努力

自出现问题以后案主是如何应对的；案主出现问题是否影响到家人对他的态度或者互动方式；为了解决问题案主曾经做过哪些努力；案主可以利用的资源或支持系统有哪些等。

（四）了解案主的期待

了解案主对服务机构的希望与要求是否合理，是个案工作实务中非常重要的环节，直接影响服务效果以及案主的满意程度。具体包括：案主到机构寻求帮助的动机是什么？对机构的希望和要求有哪些？案主如何看待他和机构的关系？

案主来服务机构寻求帮助有各种目的，对于社会服务机构和社会工作理念来说，有些目的是合理的，有些目的是不合理的。如果案主对机构的期望超越了机构所能提供服务的范畴，那么达成一致的工作目标是社工首先要做的工作。如果案主对机构的期望本身有问题，社工不加以澄清便盲目开展工作，势必影响后续的助人过程。因此，社工有必要帮助案主确立现实性的期望，有利于增强案主的行为动机，学习对自己负责。

案例解析：单亲家庭青少年个案

（1）问题的内容与意义

案主的主要问题是学习不及格，常违反校规校纪，旷课去网吧打游戏，觉得无法与父母交流。案主问题的产生与缺乏家庭温暖有关，在父母离异以后随父亲生活，现父亲再婚，案主与继母有隔阂，奶奶虽然可以照顾案主的生活但缺乏交流。

(2) 问题的界定与实质

案主目前在学习、行为方面出现问题。希望帮助改善学习方法，改善与父母的关系，提高自信心。

(3) 曾经尝试的应对与努力

继母希望多给予案主照顾，为他请家教、报名上补习班，但案主还是感到有隔阂，不愿意与继母沟通。

(4) 案主的期待

希望可以提高学习成绩，可以和父母交谈。

(五) 建立关系

无论接案与否，只要开始与服务对象接触，与服务对象建立并发展良好的专业关系是对社工的基本要求。

建立关系非常重要，具体体现在社工为案主服务的每一个细节当中。例如当案主来到机构求助时，社工主动与案主打招呼，请案主入座，主动做自我介绍和机构介绍，解答案主的疑惑，打消案主的猜疑和顾虑，以非评价的态度倾听案主的诉说，试图澄清案主的问题，努力理解案主而不是指责案主等。此外，还有服务机构的环境和设置等，都有利于缓解案主的紧张情绪。

如果经过初步评估社工决定接案，信任的专业关系有利于继续开展工作；如果经过初步评估社工决定不予接案，为服务对象提供温暖和支持仍然是对社工的基本要求。同时社工还应该为服务对象如何寻获自己需要的服务给予具体的专业建议。

(六) 接案、转介与转案

经过初步判断，如果案主的问题属于机构的服务范畴，而且社工可以胜任、决定接案，服务对象将成为正式的案主，顺序开展后续的工作。否则的话，需要根据不同的情形予以转介或转案。

1. 转介的原因

所谓转介，指的是将本机构不能提供服务的个案转送到其他服务机构，使其获得适宜的社会工作专业服务的工作过程。当出现以下三种情况时，必须转介（翟进，张曙，2001）：

- 机构不提供案主所需要的服务

例如孩子经常与母亲发生冲突，母亲认为主要原因是孩子的叛逆行为，于是求助于某青少年服务机构。但在工作过程中，母亲认识到自己因职场压力引发的情绪问题也是重要原因，希望寻求帮助学习压力管理。显然，专门服务于青少年群体的服务机构不提供职场减压服务。

- 机构无法提供更专门的服务

例如对于自闭症患儿，因其需要特殊的训练方法，所以专门针对自闭症儿童康复训练的特殊教育机构明显比一般的儿童服务机构更适合。再如，对于网络游戏成瘾的青少年，也有更专门的帮助机构。

- 申请人不在服务机构的区域

个案工作实务通常是为所辖居民提供的社会服务，所以通常只接待所属居民。如果求助对象不居住在本辖区内，通常不在服务范围之内，考虑到资源有限的原因，通常予以转介。

2. 转案的原因

所谓转案，指由本机构的其他社工继续提供服务的过程。转案既可能是社工的原因，也可能是案主提出来的。转案造成工作的连续性中断，社工应尽力避免转案情况的发生。转案常见的原因通常包括以下几种（翟进，张曙，2001）：

- 社工因工作变动离开机构

社工如果在近期内有可能发生工作调动，或者有长时间外出学习等特殊情况，应预先考虑到可能对连续性工作造成的影响，不宜开始可能需要长程服务的个案，对正在服务中的个案要妥善安排。

- 社工自身能力不足

如果是因为个案过于复杂需要转案，从案主的利益出发宜早作考虑，以免工作已有一定进程又不得不更换社工的情形发生。当然，有时是随着工作进展，社工才能了解到案主更为复杂的情况。

- 社工与案主的关系产生问题

在个案工作专业关系中，社工是属于主动的一方，有责任与案主发展并维持良好的专业关系。如果在专业关系中出现严重的移情或反移情等情况，且难以克服以至于影响到帮助过程，则需要转案。

- 案主主动提出换社会工作者

有时案主会因为对专业关系或者服务效果不满意而提出更换社工的要求，这是社工最不愿意看到的。这时，社工要先与案主讨论，因为有可能这正是案主核心问题的表现。但如果案主仍然坚持更换社工，要尊重案主的决定。

3. 转介与转案的方法

从积极的方面来讲，经由转介或转案过程案主会获得更加专门的服务或者由更有经验的社工提供的服务，但同时也可能带来消极影响。如果社工告知案主所寻求的帮助是错误的资源，无疑会使案主的自信心受到打击（廖荣利，1992）。因此，作为社工要慎重对待案主的转介或转案过程。

- 案主转介

社工要注意解释的方式和方法，不能因为不属于自己所在机构的服务范畴而简单加以拒绝。社工要耐心地解释和说明，提供必要的心理支持，澄清案主的疑惑；同时还要询问案主是否了解相关机构的信息，需要时告知案主获得信息的具体途径。

- 案主转案

社工要成为案主和接替社工的联络者。首先，要向案主解释转案的原因，在案主知情同意的情况下，社工有责任为案主介绍适合的接替社工继续服务；其次，向案主介绍接替社工的情况，并引见双方认识，引导案主表达内心的感受和想法，帮助案主适应接下来与接替社工一起工作；最后，在案主与接替社工开始建立起信任的专业关系以后，社工与案主道别，完全由接替社工继续为案主提供服务。

需要注意的是，如果案主在社工满怀热情投入工作的情况下因为这样那样的原因提出转案要求，社工难免会产生挫败感而引发负面情绪，作为社工要以专业的方法来处理。一方面，社工可以与案主讨论，分析案主要求转案背后的原因是什么，有时案主的这种要求其实正是其困扰所在，如果以此为切入点很可能成为工作的突破口；另一方面，作为社工，要注意处理好自己的情绪，尊重案主自决的基本原则，社工的自我反思对于长远的职业发展来讲是极为必要的。

（七）签署工作协议

1. 签署协议书的意义

签署工作协议对于案主和社工双方而言都是非常必要的，在某种意义上工作协议类似于一个"合同"，意味着双方在一个专业框架下开始提供服务和接受服务的工作过程。签署工作协议不仅有利于明确双方的责任，同时也是对双方利益的最好保障，在相当大的程度上对关系双方有所约束。

2. 工作协议的内容

- 明确服务内容以及服务方法

工作协议要特别说明本机构提供的服务内容、面向的服务群体以及提供服务的具体方法。越是基本的问题，越是要在工作协议里以文字的形式明确阐明，确保案主对接受的服务有比较确切的了解。

- 明确双方的权利和义务

无论社工还是案主都要了解各自的权利与义务，明确各自承担的责任，当清楚彼此的责任与限制时，服务过程会更具有专业性。特别要说明的是，社工要保护案主的隐私权，同时也要特别明确当案主出现自杀、伤人等例外情况时，社工有责任突破保密要求。

- 明确服务地点、时间、期限和次数

在工作协议里，要具体明确专业设置的相关规定，包括费用问题以及变更服务时间的事宜、紧急联络的方式等。此外，在接受服务的最初阶段，在评估以后有必要明确提供服务的大致期限。

- 双方的签字

工作协议在双方签字以后才能生效。签字作为一种仪式性行为具有重要作用，意味着社工和案主双方已经了解了工作协议的内容，同时也同意在这样一个专业框架内工作，从本质上说签字是对双方关系约束的证据。

第二节　资料收集与诊断

一、工作目标

本阶段的目标是全面系统地收集资料，以明确案主问题的症结所在，清晰的诊断可以为下一个阶段制定个案工作目标和制订工作计划提供依据。

二、资料收集

全面了解案主的基本情况是个案工作实务的基础环节，同时也是开展后续工作的重要前提。收集的资料越全面，越有利于社工从整体把握案主的问题。

（一）资料收集的时间

资料收集通常从社工与案主接触开始。一般来说，案主带着困扰自己的问题前来求助，都有比较强烈的倾诉愿望。案主在讲给社工听的同时，自己也是一个梳理的过程，同时还能起到情绪宣泄的作用。

但是，社工要始终保持开放性，不排除案主在后续工作过程中又呈现新信息的可能，这时对案主问题的分析和诊断可能都需要随之调整。例如案主后来想起了一些以前发生过的重要事情，这些事情也可能是案主之前不愿表露、对社工更信任以后却可以讲出来的，或者是在这期间又发生了一些有关的事情等。

可见，资料收集一般发生在初期阶段，但社工在个案工作的整个过程中都要保持开放的态度，对案主的理解有一个逐渐深入的过程。

（二）资料收集的原则

资料收集是社工与案主联合的过程，社工应在案主知情同意的情况下确定收集资料的途径。社工要注意把握以下主要原则：

- 通常先关注案主特别重视的领域

案主带着某个具体的问题前来求助，尽管求助的具体问题可能只是表面问题而非核心问题，但这些问题通常是造成案主目前情绪困扰的直接原因，案主也有较强的倾诉需求，社工愿意倾听案主主动的诉求和困扰其实也是在与案主共情，这是建立专业关系的前提。

- 基于专业考虑扩展资料收集的范围

从专业的角度出发，社工可能发现与案主问题密切相关的另外一些领域值得探究，但是否可以收集相关的信息，要事先征得案主的同意，这是社工与案主共同确定的过程。如果案主表示不接受，要向案主解释是出于什么原因，以取得案主的合作，并尊重案主最后的决定。

- 根据具体情况判断资料收集的程度

从某种程度而言，资料收集得越完整、越详细，越有利于对案主的整体情况进行评估，以发现和确定核心问题。但是收集资料是需要时间的，因此，收集资料的深度和广度和很多因素有关，既取决于社工和案主双方确定的可以开展工作的时间，同时也与案主尝试改变的心理准备有关，如果案主只是带着具体的问题前来求助，并没有做好关注其他的心理准备，即使社工试图挖掘，往往也很难看到效果。

（三）资料收集的方法

访谈法是资料收集的最基本的方法。在会谈过程中，除了通过案主的语言叙述以外，对案主非言语行为的观察常常是最重要的信息来源。特别是当案主不愿意做过多自我表露或者当与案主的语言信息不一致时，非言语信息成为案主重要的表达途径。

有时，社工可以借助一些标准化量表，将其作为评估的辅助手段。要注意选择合适的工具，注意标准化的施测过程以及合理的解释。例如症状自评量表（SCL-90）、Achenbach 儿童行为量表（CBCL）等，根据量表得分的解释方法可以获得较为准确的信息。案主的既往文档记录也是收集信息的重要途径，诸如学生档案、成绩单、健康记录以及测查表等文字材料，要引起社工的高度重视。

此外，社工还可以去案主的家庭、学校以及社区做专业访问，经由环境调查获知资料，往往对案主及其生活处境有更为深入的了解。

案例解析：单亲家庭青少年个案

在为本案主提供服务的过程中，除了访谈以外，还请案主填写了相关量表，获得了对案主较为全面的评估。

社工利用到案主所在学校实习的机会，有机会进入案主所在的班级听课，观察案主的课堂表现以及学习状态，观察案主与同辈群体的关系以及互动行为，听取老师对案主的印象。

考虑到家庭对案主的重要影响，在案主知情同意的前提下社工进行了家庭访视。一方面，通过实际进入案主生活的环境，可以全面了解其家庭情况，设身处地体验案主家庭的氛围以及主观感受；另一方面，通过与案主的父亲交谈，在进一步了解案主的同时促进父子之间的交流，有机会使父亲成为案主改变的资源。

三、诊断

收集资料的目的是为了作出诊断，即对案主及其问题进行整体性评估，也可以称之为社会心理诊断。在个案工作实务领域，诊断的实质不是为了给案主贴上标签或者分出类别，而是帮助社工基于对案主及其问题的理解明确进一步帮助案主的方向。

从操作性层面而言，对案主做诊断要回答以下问题：

（1）对案主求助问题的确认。
（2）对案主求助问题形成原因的分析。
（3）案主的家庭生活经验及其家庭心理动力。
（4）案主的成长经历及其行为动力的分析。
（5）案主接受帮助的意愿及其使用帮助能力的评估。

对案主进行诊断时要注意个别化原则。每一位案主都是带着自己的问题前来求助，各有不同的家庭背景和成长经验，在既往的生活中形成了看待自己及其问题的方式，同时也形成了不同的应对风格，特别是各有不同的优势和资源。因此，社工在提供个案工作服务时要坚持个别化原则，为此时此刻面前这位案主服务，避免简单归因，同时注意警惕个人偏见。

案例解析：单亲家庭青少年个案

（1）性格问题

案主失去母爱，父亲早出晚归，现主要由继母照顾、管理，与继母又有隔阂，形成内向、不懂交流、不愿沟通的性格。希望通过改进沟通技巧，能够与父亲和继母交流。

（2）学习问题

由于家庭变故案主失去了学习的动力，缺乏自我管理能力，加之前一阶段疏于学习导致成绩下滑严重，案主对学习缺少信心。希望得到帮助以建立自信心，发挥能动性，改进学习方法。

（3）行为问题

由于缺乏家庭温暖，又没有朋友，课外生活非常单调，案主变得更加自我封闭，于是通过去网吧、说谎躲避父母教育，用违纪行为引起别人注意。希望通过社交技巧训练，学会与他人建立关系。

第三节 制定工作目标与制订计划

一、工作目标

社工经由与案主共同讨论确定工作目标，在此基础上进一步制订工作计划以达成目标。

二、制定目标的原则

专业会谈是有目的的谈话过程，目标犹如会谈进程中的灯塔，具有指引方向的作用。制定目标要特别注意以下三大原则：

- 共同协商

制定目标是社工与案主双方共同协商、讨论的过程。在制定目标的过程中，案主的参与性越强，越是能够激发案主的责任心和自主性，在改变的过程中案主也会有更强的执行力。反过来，如果是社工强加于案主的工作目标，则只会加剧案主的挫败感和无助感。

- 目标一致

目标决定了社工和案主共同努力的方向。可以想象，如果社工和案主双方的目标不一致，即使双方都很努力投入帮助与改变的过程，也很可能因为目标的朝向不同而使双方的努力消失于无形。

- 切实可行

切实可行是制定目标时特别要考虑的重要因素。所谓好的目标，一定以切实可行作为评价标准，如果不适合此时此刻所服务的案主，或者以案主目前的状况以及资源来看是不可能达到的目标，即使再完美也是没有现实指导意义的。

三、制定目标的步骤

制定目标时要坚持具体问题具体分析。如果案主的问题不同，目标不同是显而易见的；即使案主的问题相同，目标也不一定相同。案主的问题常常有不同的起因以及形成过程，案主自身拥有的资源和支持性因素有很大差别，案主自身的期待更是千差万别，这些因素都会影响目标的设定。

尽管最终目标都可以概括为促进案主的生活适应和社会功能，但在个案实务中确定的目标越具体，越有利于实现。制定目标时可以参考以下步骤：

- 澄清案主的陈述，以便确认问题

社工首先要做的是澄清，对于案主表述不清、模棱两可的叙述以具体化等会谈技巧进行澄清，并通过复述等方式加以确认，以免理解错误。更重要的是，在社工澄清的过程中也有助于案主对自己及其问题获得进一步梳理，以便确认问题。

- 列出问题的相关因素，以便确认问题的重点

社工和案主一起讨论问题的出现、影响因素以及应对的过程，明确列出问题的相关因素，可以帮助案主发现问题的重点。具体而明确地列出问题的清单，有助于将案主所谓的困境具体化，确认自己遇到的问题以及要解决的困境是什么，这本身就有助于缓解案主的焦虑情绪。

- 拟定解决问题的先后次序，以便确认问题的焦点

如果案主求助的不是单一问题，而是同时在不同方面存在困扰，则社工要和案主讨论，将问题按重要性或急迫性列出优先次序，这有利于明确工作的焦点。考虑的原则可以是多个问题中最主要的矛盾，也可以是对案主来说最急于解决的问题，有时还可以选择对案主来说最容易解决的问题。当一些问题得以解决，案主对自己及其问题可能会有重新的理解。

- 明确最后达到的目标，以便确认问题的改变方向

目标要明确、具体，有可操作性，而且注意确保社工与案主双方对目标的理解是一致的。反过来，先帮助案主明确自己想要的结果，这是制定目标的逆向思路。这时可以与案主讨论如何做可以得到自己想要的结果，从而使案主更多发现自己可以尝试做出的改变。

四、制订工作计划

在制定目标的基础上还要进一步制订工作计划，即具体的行动方案。最基本的原则是，只有适合案主的计划才是最合适的工作计划。制订工作计划时要注意考虑以下因素：

- 共同协商，以尊重案主的意见为原则

尽管案主由于自身无法克服的困难前来求助，但是在制订工作计划时社工还是要与案主共同商讨，并且尊重案主的意见。这样做，一方面，是案主参与和自决的要求，有利于发挥案主的主体作用，增强案主的自我效能感；另一方面，可以增强案主的责任感，促进案主对工作计划的执行力，实现帮助效果。

- 综合考虑目标、进度、运用的资源及可使用的方法

制订工作计划时要综合考虑各方面的因素，既要充分考虑案主自身的实际情况，同时也要注意案主现有的资源和条件，特别是在进度安排上，直接与案主自我调整的主观意愿以及愿意付出的努力相关联。

- 适当的灵活性

工作计划要保持适度的弹性，有利于最大限度地保证计划的可执行性，否则当计划因某种原因而受阻时很容易被放弃。因此，在制订工作计划时

要保持一定的灵活性，尽可能多地设想可能出现的突发状况，并进一步制定可供选择的替代方案。

- 参考相关机构的意见以及关心案主的人的意见

对于个别案主，例如未成年人或精神病患者等，在制订工作计划时要特别考虑到相关人员的建议，例如案主的监护人、老师或相关专业机构的专业人士，这样能够确保工作计划更为周全、细致，同时也更能保护案主的利益。

第四节 提供服务

提供服务即协助案主解决问题的实行过程，是个案工作实务最重要的核心环节，也是社会服务的最终目的。可以说，前面一系列基本程序都是为提供服务奠定基础的。

一、工作目标

促进案主与环境的适应是社工提供专业服务的根本目的。依据具体的实现路径，服务大致分为两个方面：一方面是直接帮助案主，即促进案主深化自我认识，探索核心问题以及问题带给案主生活的影响，协助案主调适心理，拓展潜能，以提升案主解决问题的能力；另一方面是间接环境改善，即协助案主调整社会关系，经由改善案主的生活环境，以促进案主更好地适应环境。

二、个案工作者的角色

作为专业化的工作者，社工所提供的专业服务一定是在理论模式指导下进行的，即依据相应的理论制定目标，并通过相应的技术方法达成对案主的帮助。社工在具体实务工作中承担不同的角色、发挥不同的职能，从社工所扮演的角色可以对社工提供的服务获得较为全面的认识。

- 使能者

社工的主要角色是使能者，即直接为案主提供服务的工作者。通过倾听、共情等促进案主的情感宣泄，有助于案主理清问题，协助案主自我探索并发掘潜力，使案主自身产生积极改变。

- 联系人

社工不仅是直接的使能者，还可以依托所在服务机构，通过对社会资源的整合和调配，帮助案主有效地利用各种社会资源，从而实现与社会环境的良好适应。此时社工是联系案主和各种资源的纽带，是社会资源的整合者。

- 教师

在案主不了解解决问题的其他方法或者需要获得某些新的技能时，社工的角色是教师。通过给予必要的信息、提供新的解决问题思路以及发展新的社会技能等途径帮助案主提升应对问题的能力。需要注意的是，最后的选择权和决定权仍然在案主自身。

- 调解人

当案主与他人之间的关系发生矛盾或出现争端时，社工可以充当调解者。例如案主陷入家庭矛盾或邻里纠纷时，社工帮助协调化解冲突。此时，社工重要的功能在于促进案主与他人的沟通，协助双方认识到对方的利益以及需要，调解案主与他人的矛盾，促使双方的利益达成一致。

- 辩护人

在案主知情同意的情况下，在调解案主与他人关系的过程中，社工还可以作为案主的辩护人，甚至直接作为案主的代表出面与他人进行交涉。作为辩护人，社工的功能是代表案主与他人直接沟通，站在案主的立场替案主说话，希望能够为案主争取更大的利益。

第五节 结案与评估

在个案工作实务中，要完成与案主结束专业关系的相关工作，需要一个过程，在服务结束时还要对所提供服务的效果进行评估，这也是专业化服务的基本特征之一。

一、结案

所谓结案,指社工为终止与案主的专业关系所做的一切准备以及结束工作。准备结案时要提前告知案主,在结案前有具体的工作内容。

(一) 结案的时机

在个案工作实务中,比较自然的结案工作发生在社工和案主双方都认为助人目标已经达成或基本达成、专业关系可以结束之时。也有一些例外情况。在以下时机可以考虑结案:

- 案主的问题虽未彻底解决但已具备应对能力时

案主问题的解决或者新行为模式的形成,都不可能是一蹴而就的过程,需要案主持续不断地努力。当案主对自己的问题有所领悟并已经明确改变的方向时,虽然还处于努力改变的过程中,但视情况可以考虑结案。

- 为案主提供的服务已达到一定的工作期限时

一般情况下,为了能够为更多的案主提供服务,各服务机构在机构内部都会做出服务时限的明确规定,即为某位案主提供若干次服务。当到达规定的工作期限时,即使目标尚未达成也不得不考虑结案。这种期限规定虽然是一种制约,但因为社工和案主都预先知道,所以在某种程度上对案主也有一定的促进作用,而社工在确定目标时也要考虑到时间因素。

- 案主主动要求结案

有时案主主动提出结案要求,可能是案主自身的原因,例如对改变所需付出的努力还没有做好心理准备,也可能是因为对社工提供的帮助不满意,例如专业关系不和谐或者提供的服务与案主之前的预期不相符合等。有时案主甚至有可能自行中断接受服务,这时虽然服务不是一个完整的过程,但还是要尊重案主个人的意愿。

- 因为某些不可预测的因素而不得不结案

有时出现一些不可控因素,有社工方面的原因,例如因工作需要突然调离原工作岗位或者因学习等原因需外出一段时间,也可能是案主方面的原因,例如生病住院、迁居等客观因素,可能不得不考虑结案。

- 案主出现新的问题与要求需要转介时

随着实务工作的进展和深入，社工在进一步了解情况后发现案主另有核心问题或者更为急迫的问题，而案主的这些问题的解决需要求助于更加专门的机构。这时要尊重以案主利益为中心的原则，可能会考虑结案。

（二）结案的工作内容

当社工经过评估已确定准备结束个案时，应尽早与案主进行讨论。预先告知案主，有利于案主对结束专业关系做好心理准备。在结案阶段，具体包括以下工作内容：

- 回顾工作过程

个案工作的最终目的是有利于案主日后的生活应对与社会适应。结案时，社工需要对已经开展的专业服务进行小结，尤其是突出和强调案主已经取得的进步，鼓励案主将发生的改变迁延至以后的生活。

- 讨论继续努力的方向

在结束阶段，社工在鼓励案主将学习到的新经验应用于日后生活的基础上，还要与案主具体讨论以后如何运用这些新的经验，包括可能会遇到什么困难或者阻碍、如果出现问题又将如何克服、在实际生活中有哪些可以利用的资源，这些讨论有利于案主在结案后独立应对问题。

- 处理分离情绪

关注案主心理层面的反应，也是结案时要做的工作。特别是那些接受服务时间较长的案主，结案时案主通常对一直以来社工的陪伴和支持表现出不舍，同时对自己即将独立应对生活也会表现出忧虑和担心。这时，社工要引导案主表达感受，并提供心理支持。结案时社工要传达的信息是：不是不再关心案主了，而是在案主以后有问题时仍然愿意再提供帮助，以免案主产生被抛弃感。

- 为后续随访做好准备

为了评价服务的远期效果，服务机构通常规定在服务结束后定期进行跟踪随访，例如在三个月或六个月以后服务机构再次与案主联系，安排社工与案主以电话或会面形式联系，目的是通过了解案主目前的状况以评估服务的长期效果。因此，在结案时社工要向案主说明服务机构随访事宜，具体告知大致的时间安排，并与案主再次确认联系方式，以确保后续随访工作的顺利完成。

二、评估

在个案工作实务结束以后进行效果评估和工作评价，是专业化服务必不可少的工作步骤，从社工自身的角度讲也是总结经验和自我提高的过程，从促进社会工作职业化发展的角度而言也是极为必要的。

（一）评估的指标

个案工作实务评估，主要是考察助人目标的实现程度，不仅要考虑案主的满意程度，同时也要从专业角度评价服务的效果与效率。

- 目标的实现程度

助人目标是整个服务过程的"风向标"，不仅可以用来监控和调整专业服务的进程和方向，更重要的是可以作为评价服务效果的客观指标。很显然，目标是否完成、在多大程度上完成，是评价服务效果的重要依据。

- 案主满意的程度

案主满意与否是评估的重要指标之一。个案工作的服务对象是案主，社工提供服务帮助案主在心理状态、情绪活动以及现实生活应对能力等方面有所改变，案主在接受服务过程中的内心感受、对服务效果是否满意等都是评价服务的重要方面。

- 服务介入的人力、物力等资源投入的效率

对个案工作实务的评价不仅要看效果，同时还要看效率，即投入与产出的比率。在保证必要的社会服务效果的前提下，希望可以节约人力、物力等相关资源，为更多需要帮助的人提供服务。如果社工在某一位案主身上投入的时间和精力过多、耗费的物质资源过多，显然是有问题的。

（二）评估的方法

个案工作实务涉及的三方都可以对服务效果进行评估，包括案主、社工及其所属社会服务机构，评估的角度不同，评估的内容也各有侧重。

- 案主评估

由案主对社工提供的服务进行评估，通常是各社会服务机构的工作惯

例。要求案主在服务结束时对接受的专业服务进行评估，主要包括专业关系、帮助效果以及对专业服务的满意程度等。此外，有的机构还规定要对案主跟踪随访以考察服务效果的稳定性，例如在服务结束三个月或六个月后再次联系案主。

- 社工自我评估

社工对提供服务的自我评价，是专业评估的重要组成部分。要求社工对整个专业工作过程以及服务效果进行反思和省察，在各服务机构一般都有相关的自我评价表，社工在结束工作以后进行自我评分。

- 社会服务机构评估

社会服务机构大多从机构管理的角度对社工的专业服务进行评价，无论是对保证社工服务的专业品质还是对促进机构的良好运行都是非常重要的。通常是由机构督导对社工的服务过程以及效果进行专业考评，主要包括专业工作的实施过程、进展状况、专业化程度以及服务效果等方面。

第三章　个案工作实务的理论模式

本章主要内容

- ❖ 心理社会治疗模式
- ❖ 行为治疗模式
- ❖ 以人为中心治疗模式
- ❖ 理性情绪治疗模式

个案工作实务是一种专业化的助人工作，其专业性的重要特征在于整个实务过程以相关学科的理论知识作为理解和帮助案主的指导依据。理论在个案工作实务中具有三个重要的功能（翟进，张曙，2001）：其一，有助于解释人的行为与社会过程，对将要解决问题的性质和原因有清楚的认识；其二，根据对个人行为与社会问题的性质与成因所作的解释，有利于设定社会工作过程的工作目标；其三，提出一套达到上述目标的实务工作方法、技术及模式。

本章介绍个案工作实务领域四种主要的治疗模式，即心理社会治疗模式、行为治疗模式、以人为中心治疗模式和理性情绪治疗模式。针对每一种理论模式，重点阐释理论基础、实施过程以及主要的技术方法。

第一节 心理社会治疗模式

心理社会治疗模式是个案工作实务领域最经典的理论模式，同时也是应用最广泛、最具影响力的治疗模式。该模式肇始于20世纪20年代玛丽·里士满（Mary Richmond）的《社会诊断》一书，由于重视对人深层心理结构与行为机制的剖析，因此也被称为诊断派。

一、理论基础

心理社会治疗模式的理论基础非常广泛，广泛吸纳社会科学对人类行为的研究成果，逐步形成完善而开放的理论基础。除了精神分析理论以外，还包括"人在情境中"理论、社会角色理论、系统理论及沟通理论等。本节重点介绍心理社会治疗模式最重要的理论基础——"人在情境中"理论。

（一）"人在情境中"理论

心理社会治疗模式认为，个案工作是关于人的工作，而人与环境始终是一个互动的体系，每个人都是在特定的环境中成长，人所遭遇的问题是人与环境互动的结果。只有结合考虑人与环境的互动关系，才能真正理解人的行为，因此，应注重研究案主的环境及社会环境各要素之间的关系。

心理社会治疗模式主张把人的行为及其障碍放在社会环境中考察，即将案主的心理状态、心理过程与其所处的社会环境结合起来考虑，这样就为理解人的行为提供了一个系统的理论框架。具体来讲，该模式强调用系统的方法分析情境中人的行为，用精神分析的方法深度探索人们的压力和困扰，同时还要关注环境压力以及人与环境二者之间的相互影响，即考察人在情境中的状态。

根据"人在情境中"理论，影响人的行为的因素包括三方面，即人、环境、人与环境的交互影响。

- 人

个人作为主体，每个人都有内在稳定的心理结构与心理特征，都有独特的自我意识和人格发展过程，因此要了解案主的性格特点，探究案主的早年经验，并在此基础上探索与目前行为的关系。

- 环境

环境是指个人生活的物质环境以及社会关系网络，因此不仅要了解案主所处情境的真实性质，更重要的是了解案主对所处情境的感受。也就是说，与客观的环境相比，案主自己所感受到的主观环境对其影响更为深刻。

- 人与环境的交互影响

人与环境的交互影响是最重要的，在人与环境相互作用的体系里，任何部分的改变都将引起其他部分发生变化，不断交互作用、互相模塑。因此要增强案主的自我适应能力和"人在情境中"系统的功能，最后达到平衡状态。

（二）精神分析理论

心理社会治疗模式受精神分析理论的影响比较大，该理论认为案主所受的困扰可能有很多方面的原因，例如：可能是早年未被满足的愿望或者未能解决的情绪冲突被压抑在潜意识里，经常干扰案主当前的生活；也可能是当前社会环境的压力过大，致使早年遗留的问题浮现出来造成目前的行为偏差；还可能与个体不良的自我和超我功能相关，影响案主对外部环境的认识，情绪控制能力减弱，最终导致心理困扰。

心理与社会治疗模式认为，个体的发展受到生理、心理和社会三方面因素影响，而且这些因素又相互作用，共同影响案主的成长过程，如果简单地把案主的问题归结为单方面因素是片面的。对某个个体而言，有哪些具体的环境要素以及各环境要素之间是什么样的关系，都可能对个体的情绪和行为构成重要影响。因此，只有把案主放在一定的社会环境中去认识、去理解，具体了解包括家庭、亲属、邻里、朋友、学校和工作单位等案主所生活的环境，才能准确把握案主的问题。

二、实施程序

心理社会治疗模式的首要任务是调整个体的人格体系，同时配合以环境改善，从而促进个人与环境的协调，达成人格的成长与适应。该模式具体的实施过程大致分为开始接触、心理社会研究、诊断和治疗四个阶段。

（一）开始接触：接案与建立关系

助人过程从案主来服务机构求助、社工作为机构代表与案主接触开始，社工首先要做的是进行初步评估以确定是否接案。

一般来讲，社工需要1~2次会谈以初步做出专业判断，如果是复杂个案可能需要更长的时间。各社会服务机构都有专门的服务范围以及特别有针对性的服务群体，如果案主求助的问题属于机构的服务范畴，同时案主又有较强的求助动机，社工通常会考虑接案。

无论是否决定接案，社工始终要注意与案主建立并维持良好的专业关系。社工以尊重、平等和接纳的态度与案主交谈，有助于缓解案主紧张与不安的情绪，使案主感受到社工传达的温暖与支持，这是对助人者最基本的专业要求。当确定接案以后，社工和案主双方要签订工作协议，即以书面形式明确专业服务的性质、工作目标以及服务内容，进一步澄清双方的责任、权利和义务，这对助人效果的发生是有好处的。如果不予接案，社工要向案主解释具体的原因，同时给出明确建议，例如可以在什么机构得到更适合的服务等。

（二）收集资料与评估：心理社会研究

心理社会治疗模式以系统视角考察人在情境中的状态，要求社工全面收集案主心理因素、社会因素等方面的资料，即进行心理社会研究。

在确认案主基本信息的基础上，社工需要澄清案主求助的问题，包括问题的形成过程、所造成的影响以及案主个人的看法等，同时追溯案主的家庭背景和个人发展历史，体察案主的心理状态以及当前的功能运作。此外，如果案主有用药史或者转介等特殊情况，社工也要逐一了解。

由于受精神分析理论的影响，心理社会治疗模式深层剖析早年成长经验对案主的影响，运用心理防御机制理解案主与环境的互动，认为那些未被满足的心理需要或者长期压抑的心理冲突很可能是造成案主目前人际困扰的深层原因。因此，在心理社会治疗模式里，社工会关注案主的早年成长经验，重视重要他人带给案主的感受和影响，由此获得对案主更为深刻的理解。

(三) 诊断：心理社会诊断

诊断的目的是为了理解案主及其求助的问题，从而为进一步制订工作计划提供依据。所谓心理社会诊断，指除了对案主进行社会因素的分析以外，进一步以精神分析理论诊断案主的人格或心理问题，并对案主的受助意愿、接受服务的能力进行预估（翟进，张曙，2001）。

心理社会诊断主要包括以下三种形式：

- 心理动力学诊断

根据弗洛伊德的人格结构理论，心理社会治疗模式特别关注案主本我、自我和超我之间的互动关系。一方面，考察案主采用何种自我防御机制，来缓解自我焦虑；另一方面，评估案主自我的发展水平，以确定其自我理解能力、控制能力以及现实检验能力等。

- 病原诊断

病原诊断是指寻找当前问题产生的原因，即在过去的经历与现在的行为状况之间建立连接。从某种角度而言，案主目前之所以出现困扰一定是有原因的，引导案主理解自己以及问题的形成是帮助案主自我接纳的前提，在此基础上才有可能发生转变，病原诊断正是帮助案主发现问题产生的原因。

- 分类诊断

分类诊断是指对案主的身体情况、情绪状况、心理表现、社会功能等各方面分门别类，逐个收集资料进行临床评估，对各个方面分别作出诊断，已达到对案主的全面了解。

(四) 治疗：人格调整与环境改善

在心理社会治疗模式里，治疗目标是增强案主的自我适应能力和"人在情境中"系统的功能。具体包括：

(1) 减少案主的焦虑和不安。

(2) 减少"人在情境中"系统的功能失调。

(3) 增强案主的自我实现和满足感。

(4) 改善案主的环境，促进案主个人的全面成长与发展。

心理社会治疗模式的帮助过程是从两方面展开的：一方面是直接对案

主人格的调整，另一方面是间接对案主环境的改善，目的是促进案主与环境的适应。也就是说，为了改善案主的社会适应功能，可以从客观上帮助案主改善困难的环境，降低生活处境的难度，更重要的是从主观上提升案主的应对能力，使案主学会生活技巧从而有能力在这种处境中生活得更好。特别需要注意的是，对案主自身的帮助一定是更重要的。

三、基本方法与技术

由于沟通方式和参与人员各不相同，心理社会治疗模式将治疗方法分为直接治疗和间接治疗两大类：前者指社工直接对案主进行帮助的沟通方法，即直接针对案主进行的治疗；后者指通过辅导第三方或改善环境间接促进案主适应的沟通方法，即针对案主周围的环境而展开的工作。

（一）直接治疗

直接治疗是发生在社工与案主之间的工作过程。根据社工在工作过程中是否特别关注到案主自身的感受和想法，直接治疗又可以划分为非反思性直接治疗技巧（non-reflective）和反思性直接治疗技巧（reflective）。

1. 非反思性直接治疗技巧

非反思性直接治疗技巧，指案主处于被动服从的位置，由社工直接向案主提供各种必要的帮助与辅导技巧。相比较而言，这部分不注重案主自身的感受和想法等反应。

- 支持

提供支持是社工最先采用也是最有效的技术，对缓解案主的紧张和焦虑情绪效果非常明显。社工通过倾听、接纳等基本方法向案主传达温暖，表达愿意提供帮助的意愿，可以有效减轻案主的不安，为进一步开展工作奠定基础。

在个案工作实务领域，支持既可以是情感支持，也包括具体的实际帮助。为案主提供情感上的支持是社工必须做的，社工对案主的倾听、关注、重视和理解，有利于拉近与案主的关系，同时使案主愿意在社工的帮助下努力做出改变。实际帮助指社工利用机构政策或相关资源为案主提供一些具体的、实际的帮助，可以是实物资助的形式，例如为经济困难的案主申请救济金；也可以是信息提供的形式，例如为失业的案主提供再就业技能的培训信息等。

- 强调

强调指社工对案主原本已经产生但尚未付诸行动的想法给予鼓励，即社工用点头等表示重视的姿态鼓励案主实践一些案主本来已有的想法。例如一位年轻案主自诉想离家出走却又担心父母着急，当社工听到以后必须强调并突出案主的想法，以避免案主实际采取行动而引发严重后果。

案主：我真受不了父母对我的态度，真想离家出走，一个人到外面去闯世界。但如果父母知道我离家出走一定会急疯的……

社工：你能想到父母的心情，设想自己的行为对父母造成的影响，说明你对父母很有感情，不想用这种不辞而别的方式伤害他们。

- 提议

提议指社工为了增加案主理解问题的视角而给出的一些建议，例如告诉案主对问题的不同看法或者解决问题的不同途径，当然最终还要由案主自己做出选择。例如当一位主妇抱怨与丈夫的关系发生问题，社工可以提出建议说主动沟通有助于改善夫妻关系。但注意应以与案主讨论的方式，并尊重案主的决定。

案主：我与丈夫的感情一向很好，但有了孩子以后家务明显增加了，照顾孩子要花不少精力，我们聊天的时间越来越少。最近我也发现自己很容易发火，指责他不管家里的事情，现在丈夫经常能不回家就不回家，回家后也很少说话，我觉得很痛心。

社工：看得出你们的感情是有基础的。如果你能主动沟通，把感受与想法告诉他，或许会有机会带来改变，你觉得呢？

- 忠告

忠告指社工向案主提出更直接的指导，即提出一些社工认为案主必须采取的行动。例如当一位母亲谈到儿子在学校的行为，社工发现母亲需要对儿子目前的处境给予更多的关注，否则可能引发更严重的后果时，社工应直接对母亲提出忠告。

案主：我儿子上初中以后，总是跟学校里一些流里流气的学生混在一起，在街上闲逛，惹是生非。昨天老师把我叫去，说我儿子竟然在校门口勒索低年级学生，我真不知该怎么办。

社工：孩子正处在成长的关键阶段，这个时期不良伙伴的影响非常大。所以，你首先应该让你的儿子脱离不良团伙，你应多与老师联系，多关心儿子在学校的表现。

- 直接干预

直接干预一般只用于一些更加严重的情形，例如案主情绪极度抑郁，有可能伤害自己或威胁到他人等。社工要更加坚决地提出自己的主张，必要时可以采取实际行动进行直接干预。

可以看出，从社工只是表明态度到直接的行动干预，社工对案主影响的程度在逐渐加强。当案主自身的处境明显不利并且有可能导致更加严重的后果时，社工有必要以更坚定的方式表达自己的态度，甚至是直接采取行动。从根本上而言，都是将以案主的利益为中心作为首要原则，根据可能给案主带来影响的严重程度不同，社工会表现出不同的影响力度。当然，使用直接影响技巧时，社工要注意培养案主的独立性，例如注意征求案主的意见、让案主自己决定是否需要指导等。实践经验表明，社工越是与案主以商讨的方式展开讨论，案主越是容易接受社工的影响。

2. 反思性直接治疗技巧

反思性直接治疗技巧，指通过与案主相互沟通交流，引导案主正确分析和理解自己问题的各种技巧。相对而言，这部分比较关注服务对象内心的感受和想法，往往涉及对案主深层内心经验以及主观感受的讨论。

反思性直接治疗技巧，主要是关于案主人格发展以及人格动力学方面的探讨。对于每个人来说，过去的经验是无法回避的，每个人早年的成长经历都会对目前行为方式和反应倾向的形成产生一定的影响作用。例如案主感到宿舍同学之间关系冷漠，而在其他同学看来其实只是大家各自忙碌自己的事情。当追溯原因时发现这与其家庭成长经验密切相关，案主小时候家里就是这样，父亲和哥哥常常外出打工，家里只有自己和母亲，母亲也总是忙于家务，案主感到非常孤单，渴望家人之间有更多的情感互动。

但是这种关联通常并不是人们可以意识到的。

运用反思性直接治疗技巧可以充分发掘案主目前感受、态度与行为的内在心理根源，使案主有所觉察和领悟，从而在一定程度上减少早年经验对案主目前情绪和行为的消极影响。

（二）环境改善术

间接治疗即环境调整，环境调整的目的是减少环境对案主精神方面和物质方面的压力，降低案主在环境中生活的难度，以利于案主更好地适应环境。需要明确指出的是，在个案工作实务中，环境改善术通常不能单独使用，要以案主自身的调整为主导，环境调整只是起到配合、辅助的作用。

环境，主要指人际环境，即案主在生活中发生关系的各种人，可以称之为关系人，包括重要他人和并行者两种。重要他人指与案主以情感联系为主的人，如案主的家人、亲戚、朋友等。并行者指与案主以工作关系为主的人，如同事、警察、教师等。可以看出，由于案主与重要他人关系的紧密性以及互动的频繁性，案主所遭遇的困境很可能或多或少与重要他人存在关联，同样地，在案主问题改善的过程中，如果重要他人能够成为案主的社会支持系统，会是案主改变重要的推动性因素以及最好的支持性力量。如果并行者之间可以相互合作与支持，对促进案主改变将构成强大合力，发挥重要效能。

在改善环境的实务过程中，社工要遵循一个最基本的工作原则，即先理解肯定，再成为资源。社工首先要明确环境改善的目的是什么，其次要明确自己的工作角色。社工要特别注意自己不是评判者、不是声讨者，社工只有在表达理解取得合作的基础上，才有可能实现环境改善的具体行动。因此，社工要根据不同的情况采取不同的处理技巧，如给予支持、适当宣泄、敦促行动等。当然，是否开展环境改善工作，首先要尊重案主的自决权，由案主自己决定是否需要改善外部环境，在征得案主同意以后才能开展工作。

心理社会治疗模式有完善与开放的理论基础，广泛吸纳心理学、社会学等多学科理论，博采众长而形成丰富的基础，始终保持理论的开放性。其技术方法细腻而丰富，涉及案主的各个发展阶段以及个案工作实务的多个层次，适用于多种服务对象，应用范围广泛。当然，心理社会治疗模式对案主的要求相对比较高，相对而言费时费力。

第二节 行为治疗模式

行为主义者认为，人类的行为大部分都是通过后天学习获得的，其中适应不良的行为是错误学习的结果，行为治疗模式就是通过一定的技术手段帮助人们重塑健康行为的过程。实践经验表明，行为治疗模式更适用于青少年案主，特别是在行为训练与矫正过程中，它是一种经常采用的治疗模式。

一、理论基础

行为治疗模式的理论基础主要来源于行为主义理论，主张人的所有行为都是受环境影响后天习得的。具体包括经典条件作用原理、操作条件作用原理和社会学习理论。

（一）经典条件作用

巴甫洛夫的经典条件作用原理强调"刺激—反应"模式，认为反应或行为是由刺激引发的，即先有刺激再有行为，在刺激与行为之间建立对应关系就是条件反射的建立过程。

经典条件作用的形成和建立是通过分化完成的，也就是说首先要辨别是否为条件刺激，而后对条件刺激做出反应，对非条件刺激没有反应。但是如果对条件刺激的分辨出现困难，会表现出无所适从的情形，这一现象最初是在动物实验研究中发现的。例如将中性刺激圆形光环与无条件刺激食物多次结合，狗对圆形光环建立起条件反射而出现条件反应——唾液分泌，此时中性刺激成为条件刺激。当狗对圆形光环建立起条件反射、出现唾液分泌，而对椭圆形光环没有反应时，如果给狗呈现的光环刺激介于圆形和椭圆形之间难以分辨，狗就会表现出烦躁、狂吠等症状，我们称之为实验性神经症，指在心理实验中所发生的因被试无法把握实验情景并进行操作而导致的一种状态。后来研究发现，在人身上也会出现类似的现象，例如在外界对其要求不统一时，儿童同样会表现出不知所措。

还有比较特殊的现象是泛化和消退。所谓泛化，指被试对与无条件刺激相类似的刺激也会出现一定的反应，现实生活中俗语"一朝被蛇咬，十年怕井绳"所说的就是这个意思。所谓消退，指如果刺激消失了，行为会随之消退，例如仅有条件刺激圆形光环即可引起条件反应——唾液分泌；但继续只是给予条件刺激时，条件反应的强度会降低，直至不再出现。

经典条件作用最基本的原理是刺激引发了行为，当刺激改变了，行为会随之改变。该理论对个案工作实务的启发在于，如果想改变案主的行为，可以先尝试改变刺激。

（二）操作条件作用

斯金纳的操作行为理论认为，行为之所以保持，是由于在行为出现后发生了某种特别的结果，即行为是因为被结果强化而保存下来。所谓强化，是指行为被紧随其后的结果加强的过程。强化包括正强化和负强化，正强化指正面的鼓励、报酬、赞扬等，负强化指减少负性的惩罚、剥夺、批评等。这种行为反应之所以被称为是操作性的，正是强调了其操作行为会导致某种结果的产生（钱铭怡，1994）。

斯金纳认为，只要强化模式改变，所有异常行为都能得到纠正。该理论从强化角度解释人的行为，认为强化是一种最简单然而又法力无边的行为法则。强化根据出现频率可划分为连续强化和部分强化，连续强化指在每次目标行为出现后都给强化物，部分强化指在目标行为出现后间断给强化物，其中不定间隔、不定比例的强化使习得行为保持的时间较长。特别需要强调的是，处理非期望行为的最好方式是忽视，而不是给予惩罚，如批评、罚款、剥夺等。正强化与负强化的目的都是使行为增加，而惩罚是使行为减少，但从长远效果来看惩罚的影响是负面的。

操作条件作用最基本的原理是操作行为被外界刺激所强化并由此保持下来，对于个案工作实务的启发在于，可以通过一系列的强化过程来塑造适应行为。

（三）社会学习理论

班都拉的社会学习理论认为，人、环境和行为三方面的因素是相互影响、相互作用的。社会学习理论强调，人主要是通过观察别人的行为和行为结果而习得行为，可以通过观察学习获得替代强化，进而自我强化。也就是说，当个体看到他人的行为受到表扬时，会增强产生同类行为的倾向。

人类大量的行为都是通过模仿学习获得的，也可称为观察学习，既包括适应性行为，也包括非适应性行为，这也是所谓"近朱者赤，近墨者黑"所包含的道理。影响模仿学习的因素有很多，一方面与被模仿者有关，个体与模仿对象越接近，越是容易产生效果；另一方面也与模仿者自身有关，越是主动模仿，学习效果越好。

总之，行为主义学派的基本理论构成行为治疗模式的理论基础，主要强调以下三点基本假设：

- 强调可观察的行为

与心理过程相比，行为主义理论更强调可观察的行为。行为不仅可以观察到，而且可以经常测量评估，在一定程度上避免了不正确的推论。行为治疗的目标是帮助案主消除不恰当的行为，获取建设性行为。

- 重视与问题有关的当前行为

行为治疗模式假定，人的行为基本上是由学习和社会文化因素形成的，认为偏差行为是错误学习的结果。偏差行为之所以形成，在某种程度上一定与案主过去的经验有关，但行为治疗模式更重视与问题有关的当前行为，强调通过新的学习过程获得适应性行为。

- 行为之所以出现并保持，或有前因或有后果

行为之所以出现并保持，或有前因或有后果。所谓前因即刺激，所谓后果即强化，因此发现刺激或强化是评估的焦点和工作的重点。行为治疗模式正是将改变刺激或者给予强化作为消除不良行为或塑造适应性行为的途径。

二、实施程序

行为治疗模式是一种系统的工作方法，首先对个体全面评估以澄清问题行为，确定案主目前的功能水平以便于制定目标行为，在此基础上商讨最合适达到目标行为的策略，同时在帮助过程中通过不断评价目标行为来

监测改变的进程。

（一）全面评估：收集基础资料

行为治疗模式重视对案主的全面评估，主要指向与目前行为模式有关的学习过程。收集资料时重点是要找出具体的问题行为，除了评价案主目前具体的症状以外，还要客观评价导致案主适应不良的因素，试图发现问题行为给案主带来的困扰是什么，为什么尽管问题行为带来困扰却又一直保持着，目的是找到行为治疗的方向，为确定治疗计划提供依据。

收集和分析有关案主信息的过程被称为行为功能分析，具体包括确定案主的问题行为，发现引发案主问题行为的起因、行为所带来的影响和后果，以及案主的动机与需求。首先要排除生物原因的可能性，在此基础上具体澄清与问题行为有关的刺激或者强化，注意从整体上把握问题行为出现的情境，分析问题行为的功能，例如问题行为的诱因是什么、有没有积极获益或者带来某种需要的满足、是否因为问题行为使案主避免了某些消极情况的出现、使他人为他做了什么等方面。

- 访谈法

收集资料的方法主要是访谈法。例如对于抑郁的求助者，社工要想了解案主的情绪状态及其最近的表现，可以通过以下问题来进行：

（1）总的来讲上一周你感觉如何？
（2）在一天里，你什么时候感觉最好？
（3）你什么时候感觉最差？
（4）在一天里你感到心境有多大变化？
（5）目前你能完成通常的工作量吗？
（6）下班后你与大家一起出去吗？
（7）你享受这段时间吗？

经由案主的叙述，社工除了把握案主的情绪状态以外，还要注意案主的行为表现，包括食欲、体重等方面的变化，从而对案主做出整体评估。

- 观察法

另一种经常采用的方法是观察法，社工可以利用到案主生活环境访视的机会，通过观察获得对案主更直接的了解。观察可以是固定时段，也可以是随机时段，还可以采用联合时段，社工要注意进行全过程或选择性记录以便提取有意义的信息。观察法说来简单，其实为了得到客观的资料是需要特别训练的，例如要提前拟写观察提纲，要特别明确观察的具体行为是什么，以及如何发现行为前的刺激因素或行为后的强化结果，同时还要注意不能因为观察者在场而影响案主实际生活中的表现。

（二）全程监控：设计评估方案

行为治疗模式有一个突出的特点，社工和案主都非常清楚改变的进程如何以及改变的效果怎样，因为在工作过程中会不断进行评估，为此要设计评估方案来指导治疗过程，同时可以检验治疗效果。

评估方案有不同的设计方法。比较常用的是 A-B 设计，也称前后设计，指将治疗后的行为记录 B 与治疗前的观察记录 A 比较，如果有明显的改善则说明帮助是有效的，但该设计方法不能证明行为改变一定是由于治疗过程发生的。比较可靠的方法是 A-B-A-B 设计，也称逆转设计，即通过治疗过程由治疗前的问题行为 A 转为目标行为 B，当治疗撤除以后又恢复回问题行为 A，再次给予治疗重新好转为目标行为 B，则证明帮助过程是有效的。

在设计评估方案时，既可以针对一个人的几种行为，例如同一个人身上可能同时有多种问题行为，先选择其中一种问题行为进行干预，而后发现干预的这种问题行为出现变化，而其他没有干预的问题行为依旧维持；也可以是几个人相同的行为，例如在几个人身上同时有某种问题行为，对其中的某个人实施行为治疗而对其他人不进行干预，结果发现实施行为治疗的这个人出现行为改变即说明帮助是有效的；还可以是同样行为在不同时间、不同地点的表现，例如小学生在学校和在家里的表现是不一样的，当提醒家长对孩子的要求与在学校时的要求保持一致时，也会看到孩子在家里的行为发生改变。

（三）全程改变：指向目标行为的帮助过程

行为治疗模式的实质在于增加案主正确的学习经验，改善问题行为，以适应性行为替代问题行为。行为治疗模式的治疗目标必须是准确界定的行为，越是具体明确越有利于治疗目标的达成。在具体的行为改变过程中，可以根据问题行为的适用性选用不同的方法与技术，而后按照具体的操作步骤逐步实施。

可见，行为治疗模式取向的社工更多主动性与指导性，有时会充当示范与榜样的作用，甚至会选取典型情境与案主进行角色扮演，示范适应性行为，对案主的行为给予指导。

三、基本方法与技术

行为治疗模式包括很多具体的方法和技术，各有其适用范围，操作步骤非常明确，便于初学者学习使用。例如放松训练是最基本的行为治疗方法，其基本原理是通过放松产生的躯体反应达到缓解焦虑情绪的目的，同时机体的主动放松也可以增强案主自我控制感。这种方法既可以单独使用，也可以与其他方法结合使用。以下介绍比较有特色的几种行为治疗技术。

（一）系统脱敏疗法

系统脱敏疗法以交互抑制为主要原理，利用人的肌肉放松状态去对抗由焦虑或恐怖引起的心率、呼吸、皮电等个体生理指标的变化，当多次结合以后可消除条件反应。系统脱敏疗法指从能引起个体较低程度的焦虑或恐惧的刺激物开始治疗，通过循序渐进的过程逐步消除焦虑、恐惧或其他不适反应的一种行为疗法。

系统脱敏疗法对于应付过度焦虑、恐惧以及稳定情绪具有特殊的疗效。主要步骤可称为"系统脱敏三步曲"：

- 放松训练

从进入治疗开始，社工教案主学习肌肉放松训练的方法，并要求案主在治疗间歇坚持自己练习，反复练习2~6周直至熟练掌握。

- 建立主观焦虑等级

找出一系列焦虑事件，以心情平静评为0、极度焦虑评为100作为焦虑的主观度量尺度，报告每个焦虑事件的主观焦虑程度SUD，并按等级排序。一般情况下以6~10个焦虑等级为宜。

- 想象或现实脱敏

在社工指导语的引导下，案主进入放松状态后示意社工，然后想象焦虑事件（SUD 低级到高级），保持 30 秒（每次逐渐延长），体验不适感受，最后重新评估该事件的 SUD，社工记录。案主休息 2 分钟，重新进入放松状态，反复重复以上流程，直到该事件 SUD 稳定在 10 左右。

需要注意的是，一开始 SUD 不要超过 30，因为人的肌肉放松状态每一次只能对抗较低程度的焦虑反应。在前一个事件 SUD 下降达标准稳定以后，即连续 2~3 次达到 10 SUD 且想象焦虑事件的时间次次延长，再进入下一个等级，否则很容易出现反复。在每次治疗时间里所涉及的等级事件以 1~3 个为宜，并在每一次治疗结束时让案主有一次完全的放松体验，并留下时间请案主表达感受，讨论下次的治疗方案。

（二）决断训练

决断训练，也可以称为肯定性训练、自信训练或声明己见训练，主要适用于那些在人际关系情境中不能表达自己愤怒或苦闷情绪、很难对他人说不、很难表达自己积极情感的案主。通过行为训练，有助于案主学会表达自己的正当要求以及内心的情感体验。

决断训练包括四个步骤：

- 确认案主的问题行为

通过收集资料增进对案主的了解，明确造成案主困扰的问题行为，引导案主宣泄情绪。

- 提高案主尝试行为改变的动机

有些案主认为直接表达自己的意见和要求是一种自私的表现，拒绝别人更是一种不礼貌的行为。帮助案主改变态度和看法是社工首先要做的，应帮助案主认识到这是案主的正当权益，从而促使其改变动机。

- 定义适当行为

帮助案主认识到自己的行为是造成困扰的不适宜行为，共同探讨案主可以接受的适应性行为，作为目标行为。

- 决断行为训练

选取典型情境，社工与案主进行角色扮演和角色互换练习，通过行为示范和行为指导，帮助案主学习新行为。

需要注意的是，社工要特别考虑行为改变可能给案主带来的影响，要确实以案主的利益为优先考虑，在设定目标行为时要与案主共同商讨，尊重案主的决定，确保不因行为改变而给案主带来消极后果，注意运用决断行为的场合。

（三）强化法

强化法尤其适用于矫治适应不良的行为，特别是对青少年行为塑造和行为规范形成的效果比较明显。该疗法的基本原理是，如果要建立某种行为，就需要对该行为的出现给予奖励，即阳性强化；如果要消除某种行为，就需要对该行为的出现给予淡化，即阴性强化。

使用强化法时，要特别注意以下问题：

- 目标行为必须非常明确

强化的目标行为越单一、越具体越好，要让案主非常明确社工强化的具体行为是什么。

- 强化物的给予必须及时

当目标行为出现时，要即刻给予强化，特别是新行为刚开始建立时不要遗漏。尤其是对于年龄较小的案主来说，如果强化物延迟，有时可能失去强化的意义。

- 强化物的选择要有针对性

如果是符合案主兴趣爱好的强化物，常常有事半功倍的效果。强化物不一定是物质的，要契合案主的年龄阶段，有时言语的强化同样会有奇效。

- 要考虑给予强化的间隔

为了有利于适应性行为的保持以及稳定性，可以逐渐提高强化标准并减少强化次数。

- 将外在强化逐步过渡为案主自我强化

如果始终依赖外在的强化将不利于行为保持，案主的自我强化更有利于适应性行为长时间地保持，特别是有助于培养案主的独立性。

强化法也可以结合模仿法共同使用，比较适合学龄及以下儿童，在设计目标行为时要注意循序渐进。此外，该方法也适用于精神疾病康复期病人社会适应行为的训练。

（四）自我管理法

自我管理法的主要目的是教导案主提升自我控制能力，学会自己面对困境，包含自我订约、自我监控、自我酬赏等步骤。

事实上，我们总是有理由放纵自己，结果可能引发这样或那样的问题，最终带来不必要的困扰。例如人们大都会选择早晨睡懒觉带来的舒适，不愿意承受早起坚持锻炼的痛苦，即宁愿享受即时轻奖也不愿意等待可能带来身体健康的远期重奖；再如人们可能会逃避学习一项新运动时的困难，包括因笨拙招致的嘲笑，而不追求熟练掌握新技能以后带给自己的长期享受等。

运用自我管理法帮助案主时，首先要求案主对问题行为进行详细的记录，在此基础上社工帮助案主设计自我控制计划，具体包括特定环境、特定时间、改变过程以及期望的行为结果等。在案主改变的过程中，公开化即案主将自己改变的目标和行动计划告知自己身边的人，常常对自我管理策略的贯彻和执行具有一定的推动作用，也就是说案主将改变不良行为的愿望公开有利于激发和促进案主行为改变。当案主在一定阶段完成行为改变计划时要自我奖励，同时还要注意防止不良行为的复发，也要有针对性的应对方案。

（五）多模式治疗

多模式治疗是一种广泛的、系统的、整体观取向的行为治疗模式。该模式认为，每个人都有独特的需求和期望，个体的困扰可能有多方面的原因，需要使用多种策略才能达成目标。人类的复杂人格可分为七个要素，透过完整的评估，多种策略并用，达到系统的整体的行为改变。

多模式治疗的基本原理是，人的行为与人际互动都脱离不了 BASIC ID 七个要素领域，七个要素之间彼此相关，必须视为一个互动的系统。这七个要素的英文首字母组成"BASIC ID"，七个要素分别是：

Behavior：行为，外显的可观察的行为

Affect：情感，情感反应，即情绪、心情

Sensation：感官知觉，指视觉、听觉、味觉、嗅觉、触觉基本感觉

Imagery：心像，自我概念，即如何看待自己、描述自己

Cognition：认知，指态度、信念、价值观

Interpersonal relationships：人际关系，指与他人之间的互动关系

Drugs/biology：药物或生物学，指药物、饮食习惯、营养以及运动

个体的问题很可能是多种因素共同作用的产物，只有系统评估七个要素的功能状况，检查不同要素间的互动关系，才能做出准确的诊断。完整的治疗需涉及七个要素，在治疗技术上采取折衷主义，运用多种策略，有效达成治疗目标。多模式治疗法强调制订全面的治疗方案，兼顾治疗的广度与深度，重点在于通过系统化的方法与科学的手段改善偏差行为。

综上所述，行为治疗模式强调案主当前的问题行为，在改变过程中有一定的教育色彩，注重效果评估。该治疗模式短期效果比较明显，但由于忽视问题行为产生的历史原因，疗效不稳定成为其弱点。

第三节 以人为中心治疗模式

以人为中心治疗模式着重于案主的适应与成长，倾向于将案主改变的过程看作成长模式而非疾病模式，对案主的理解由"问题化"转变为"正常化"。该模式强调助人者本身的特质，罗杰斯认为，只要社工具有了人本主义的基本概念，就可以自由运用各种技术帮助案主达成目标。

一、理论基础

罗杰斯认为，人基本上生活在个人的、主观的世界中，每个人的感受都是自己对真实世界感知、翻译的结果。正因为个人的主观性，所以在同一种客观环境下、经历着同一事件的不同个体未必有相同的认识和体验，同时也会给不同的个体带来不一样的影响和结果。以人为中心治疗模式强调积极乐观的人性观，认为人是善良的、理智的，同时也是负责的和可信任的。

自我实现倾向是罗杰斯提出的一个重要概念。所谓自我实现倾向，指每个人对天赋、能力、潜力等的充分开拓和利用，表现为人都有追求满足更高层次需要的倾向，是推动我们行为的基本动力。以人为中心治疗模式认为，所有的心理困扰都可以理解为是由于自我实现倾向被压制所导致的，

人有很多天赋潜能，只不过因为后天环境的影响，以至于未能善用已经存在的能力，要相信并协助人将他原本埋藏在内的潜能释放并发挥出来，这是非常重要的。人永远处于不断前进的发展过程中，个人的成长是一个过程而不是一种结果，是一个方向而不是最终目的。

自我（self）指真正的、本身的自己，自我概念（self-concept）指我们是如何看待自己的，人在内心深处关于自己的形象，是人对自己的看法与评价。每个人都有一套自我观念，形成对自己有组织的、连贯性的观感。在成长初期，自我概念通常是由很多自我经验即对自己的体验构成的，而后透过重要他人对我们的态度和反应不断积累自我经验，并基于这些自我经验建立起一套对自己的看法，认识到自己是一个怎样的人，进而产生喜欢或讨厌的感觉。但是，他人对我们的态度和反应通常都是有条件的，因为我们的表现好，或者因为我们的表现符合他们的要求，才能被肯定，这样有时就会使我们背离自己的真实经验。也就是说，这些有价值的条件容易使我们忽略或牺牲自己内在的真正需要，久而久之我们会感到自我概念模糊和紊乱，不仅影响我们的自尊以及对自我概念的接受程度，进而还会决定接受和处理经验的方式和态度。

人的行为不是由真实的经验性自我决定的，而是由自我概念决定的。当我们的自我概念与现实经验相矛盾或者脱节时，我们常常会歪曲对事物的看法，片面解释甚至否定不符合的经验存在。由于自我保证和焦虑的产生，我们往往依据对自己惯常的意念来决定行动的准则，只容许自己意会与自我概念相符的经历；如果与自我概念相抵触，会采取某些防御机制以保证原来的自我概念，并由此引发这样那样的心理困扰。

二、实施程序

以人为中心治疗模式的首要任务是创造和谐的治疗氛围，以利于促进案主的自我成长。在专业关系中，案主是主角，陷于焦虑而感到不安；社工是配角，要求具备真诚、无条件接纳、共情等特质，协助主角尽量发挥自己的潜能。

社工与案主保持一种充满情感的关系，双方有心理上的接触，所营造的安全氛围容许案主毫无畏惧地表达内在的情绪，使案主有机会重新醒悟、体验、面对和处理自己内在的不一致，这样案主才有机会成为一个忠于自己真正感受而且表里一致的人。

在以人为中心治疗模式里，促进案主人格发生改变的不是社工的技能，而是依靠社工的态度。社工对案主不做价值判断，而是以真诚、关怀、尊重、接纳的态度与案主建立认同，表明社工理解了案主的感受。社工向案主传达的不是同情，而是对案主表达明显的关心。社工对案主的情感能够敏感地察觉，帮助社工对案主的体验获得更好的理解，在此基础上促进案主对自己的体验也能有更深刻的理解。

在专业关系中，社工与案主进行真诚的人际互动并表达共情，代表了社工干预的一种特别倾向，也是人本主义治疗最主要的特征。同时，由于社工始终是在跟随案主，相对而言错误引导案主或损害其心理的机会大为减少，因此以人为中心治疗模式是一种相对安全的干预方法。

三、基本方法与技术

社工在助人过程中起主导作用，有很多因素都直接影响专业关系的建立和发展。按照帕特森（1985）的划分方法，其中有些因素是关于助人者反应的方式，包括共情、积极关注、尊重与温暖、真诚等，属于反应的维度；有些因素涉及助人者言语的表达，包括具体化、即时化等，属于行动的维度。这些因素可以理解为专业助人者必备的基本素质，同时也是以人为中心治疗模式最基本的方法与技术。

（一）共情

共情，也被译为同感、同理心、神入、感情移入等。很多研究和实践经验都表明，共情是助人过程中最主要的成分。

1. 共情的含义

按照罗杰斯（1961）的解释，共情是能体验他人的精神世界，就好像那是自己的精神世界一样的能力。也就是说，对他人的内心世界有准确的理解以至于犹如亲身体验过一样。共情要求社工"穿上案主的鞋子一样"，设身处地进入案主的内心世界，感同身受体验其真情实感。但只是"好像",不要忘记自己只是像对方而并非是对方,要能够不将自己的情绪混杂在其中,仍然可以分离出自己的感受。

要准确理解共情的含义,需注意以下概念之间的区别:

● 要与同情相区别

同情指给予对方物质上的帮助或精神上的安慰。当你说同情对方时,是在表达一种不平等的人际关系,意味着对方处于弱势需要支援或者帮助,其中包含怜悯成分,但并不代表你能真正理解对方的内心感受。

● 要与理解相区别

理解是人们对事物主观的认识。理解对方意味着你知道对方是怎样想的、是如何感受的,但并不代表你能深刻体会对方的内心世界,了解对方对自己以及对世界的看法。

在现实生活中,我们已经习惯了主观看待事物,很容易根据自己的经验和感受做出评判,在成长过程中也逐渐内化了很多判断标准。共情指社工放下自己的参考框架,不以外在的或客观的标准来衡量案主的内心感受,设身处地站在案主的角度体验其内心矛盾与冲突。

2. 共情的意义

共情在助人工作中非常重要,正如林孟平(1999)所指出的,倘若在助人过程中不运用共情技巧,助人进程一定会受阻。如果社工缺少了共情,案主会产生不被理解的情绪体验,对社工的漠不关心感到失望,自我表达自然会减弱甚至停止。而社工由于不能充分理解案主,势必会做出不适当的反应,例如偏离谈话主题、不自觉地加以批评或判断,很容易使案主受到伤害。

共情对于建立良好的助人关系具有如下极为重要的意义:

(1) 促进案主对个人经验与感受的觉察与表达,深入探索内心冲突。

(2) 促进社工更好地理解案主,有助于案主倾诉苦闷,缓解情绪状态。

(3) 促进与案主的沟通,有助于社工掌握更全面的信息,形成个案概念化。

3. 共情的层次

社工的共情反应可以有不同深度,不同学者有不同的划分方法。Egan

（1975）将共情分为初级共情和高级共情两个层次。初级共情指社工以其自身为参照系统，在与案主交换自身体验的水平上认识到案主体验的内心感受，并通过言语表达出来。高级共情指社工在此基础上表明自己的态度，并进一步引发案主进行深入思考。例如（钱铭怡，1994）：

案主（男性，长期在外工作，一次回家后发现妻子有外遇，愤怒之下砸了家里的东西）：我当时气急了，真想把家里的东西都砸了，不过……

社工：……我可以理解你当时的这种心情……（初级共情）

社工：……要是我，可能也会这样想……你是不是觉得这件事对你的伤害太大了？（高级共情）

卡克哈夫（1969）曾经将共情反应分为五个层次，并通过对一位考试失败的案主所做的共情反应进行解释说明。

案主：我觉得很难过，我从来没有担心过高考，想不到居然名落孙山，越想越不服气。我觉得考试根本不能正确评估一个人的能力，于是决定工作算了，父母却骂了我一顿，坚持说考大学才有出息。我们争吵了几天都没有结果，我都烦死了。

共情反应层次及其说明如表 3-1 所示。

表 3-1 共情的层次

层次	举例	感受	程度	内容
一	你为什么感到悲伤呢？	×	×	×
二	你一向考试成绩很好，但想不到考试失败了	×	×	√
三	因为成绩不及格，所以你感到很失望、很难过	√	×	√
四	因为考试不及格，所以你感到很失望、很难过，也不清楚前面的路如何走，心里很乱	√	√	√
五	你一向成绩很好，从来没有想过考试会不及格，因此感到特别失望和难过，也有点气愤；与父母商谈后，似乎非复读不可，但自己实在有些不甘心，内心很矛盾	√	√	√

（引自 Carkhuff，1969）

从表3-1中可见，五个层次是按照从具有破坏作用的反应到具有助人效果的共情反应划分的不同程度的反应。

第一个层次，社工直接质问案主为什么感到悲伤。很显然，这是一个对助人关系具有破坏性的问题，表明社工根本没有倾听案主的诉说，完全忽视了案主的感受。

第二个层次，社工只是简单重复了案主谈话的内容，缺乏情感方面的回应，表明社工对案主传递的信息理解得不全面、不准确，对案主诉说的事情只听到"事"，而没有听到"情"。

第三个层次，社工的反应与案主表达的内容是一致的，既包括对内容的反应，也包括对情感的反应，但只涉及案主表层的感受，未探索其深层的感受。社工理解的水平与案主表达的水平是相当的，该水平的反应已经可以产生助人效果。

第四个层次，社工的共情程度更深，社工对案主内心感受的体验已经超过了案主的体验，社工在试图理解案主言语背后的含义，并对其尚未觉察的感受予以澄清和表达。显然，该水平的反应具有更加深入的助人效果。

第五个层次，社工的共情反应更为准确、更为深入，将案主带入更深刻的思考当中，开始全面地、深入地体察自己矛盾的内心世界。这个层次的反应助人效果最好。

4. 共情的技巧

如同每个人的内心世界都是不同的，共情反应永远是特殊的、个别化的，社工要时刻保持敏感，设身处地感受案主的内心世界，只有这样才能真正理解目前这位案主。

帕特森（1974）认为，要做到准确的共情，需具备以下三个条件：

（1）案主愿意让社工进入他的内心世界，试图将个人的看法及感受表达出来，同时社工必须对案主持有接受的态度。

（2）社工愿意站在案主的角度扮演案主的角色，以便准确地感受案主的内心世界，从案主的角度来看待事物和感受事物。

（3）社工通过语言或非语言表达，能够传达自己对案主的理解。

共情式理解听起来简单，要真正做到准确共情并不容易。社工需要在实践中不断练习，特别要注意以下几个问题：

（1）共情的表达要做到适时、适度，注意因人而异，特别是要及时把握共情时机，反应过急反而引发案主的焦虑，有可能抗拒自我探索。

（2）做到准确的共情难度较大，共情反应以宁求准确为原则。在社工没有把握的情况下，共情程度不宜过深。

（3）社工除了通过语言表达以外，还可以通过非语言技巧向案主传递信息，例如目光接触、身体姿态等。通过身体接触传达对案主的关心时，要考虑文化差异。

（4）当社工对共情反应不太肯定时，可以用尝试性的语气来表达，利于案主参与讨论并加以调整。

需要指出的是，对案主共情并不等于社工一定认同案主的看法和行为。有些社工存在误解，自己不赞同案主的行为，怎么可能与其共情呢？其实社工自己可能不赞同、不选择案主的行为，但这并不影响社工理解对方，因为案主之所以这样做一定有案主自己的理由，社工要用"心"，只有从内心里愿意帮助案主、愿意倾听案主的内心世界，才可能做到共情。

（二）积极关注

寻求专业帮助的案主常常把自己看得一无是处，只注意到自己的不足，夸大了自己无能为力的感觉，此时社工的积极关注能够帮助他们扩大视角，更加全面地看待自己，在看到问题的同时也看到自己可利用的资源，激发努力改善的动机。

1. 积极关注的含义

积极关注指社工以积极的态度看待案主，注意强调他们的长处，即有选择地突出案主言语及行为中积极的方面，帮助案主认识并利用自身的积极因素（钱铭怡，1994）。

Cormier 等（2004）认为，积极关注包括承诺、理解以及非评判的态度三种成分。其中承诺指承担作为社工的责任，包括遵守专业设置及专业伦理操守等；理解指社工通过倾听、共情等努力理解案主的独特性，并使案主感受到这种理解；非评判的态度指社工既不评价是非、对错，也不一味认同案主的想法和行为以讨好案主。可以看出，社工为案主提供一个安全的、接纳的环境是非常重要的，使案主能够充分表达其内心感受。

2. 积极关注的意义

积极关注并不意味着讨好或迎合案主，也不意味着掩盖、忽视、回避或淡化问题，真正的目的是帮助案主正视问题，正视置身其中的世界。实践经验表明，社工无条件的积极关注对助人效果具有明显的贡献。积极关注对助人关系的发展以及助人效果的产生具有以下重要的意义：

（1）有利于为案主提供安全接纳的环境，使案主从对自己"好"与"坏"的评价中挣脱开来，学习接受自己的全部，开始在社工的帮助下真正进行自我探索，才可能获得自我成长。

（2）有助于引导案主关注被自己忽略的积极资源，提高案主的自尊心和自我效能感，使案主相信自己可以利用这些资源做出改变。

3. 积极关注的技巧

要做到积极关注，社工首先要认识到，无论案主是怎样一个人，无论他目前有什么样的心理困扰，无论他带着什么样的心理问题前来求助，在其内心深处一定有一些积极的因素，在其身上一定可以发现积极的方面。

下面以如何对一位当众讲话紧张的案主积极关注为例说明（钱铭怡，1994）。

案主：只要是在大家面前讲话，我就紧张得不行，脸也红了，说话也不连贯了。昨天上课轮到我发言又是这样，虽然我事先做了很多准备，让发言的内容更丰富、更有新意，可还是特别紧张，我觉得全班同学都看出来了……

- 关注与案主问题相关的而且是确实存在于案主身上的积极因素

社工：尽管你特别紧张，但你还是坚持下来且完成了发言，这就很好……

- 可以突出案主的某些长处，例如从案主的表现和能力中发现积极方面

社工：看得出你已经在尝试改变了，比如在发言之前积极准备，这很好。

- 强调案主对事件的描述本身

社工：你讲得非常清楚，我懂你的意思了。

- 关注案主在助人过程中的良好表现

社工：你每次来助人都很准时，说明你非常想通过自己的努力有所改善。

要做到积极关注，需注意以下几个问题：

（1）注意积极关注要有针对性，要明确、具体，以有利于案主成长为原则。

（2）以事实为基础，切忌凭空臆想。

（3）注意寻找存在于案主身上的具体点，切忌空泛，否则没有说服力。

无条件的积极关注不一定通过语言表达，有时社工的一些非言语行为就可以传达，例如采用前倾的姿态鼓励案主表达想法和感受、通过适当的目光接触表达倾听、社工与案主的座椅成斜角摆放而且彼此之间没有任何家具障碍，以及运用反射性倾听重复案主的表述等。

（三）尊重

1. 尊重的含义

尊重是建立良好助人关系的关键因素。尊重案主是社工要做的第一步工作，也是对社工最基本的要求。助人关系中的尊重除了通常所指的有礼貌、以礼待人以及一视同仁之外，社工对案主的尊重还包含以下特别的含义：

- 尊重意味着彼此平等

尽管社工与案主之间是帮助与被帮助的关系，但双方在人格上是平等的。虽然在助人中谈论更多的是案主的弱点与问题，社工具备帮助对方的知识与能力，但社工绝对不可以轻视对方，更不可以取笑、挖苦对方，双方要以平等的口吻交谈，这是对社工最起码的职业道德要求。

- 尊重的前提是完整地接纳

互动的双方视对方为有价值、有权利、有独立人格的人，这是双方互相尊重的前提条件。所谓完整地接纳案主，指既要接纳对方的优点，同时也要接纳对方的缺点；既要接纳对方与自己相同的观点与习惯，也要接纳对方与自己相异的看法与行为。这就要求社工充分了解自己的价值观，保持足够开放的观念。

- 尊重意味着信任对方

尊重以信任为基础，彼此没有信任也就无所谓尊重。当发现对方欲言又止、吞吞吐吐，或者发现前后提供的信息自相矛盾时，不应该认为案主是在故意隐瞒，也不应该认为案主故意不诚实，而要充分理解案主矛盾而复杂的心情。

- 尊重意味着保护隐私

保密是对社工重要的职业道德要求，同时也是对案主信任的回应。具体表现在不随便外传案主透露的隐私，在案主没有做好心理准备的情况下不强迫讲述，不出于好奇打探案主的隐私。

2. 尊重的意义

Egan（1975）指出，尊重不单是一种态度，不单是一种对人的看法，而是一种价值，是一种用行为表达出来的态度。尊重案主看起来普通，但在助人关系中具有以下重要的意义：

（1）有利于建立良好的助人关系，为案主创造一个安全的、温暖的氛围，促进案主最大限度地表达自己，鼓励案主进行深入的自我探索。

（2）有助于使案主获得与以往经验中不一样的感受，当案主感到自己被尊重、被接纳、被信任时，案主就会获得自我价值感。

（3）有益于案主获得与以往经验中不一样的体验，对于在生活中不被重视、不被信任的案主来说，尊重本身具有明显的助人效果，从而促使案主产生积极改变。

3. 尊重的技巧

帕特森（1985）强调，尊重是一种非占有式的关怀。当社工尊重案主的时候，并不要求对方与自己的观点和态度保持一致，也不要求对方一定达到什么样的行为标准或者必须认同社工所做的干预。另外，社工尊重案主并不是指一味迁就对方，社工完全可以有自己不同的意见，例如可以回应："虽然我对这事不这么看，但我能理解你为什么这么想。"或者："我想你这样做一定有你的理由。"这就是说，即使社工不同意案主的一些想法和行为，仍然可以做到对对方的尊重，因为每个人都是有价值的个体。

对案主的尊重表现在社工细微的言谈举止当中，例如社工全神贯注地留心观察案主的言行、心无旁骛地倾听并深切体会案主的感受、对案主保持开放的态度并诚实分享个人的反应等。

有一种特别的情况，当社工感到自己难以真正接纳案主的时候，本着以案主的利益为中心的基本原则可以进行转介。从社工自身的专业发展来讲，社工应该进行自我探索以促进个人成长，应该对自己的价值观有清楚的认识，敏感地觉察自己在感受和态度上的反应，更重要的是了解自己的反应可能对案主造成的影响。

（四）温暖

1. 温暖的含义

温暖是建立良好助人关系的促进因素。温暖中包含着热情，但又不仅仅是热情，它提供一种更加含蓄细腻的氛围。温暖中传达着尊重，但又不同于尊重，它更偏重感性，意味着更多友好，可拉近双方的距离。

2. 温暖的意义

温暖本身就有助人功能，具有重要的意义。特别是在助人开始时，社工热情的接待有助于案主产生被关怀的温暖，能够有效地减弱案主的不安心理，激发案主的合作愿望，促进助人关系的建立。社工传递的温暖有助于营造促使案主发生变化的氛围，使案主感到在需要时可以随时获得指导和支持，可以尝试接受挑战、做出改变。

3. 温暖的技巧

温暖贯穿于整个助人过程，是一种以身体表达共情和尊重的方法，是存在于社工内心深处的主观态度的体现，是社工真情实感的自然流露。社工的身体姿态、面部表情、语言风格等都可以使案主感受到温暖。但是，如果社工没有真正关心案主的主观态度，即使很努力也不可能使案主感受到舒适。

社工要充分理解案主求助时错综复杂的心情：既担心自己被看不起，又怀疑是否能得到有效帮助，甚至不知道自己要如何表现才是适宜的。此时社工的热情与友好常常能有效缓解案主的紧张不安，激发案主的合作愿望。

社工应根据不同情况耐心做好解释。如果案主紧张不安，有强烈的情绪反应，社工先要安抚案主的情绪，对其疑虑一一予以解释，待情绪稳定以后再进入主题。如果案主不知该讲什么好，叙述杂乱无章，社工可适当通过一些引导性问题启发案主，从而发现其核心问题。如果案主顾虑重重、迟疑犹豫，社工要体谅案主的难处，注意建立和发展相互信任的助人关系，用真诚打消案主的顾虑。假如案主仍然不肯讲出实质性问题，社工应尊重案主的选择。

（五）真诚

1. 真诚的含义

真诚是建立良好助人关系的基本因素。钱铭怡（1994）认为，真诚指社工坦率地与案主交谈，直截了当地表达想法，不掩饰和伪装自己。在助人关系中，倘若社工缺少了真诚，就很难建立互相信任的助人关系。

- 社工对自己要真诚

社工要自由地表达真正的自己。在助人中社工应该以"真正的我"出现，帮助案主本身就是社工生活的一部分，而不是临时扮演一个角色或者带上一个面具。真诚的社工会很开放地、很自由地投入到助人关系中，而不应该躲在专业角色的后面。

- 社工对案主要真诚

在助人关系里，社工要做到表里如一，能够将自己个人化的经验与案主分享。社工应该将自己与案主之间的关系看作是一个真实的关系，要以真正的自己与案主接触。

2. 真诚的意义

真诚是每个人必需的品质。当人不诚实时，总是需要用很大的精力遮掩真正的自己，从而产生极大的焦虑。在助人关系中，社工做到真诚具有特别的意义。一方面，有助于为案主提供安全的、自由的氛围，使案主感到被接纳、被信任和被保护；另一方面，为案主提供良好的榜样，社工的坦白表露并面对自我会促进案主进一步自我开放。

3. 真诚的技巧

真诚是社工内心感受的自然流露,是一种基本素质,不可以强求,是社工潜心修养的结果。助人中需要的是具有助人功能的真诚,如果是破坏作用的真诚反而是有害的,社工应该特别注意以下两个问题:

- 真诚并不是什么都说,但社工所说的应该是真实的

真诚并不等于有什么说什么,也不是想到什么一定要说出来,真诚并不要求社工表达所有的感受,不必将所有的知觉和感受都与案主分享,但要求所说的话一定是真实的。初学者可能会问:作为社工,到底什么该说,什么不该说呢?有一个最基本的原则是对案主负责,社工所说的话应该有助于案主的成长,避免说有损于助人关系、可能对案主造成伤害的话。

- 真诚必然涉及自我表露,但不等于社工自我发泄

在助人过程中,社工表达此时此地个人的感受是极为必要的。如果应用适当,就可以拉近与案主之间的距离,促进案主进一步表露,并由此推进助人进程。但是,如果社工自我表露更深、占用时间过长,则难免偏离帮助案主的主题,甚至使案主产生与社工同病相怜的感觉,从而影响社工的专业角色与功能。因此,社工的自我表露要注意适时、适度。

其实,社工要真正做到真诚是一项重大的挑战。助人实践经验表明,当社工以一个不完美的、有限制的"我"与案主接触时,可以缩短彼此的距离,使双方能够进一步深入沟通;当社工以完美无瑕的形象出现时,案主会发现彼此的距离很远,难以有效沟通,从而影响助人效能。

以人为中心治疗模式倡导的共情、无条件积极关注、真诚等基本要素在发展助人关系中具有重要作用,已经成为助人者必须掌握的基本技术。该模式易于理解和学习,对其后的辅导模式产生深远的影响和贡献。

第四节 理性情绪治疗模式

理性情绪治疗模式是认知行为治疗中的一种,该模式认为情绪问题是由于人的非理性信念造成的,因此通过改变人的非理性信念可达到改变情

绪困扰的目的，从而使人产生更积极和负责任的行为。

一、理论基础

埃利斯的 ABC 理论是理性情绪治疗模式的理论基础。埃利斯认为，人生来就具有理性和非理性的信念，例如"我想把这件事情做好"，这种想法是合理的，但如果是"我必须把事情做好"，这种想法就有问题，持有这种观念的人很可能陷入困扰；再如"我希望别人能友好地对待我"，这种想法是合理的，但是如果认为"别人一定要友好地对待我"，就会给我们带来困扰，因为我们不可能控制别人的行为。

人们陷入情绪困扰，是由其思维、信念引起的，是人们自己选择了自己的情绪取向，因此人们要为自己的情绪负责。任何人都或多或少地具有非理性信念。例如："每个人绝对要获得周围人的喜爱与赞许，尤其是生活中每一个重要人物的喜爱和赞许"；"个人是否有价值，完全在于他是否是个全能的人，在人生的每个环节都能有所成就"；"世界上有些人很邪恶、很可憎，故此应该对他们严厉谴责和惩罚"；"如果事情非己所愿，那将是一件可怕的事情"。当仔细审视这些想法时，我们会发现其中的不合理之处，但是在现实生活中这些想法有时会不经意地冒出来，并扰动我们的情绪。

常见的非理性信念具有以下特征：

- 绝对化的要求

个体以自己的意愿为出发点，认为某一事物必定会发生或不会发生。例如"别人必须像我对待他一样对待我""事情本来应该是这样的"，在这些信念里含有绝对化的要求，要求必须这样或一定不那样。

- 过分概括化

这是一种以偏概全、以一概十的非理性思维方式。典型特征是以某一件事或某几件事评价整体价值。持有这种想法的人可能认为自身"一无是处"，认为他人"一无可取"。事实上，无论是谁都有可能犯错误，你可以评价一个人的行为但很难评价一个人，如果以一件事情或一个方面来否定一个人或一件事情的全部，则显然是片面的。

- 糟糕至极

如果一件不好的事情发生,则预期将有非常可怕、非常糟糕的事情甚至是一场灾难发生。其实,有时只是事情并未像他们所想的那样发生,或者任何事情都可能有比之更为糟糕的情况发生。对于有些事情而言,尽管不希望发生,但也没有理由说一定不发生。

ABC 理论是理性情绪治疗的基础理论。A(Activating events)是指诱发性事件;B(Beliefs)是指个体在遇到诱发性事件以后产生的信念;C(Consequences)是指个体的情绪及行为反应的结果。ABC 理论认为,情绪不是由某一诱发性事件本身引起的,而是由经历了这一事件的个体对该事件的解释和评价引发的。例如案主因为失恋后痛苦前来求助,ABC 理论认为其痛苦并不是失恋事件本身造成的,而是个体对失恋事件的认识造成的,即因为失恋了而认为自己是个失败者这种非理性信念造成的。

二、实施程序

理性情绪治疗模式的基本假设是,情绪困扰主要根源于信念、评价、解释,其治疗实质是帮助案主以合理的信念代替不合理的信念,以减少不合理信念造成的情绪困扰。因此,阶段性的治疗目标是减少不合理信念造成的情绪困扰,终极目标是学会现实的、合理的思维方式,培养更实际的生活哲学,减少案主的情绪困扰与自我挫败行为。

理性情绪治疗模式不以消除症状为目标,而是引导人们去检查及改变一些最基本的价值观,尤其是那些使他们产生困扰的观念。理性情绪治疗模式包括以下四个步骤:

- 向案主说明什么是非理性信念,并解释与情绪困扰的关系

向案主说明他们持有许多非理性的"应该""最好"和"必须",教会案主学习区别理性与非理性的信念。为了增进这种察觉能力,社工要扮演一个科学家,向案主原已接受或未曾怀疑的自我挫败信念挑战。

- 向案主指出情绪困扰是持续的非理性思考所致,自己应当负责

带领案主超越察觉的阶段,向案主说明是他自己通过持续非理性的思考而导致的情绪困扰,而且是他们一直在重复暗示自己,是他们自己选择

了这样的取向，因此他们要为自己的问题负责。

- 与非理性信念辩论，协助案主矫正非理性的想法，使其产生认知转变

协助案主矫正不正确的想法和放弃非理性的思考，理性情绪治疗模式假定案主那些非理性的信念是根深蒂固的，以至于他们通常无法自己加以改变，因此社工要协助案主了解恶性循环的自我责备过程。

- 使案主学会以理性思维方式代替非理性思维方式，激励其发展理性生活哲学

激励案主发展一套理性的生活哲学，如此未来就能避免成为其他非理性信念的牺牲者。案主变得越是具有科学精神，容忍度越高，则所受的困扰会越少。

理性情绪治疗的完整治疗模型为 ABCDEF 模型，即认为 A 诱发性事件（Activating events）不是导致 C 情绪或行为反应结果（Consequences）的直接原因，B 信念（Beliefs）才是真正的原因。理性情绪治疗就是通过 D 辩论（Disputing intervention）产生 E 治疗效果（Effects），这时案主会产生新的感觉 F（new Feeling）。社工与案主之间协调、默契的关系显然是提高帮助效果的关键。

在治疗关系中，社工更加积极主动。社工在接纳案主不完美的同时，不会给予其个人的温暖，其角色更多是指导者、说服者、分析者、辩论者。同时，社工以能力、可靠、尊重和愿意帮助案主改变等要素来建立关系。

三、基本方法与技术

（一）寻找非理性信念的方法

理性情绪治疗模式的关键是寻找非理性的信念，教会案主能够区分辨别理性信念和非理性信念。

1. 区辨理性信念与非理性信念的标准

一般来说，理性信念通常符合以下特征：

（1）大都基于已知的客观事实。

（2）使人们保护自己而愉快地生活。

（3）使人更快达到自己的目标。

（4）使人不介入他人的麻烦。

（5）使人很快消除情绪冲突。

相对应地，非理性信念通常不符合以上特征，大多缺乏事实依据。它们来自案主的主观推测，给案主的生活带来这样那样的烦恼，看似为完成目标，实则案主陷入混乱，阻碍目标的达成。

2. 寻找非理性信念的途径

一般来说，寻找非理性信念可以从 ABC 模型入手，案主最先陈述的可能是最近发生的事情（即诱发性事件 A），也可能先宣泄情绪（即情绪反应结果 C），无论哪种情况社工都要引导案主去发现其中的想法（即信念 B）。

判断案主的信念是否属于非理性信念，除了考察与理性信念的区辨标准外，通常非理性信念还应具备以下属性：

（1）凡是信念，都是指对一类事物的总的看法。

（2）信念是指在不同情境反复出现的想法，具有跨情境的一致性。

（3）主语是"我"而非他人，如果不是指向自己的，不能称之为信念。

（二）与非理性信念辩论的方法

与非理性信念辩论使之被替换为理性信念，是理性情绪治疗的核心。具体方法包括质疑式和夸张式两种。

1. 质疑式辩论

质疑式辩论指直接向非理性信念提问，请案主提出事实依据证明自己的信念。当案主找不到证据支持时，可能会开始对自己的信念产生怀疑。例如：

（1）"有什么证据表明你必须取得成功？"

（2）"有什么理由要求别人必须友好地对待你？"

（3）"以前那些成功的经历说明你是什么样的人？"

（4）"你怎么证明你真的受不了了？"

2. 夸张式辩论

夸张式辩论指以夸张的方式将非理性信念的不合理之处、不合逻辑的方面呈现出来，帮助案主有所认识，进而使其对自己的信念有所动摇。例如：

"是不是别人什么都不做了只是注意你？"

与非理性信念辩论时，要特别注意以下两个方面：

- 在案主方面

要注意澄清案主的疑惑，有时案主会坚信自己的非理性信念，认为那是使自己进步的动力所在，如果要放弃自己的信念，案主会担心：自己会不会变得平庸？自己前进的动力又何在？这时，社工要与案主讨论理性信念与非理性信念的区别，并进一步探讨持有不同信念对自己及其生活带来的影响。当案主愿意放弃非理性信念时，改变才成为可能。

- 在社工方面

需要注意辩论的技巧。例如在与案主就其非理性信念辩论时，要注意是否结合了具体问题、是否抓住了问题的核心等。还有，如果社工辩论时过于委婉含蓄，通常也难以看到辩论效果。

（三）家庭作业

在理性情绪治疗模式里，家庭作业是非常重要的辅助形式。社工在教会案主寻找非理性信念并与之辩论以后，可以通过家庭作业的形式鼓励案主学会自助，即案主自己与非理性信念辩论，这样通常对治疗效果的发生有促进作用。

若要案主进行理性的自我分析，则要求案主逐项思考并回答下列问题：

事件 A _____

情绪 C _____

信念 B _____

辩论 D _____

效果 E _____

理性情绪治疗模式强调综合与折中的治疗实践，许多认知、情绪和行为的技术都可用来改变一个人的认知结构，进而改变其情绪和行为。理性情绪治疗模式的理论体系较为完整，由于 ABC 模式在解释困扰如何产生以及问题行为如何改善方面易于被理解，所以适合自我治疗。

第二篇

实务部分

第四章　打工子弟小学生个案工作实务

本章主要内容

- ❖ 打工子弟小学生的心理发展特点及需求
- ❖ 单亲家庭打工子弟小学生的个案工作干预模式
- ❖ 自卑打工子弟小学生的个案工作干预模式
- ❖ 打工子弟小学生个案服务的关键环节

随着城市化进程的加快，外来务工人员大量涌入城市，流动人口的规模和数量不断扩张。近年来，流动人口"家庭化"的趋势越来越明显，当务工人员由单身外出打工转变为举家迁移时，每年都有大量的外来务工人员子女随父母迁入城市生活，随之而来，打工子弟的成长和教育问题成为全社会关注的焦点。特别是打工子弟小学生，他们正处在身体和心理发展的关键时期，对自我、他人以及外界环境的价值观念和评价标准尚未成熟，面对来自自己、家庭、社会的诸多压力时极易产生各种适应不良的心理反应。因此，打工子弟小学生是社会工作实务领域重要的服务群体。

本章将介绍两个个案，一位案主是单亲家庭的打工子弟小学生，个案干预过程以帮助案主理解和发展社会支持系统为目标；另一位案主是因肥胖而自卑的打工子弟小学生，个案干预过程以接纳自我并提升自信为目标。

第一节 打工子弟小学生的心理社会发展及需求

尽管我国对外来务工人员子女的教育政策已经有很大改善，但户籍制度仍然在教育、就业以及社会福利等方面有一定程度的影响和限制，致使流动人口不能享有城市居民自然拥有的一些待遇。有相当比例的外来务工人员子女在跟随父母进入城市生活以后，不能顺利进入城市公立小学就读，他们在打工子弟学校学习，生活在一个相对比较同质的封闭圈子里。

一、打工子弟小学生的心理社会发展特点

当打工子弟成为特定的"社会标签"以后，预示着该群体在心理社会发展方面显现出一些共有的特点。打工子弟小学生随父母迁居城市，在学习进度和环境适应等方面常常会遇到一些困难，而父母因忙于生计很容易忽略打工子弟小学生在适应过程中的心理需要，生活的流动性极易威胁到家庭的稳定感。

- 自我评价较低

打工子弟小学生从相对闭塞的农村进入繁华而陌生的城市生活，最初的突出表现往往是在众人面前表达困难。可能是因为乡音难改、普通话不标准，也可能是一般常识和科学知识不那么丰富。打工子弟小学生在他人面前说话非常紧张，甚至害怕在公开场合表达自己的想法，尤其是如果有过被哄笑的尴尬经历，更容易不知所措。他们越来越不敢表现自己，越来越没有自信。打工子弟小学生在参加学校活动时往往也比较退缩，他们不相信自己的能力，即使自己能够做好也会怀疑自己，容易有较低的自我评价。

- 自尊需求强烈

自我评价低的人倾向于有更加强烈的自尊需求，正是因为现实自我无法满足强烈的自尊需求，所以更容易体验到深刻的自卑感。很多打工子弟

小学生对教师、同学对自己的评价十分敏感，尤其看重同伴的评论，有时可能只是一点小事或者大家无意的玩笑、哄闹，却会对他们造成不小的伤害。打工子弟小学生为人处事比较"心怯"，容易按照自己的理解来推测别人的看法，而且认定别人就是这么想的。有时明显感到他们有不满情绪，但还是很少直接表达出来，而这种压抑又可能引发更多的情绪和行为问题。

- 性格内向孤僻

很多打工子弟小学生有不止一次的"流动"经历。对于他们来说，生活流动所带来的影响不只是需要重新适应陌生环境，更重要的是多次经历与好朋友的分离，要不断地尝试交往新伙伴、融入新群体。从积极的角度来讲，儿童通常都有很强的适应能力，这种生活经历本身可以锻炼和发展他们的应对能力，但这并不适用于所有儿童。对于那些原本内心敏感、心思细腻的孩子来说，他们可能会因为与好朋友的分离而伤心难过很久，特别是有多次分离经历以后很可能因为害怕再次分离而不敢对伙伴投入真诚。也有一些儿童天生怕羞，转到陌生环境会回避与他人的交往，给周围同学和老师留下内向、孤僻的印象，长此以往，他们会越来越退缩。

- 因畏惧而逃避挑战

打工子弟小学生首先面临的通常是行为习惯和学习要求的巨大改变，自卑的孩子倾向于采取消极的应对策略，比如逃避问题。由于打工子弟小学生一直生活在相对封闭的圈子里，对接触外界有些抵触和畏惧。他们倾向于采取拒绝和回避的态度，有时表面看起来有合理的理由，但从深层原因上讲可能是担心被排斥或者惧怕失败，而且越是害怕、紧张，越是很难正常发挥水平。于是，又再次应验了自己的消极预期，同时也形成了消极的自我概念，对外界活动更加退缩、回避。这是一种恶性循环。

二、影响打工子弟小学生心理社会发展的根源探析

伴随自我意识的发展，自我认同和身份认同成为青少年阶段要解决的核心问题。"我是谁"，更具体地讲，"我认为我是谁"，是由"我"所生活的时代和地点决定的，而社会关系是自我知觉的重要来源之一（Jonathon D. Brown，2004）。由于亲眼看到自己与城市儿童在居住环境、生活条件以

及物质资源等方面的差异，亲身感受到父母相对较低的社会地位及其承受的诸多生活压力，打工子弟小学生的自我评价极易受到冲击。

- 外部客观因素

对于打工子弟小学生来说，家庭居住地常常随着父母工作的流动性而发生改变，从而不可避免地造成他们的学业断断续续；而我国农村与城市的教育资源确实存在不均衡的现象，在教学进度和教学要求等方面有很大差别。打工子弟小学生在一定时期内出现课堂表现差、想象力不够丰富、接收新知识比较慢等情况在所难免，加之每个家庭所提供的养育环境、培养条件不同，父母对子女心理变化的关注程度不同，不一定都能帮助打工子弟小学生顺利解决学习和适应上的困难。在挫折经验下，特别是如果在学校里受到同学的排斥和嘲笑，打工子弟小学生会认为自己不如别人，甚至有可能放弃努力。此外，随着小学生身体和智力的发展，他们开始关注外貌、身材、外表、服饰等外在因素，自己会和周围的同学进行比较，条件差的打工子弟小学生容易自惭形秽，自卑感增强。

- 主观认知因素

研究表明，小学生的认知发展水平正处于由感性认识逐步向理性认识过渡的不成熟阶段，他们对自我的认知和评价主要依赖于周围重要人物对自己的评价（巴黎，2011）。例如"妈妈说我是个好孩子""老师说我是个好学生""同学说我是个好伙伴"，接收到这样外在评价的小学生就会认定自己是一个好孩子、好学生、好伙伴。反过来，如果自己受到嘲笑，他们很容易夸大自己的某些弱点，做出消极的自我评价，这种内在认知是使青少年产生自卑感的最直接原因（李艺敏，孔克勤，2011）。问题的关键是，当打工子弟小学生从外界接收到负面评价以后，不仅会形成消极的自我概念，而且有可能相应表现出坏孩子的行为。

- 家庭环境因素

家庭环境是影响孩子一生的重要因素。对于小学生而言，认知能力发展尚不成熟，对社会评价尚缺乏理解和辨析能力，有些打工子弟小学生不能坦然面对自身的家庭背景和经济状况，会出现否定自我、否定家庭的情况。当自己的穿着打扮、学习用品、零用钱等外在方面无法与别人攀比时，有些打工子弟小学生有时会羞于提及自己的家庭，甚至父母的社会地位也可能成为他们产生自卑感的重要原因。如果家庭对子女的引导和教育不够重视，再加上在一些学校和教师中确实存在教育歧视，有可能导致打工子弟小学生在学校、在班级、在同伴中缺乏归属感，以至于对自己也毫无信心。

- 社会支持因素

打工子弟小学生在成长过程中更多地经历环境变迁，他们大多有过与父亲和/或母亲分离的经历。父母因生活流动更可能造成单亲家庭生活状态，这对打工子弟小学生的身心发展构成不利影响，使其在学业表现、环境适应以及人际交往等方面更容易出现问题。许多研究都考察了父母对儿童心理发展的影响，从儿童早期直到青少年时期，积极的母子关系、父子关系都与儿童较高的学业成就和个性适应紧密相关，儿童越是能够对母亲、父亲产生较强的信任感，越是具有较高的自我价值感和良好的同伴关系。很显然，如果打工子弟小学生生活在单亲家庭状态，或者父母忙于生计、缺乏与子女沟通的意识，容易使孩子处于社会支持系统比较薄弱的状态。

三、打工子弟小学生个案工作的相关理论

打工子弟小学生个案工作相关的理论有很多，本章主要介绍生态系统理论、优势视角理论和阿德勒的自卑理论。其中生态系统理论有助于理解案主的生活环境以及环境要素之间的关系对案主的影响；优势视角理论强调每个人都有自己的能力和资源，可以用来解决当下的问题；阿德勒的自卑理论有助于理解案主或许因为这样那样的原因而自卑，但是案主也会因此获得力量感。

（一）生态系统理论

从本质上说，生态系统理论观是一种共生共存的组织系统，每一个系统都存在于另一个系统中。该理论注重多重环境对个人的影响，将影响人类行为的环境分为四个层级，从内到外分别为微观系统、中观系统、外观系统和宏观系统。微观系统指介于个人与环境之间的复杂联系，是直接影响个人的发展、包容个人的中间组织；中观系统指介于包容个人的主要组

织之间的联系,即微观系统间的互动关系;外观系统指微观系统的一种延伸,是对个体有影响但发展中的个人并未直接参与运作的系统,通常它们可以影响和包容微观系统或中间组织,进而间接地影响个人;宏观系统指文化的支撑部分,是一种较大的环境系统,如经济、社会、教育、法律及政治体系等。

对于打工子弟小学生来说,除案主所在的家庭、学校是重要的微观系统以外,他们所属的社区也是微观系统,案主生活在其中并深受其功能运作的影响。家庭、学校和社区之间不是彼此割裂的,而是相互联系的,例如案主如果在家庭里缺乏父母关爱,势必在学校里会表现出更多的情绪和行为问题,而学校的教育又离不开家庭教育的配合,这些构成打工子弟小学生的中观系统。外观系统虽不与案主直接关联,但会对案主产生间接影响,例如父母的工作稳定性以及经济收入等。宏观系统更多是指社会的文化环境,例如教养关系和价值观念等。

在社会工作实务领域,生态系统理论对理解打工子弟小学生的心理社会发展特点具有一定的启示作用,提供了分析与解决案主问题的一种视角和参考框架。

(二) 优势视角理论

优势视角理论是西方社会工作领域20世纪八九十年代兴起的一个新的实践取向。该理论以积极视角看待案主及其行为,认为案主的问题本身并不是最值得社工关注的,相对于案主的优势而言是第二位的。优势视角理论主张,案主在很多方面在很大程度上已经做得相当好了,他们拥有能力和资源应对生活中种种复杂的处境和困惑,因此鼓励案主意识到自身拥有的这些能力和资源,并善于加以利用,终将找到解决目前矛盾以及困扰的答案。当案主通过自己的力量将当下的问题处理妥当时,案主就有力量在以后的人生道路上继续前行。

优势视角理论是对人性的重新思索与崭新定位,坚信个体的优势能力与资源是个体内生的,并不是人为外加上去的,而这些积极因素正是案主克服困境的内在动力。目前,优势视角理论已被广泛应用于问题青少年、残疾人、离婚妇女和老年人等群体的社会工作实务领域。

(三) 阿德勒的自卑理论

从某种角度而言，儿童的自卑感是与生俱来的，这是基于儿童身体弱小、最初必须依赖成人生活的事实，而且一举一动都会受到成人控制。每个儿童都是在成人控制的环境下长大的，因此他们容易认为自己是软弱的、渺小的，会觉得自己是个无名小卒，不仅没有能力，更重要的是没有权利，总是被要求必须听从外界的规范，按要求必须做到谦恭有礼。

阿德勒指出，那些天生有缺陷的儿童与自小享有快乐感的儿童相比，对待生活及其伙伴的态度是截然不同的。当然要看到两面性：一方面，由于身体缺陷或其他原因引起的自卑既可能摧毁一个人，使人自甘堕落甚至有可能发展为精神疾病；但另一方面，也有可能成为推动力，使人发奋图强以弥补自己的弱点，而使人获得更好的发展（郑传芹，2004）。

第二节 单亲家庭打工子弟小学生的个案干预过程

外来务工人员生活的流动性极易对家庭的稳定性构成威胁，打工子弟小学生生活在单亲家庭或者因父亲（或母亲）不在身边而处于单亲家庭的状态的可能性更大。单亲家庭打工子弟小学生的社会支持系统更加薄弱，出现学习或者适应问题时更加难以适应，是社工重点关注的服务对象。本节以一名父母离异、跟随爷爷奶奶生活的打工子弟小学生为服务对象，介绍个案服务过程。

一、第一阶段：接案与建立关系

（一）目的

向案主介绍社工服务项目，解释个案工作的性质、工作方式以及会谈内容等问题，讲明案主可能的获益与挑战，同时注意与案主建立良好的专业关系，以利于后续工作的开展。

（二）接案过程

社工到案主所在的打工子弟小学实习，与班主任老师沟通，希望可以为班里需要帮助的单亲家庭小学生提供专业服务。经班主任老师推荐，社工主动与案主接触。

据班主任介绍，案主11岁，男，四年级学生。3岁时父母离异，一直跟爷爷、奶奶生活。案主主要有两个问题：其一，人际敏感且缺乏安全感，案主在班里从来不主动跟他人交流，虽然有三个关系不错的同学，但也只是课间一起打乒乓球，不会跟别人说心里话。其二，学习成绩不错但自我评价低，在班里学习成绩处于中上游，最喜欢的科目是数学，最不喜欢的科目是科学，觉得科学课理解起来很困难，对自己非常不满意，甚至有些自卑。

（三）工作过程

在听过班主任的介绍以后，社工先是利用在该校实习的机会有意识地观察案主，发现案主比较顺从，也很拘谨，与同龄孩子的顽皮相比，社工明显感到案主被动、退缩、少语。

由于案主比较敏感，社工在开始与案主接触时特别注意照顾到案主的感受，邀请案主接受辅导时采用了比较委婉的方式，希望不至于引起案主的紧张、防御，注意以案主可以理解的方式澄清社工服务的性质。

【会谈片段】

社工："你好，这个学期社工姐姐要开展'一对一找朋友'式的帮扶项目，因为姐姐注意到你在班里的活动中表现很不错，所以想挑选你，你愿意参加吗？而且姐姐跟你们班主任了解过，她也推荐你来参加这个活动。"

案主："好啊，我愿意。"

社工："嗯，这个活动会贯穿整个学期，你心里有什么想说的话，开心的或者不开心的，都可以跟姐姐说，遇到什么困难也可以告诉姐姐，好吗？"

案主："嗯，好。"

二、第二阶段：资料收集与诊断

（一）资料收集

在收集资料的过程中，社工不仅可以通过会谈收集资料，还可以利用实习中的参与式或非参与式观察获得很多信息，包括通过环境调查了解到更多的情况。

- 与案主的会谈

案主内心极为敏感，家庭变故让他变成了与小伙伴不一样的特殊个体，特别不愿意让老师或者朋友知道自己是离异家庭的孩子。尤其当同学提到"爸爸""妈妈"时，他更是觉得自己是被父母抛弃的孩子，也会把自己的这种想法投射给别人。因为同学们交谈时总是不可避免地提到爸爸妈妈，所以他可以与小伙伴一起活动，比如打乒乓球，但是回避与小伙伴的交流。

【会谈片段】

案主："每次都是奶奶来接我放学，我走在街上看到其他同学都是爸爸妈妈来接的，我就感觉他们都在偷偷看我。"

案主："每次听到同学们说他们爸爸妈妈的时候，我总觉得他们在看我。有一次上课时，老师问一个同学周末干什么了，他说他爸爸带他出去玩了，后来他就没再继续说，我就觉得他肯定是怕我听到不高兴才没继续说。"

案主："我从来不会跟别人说我的心里话，每次听到班上的同学说起自己的爸爸妈妈我都会觉得自己是没人要的孩子。我不想听他们说自己的爸爸妈妈又给他们买好吃的了、又带他们出去吃饭了……我都不想听，我也不想跟他们说我的事，怕他们笑话我。我也没什么可说的。但我也不想让别人觉得我跟他们不一样。"

在与案主的访谈中，社工明显感觉到案主内心的情绪和孤独感，极度缺乏安全感。在案主的记忆里，自己从小就和爷爷、奶奶一起生活，对爸爸妈妈可以说是一无所知，尽管自己特别想知道爸爸妈妈的情况，可是在家里爷爷、奶奶从来不说，因为怕爷爷、奶奶不高兴自己也不敢问，案主对爱与归属的需要非常强烈。

【会谈片段】

案主："爷爷、奶奶在家里从来都不提爸爸妈妈，他们长什么样子我都不知道，有时候也挺害怕的，觉得没有人能保护自己，反正就是害怕。"

案主："周末时爷爷、奶奶都去上班了，我就一个人在家待着，我也不想找同学玩。有时候也会找，但他们都有爸爸妈妈在家陪着，也不好意思总去找他们。上次我家没人，我去找同学玩，他妈妈在给他做好吃的，我就在旁边看着，特别羡慕，有时候我也想有人在家给我做好吃的。"

最初阶段社工与案主的交谈并不顺畅。社工如果与案主谈论学校里发生的事情，案主表现得非常合作，一旦涉及家庭情况案主明显有些躲闪，比较回避。渐渐地，随着会谈次数的增加，案主对社工越来越信任，才可以慢慢讲出自己的心里话，但有时还是在用隐喻的方法表达情绪。

【会谈片段】

案主："我想把自己比作香蕉，因为香蕉有外皮可以保护自己，我不想受伤。而且我自己也挺喜欢吃香蕉的，每次我要是考试考好了，奶奶就会给我买好吃的，给我买香蕉吃。他们有爸爸妈妈奖励，我就只能奶奶奖励我。"

- 行为观察

案主在个案会谈中的行为表现引起了社工的关注。第一次个案访谈时，案主表现得极不自然，一直低着头，双手不停地摆弄着，并且总是向窗外张望，感到案主很警觉。于是，社工就从案主愿意谈论的话题开始，案主渐渐放松下来，但每当社工要涉及案主的家庭问题时，案主马上由原本的配合转变为沉默，不愿讲述过多的家庭信息。

- 环境调查

环境调查是指从与案主有接触的相关人员中了解情况，以获得对案主更多的了解。当然，社工与老师、同学进行交谈，会事先告知案主并征得其同意，同时也会把重要的信息反馈给案主。对于一直以来比较封闭、比较自卑的案主来说，获知他人正向的反馈具有一定的鼓舞作用。

据班主任讲，案主在学校的表现很不错，但他自己却觉得自己的成绩不够好，很自卑，所以在课堂、课间都比较被动、退缩。

案主的好朋友反映，案主乒乓球打得很好，只有在一起玩的时候才会觉得其实他很活泼，他们平时有不会的问题会主动去问案主，案主也会耐心解答，他们都觉得案主对他们的帮助很大，但案主很少和他们一起说说笑笑。

（二）评估和诊断

社工通过多次观察发现，案主及其问题可以归纳为以下两个方面：

- 缺乏基本的人际信任和安全感

在与案主的多次访谈中，社工感受到案主缺乏基本的信任感和安全感，尽管爷爷、奶奶、老师、朋友的反馈基本上都是肯定的，但案主对自己的评价大都是一些负面的、消极的。这与社工后来所了解到的案主的成长经历密切相关。

案主3岁时父母离异，法院将案主判给了父亲，而后父母再也没有出现过，案主一直和爷爷、奶奶生活。案主跟随爷爷、奶奶来到北京生活，没有其他亲戚，父亲只是定期给爷爷、奶奶汇钱，这是家庭主要的经济来源。爷爷、奶奶会做一些零散工，如奶奶给家附近的工厂做饭赚钱贴补家用。平时爷爷、奶奶从来不提关于案主父母的事情，案主几乎不跟爷爷、奶奶说自己的心事，有什么事情都憋在心里。案主跟奶奶的关系相对比较好，觉得自己"不惹奶奶生气"这一点很值得表扬，如果在班里得到老师表扬或者在考试中取得好成绩，案主会首先告诉奶奶。

- 敏感、多疑且自闭、自卑

虽然离婚在现代社会已不再是难以理解和接受的事情，但对于未成年的孩子来说，家庭的变故让他们变成了不同于自己伙伴的特殊群体，特别是案主的父母从来没有出现过，案主对自己的父母一无所知又无人可问，案主便认为自己是异类，如同不知道自己是从哪里来的孩子，越是自我封闭，越是容易构成心理创伤。

案主喜欢数学而不喜欢科学课，这在男孩子身上有些奇怪，其实是案主希望与父亲一起活动、一起探索需要的体现。学校的作文课经常会以"我的爸爸"和"我的妈妈"为题，这使得单亲家庭的子女处于一种尴尬的境地，经常自卑自责，不仅刻意回避与父母有关的事，而且会对任何人都保守着这个秘密。

三、第三阶段：制定工作目标和制订计划

（一）工作目标

通过对案主及其问题的分析和评估，与案主讨论共同确定案主的短期

目标和长期目标。

- 短期目标

了解并评估案主的家庭及学校生活表现，发掘案主自身的优点，培养其自信心。

- 长期目标

帮助案主自我探索，发现自身的优势和资源，学习寻找并利用社会支持。

(二) 工作计划

在此基础上，初步确定个案工作的辅导方案，每一次个案会谈工作目标以及工作内容如表4-1所示。

表4-1 单亲家庭打工子弟小学生个案工作计划

工作次数	工作目标	工作内容
第1次	1. 与实习机构联系 2. 确定合适的案主	1. 初步了解案主的基本情况 2. 与案主建立良好的关系
第2次	1. 收集案主基本信息 2. 对案主进行初步评估	1. 了解案主学校及家庭情况 2. 观察案主人际交往等表现
第3次	1. 澄清问题确定目标 2. 商讨工作计划	1. 了解案主对个案工作的期望 2. 对案主存在的问题进行评估 3. 确定工作目标
第4次	1. 发掘案主自身的优点 2. 帮助案主增强自信心	1. 促进案主的自我探索 2. 帮助案主发现自己的优点
第5次	1. 与班主任沟通了解情况 2. 进一步了解案主成长史	1. 肯定案主在学校的良好表现 2. 鼓励案主在同伴交往中的进步 3. 促进案主表达对父母压抑的情绪
第6次	1. 促进案主与老师的沟通 2. 改进案主与奶奶的互动	1. 给予心理支持，使其敢于与人交流 2. 促进案主与家人的沟通
第7次	1. 回顾工作过程 2. 处理离别情绪	1. 鼓励案主已经取得的进步 2. 引导案主表达感受，结束工作

四、第四阶段：提供服务

根据案主的具体情况，按照工作计划主要在以下几个方面开展工作，提供服务：

- 促进自我开放

人本主义治疗的实质就是重塑真实的自我，达到自我概念与经验的协调统一，帮助案主深化自我认识，以鼓励与关爱使案主找到自我的价值并发现自我的需求，为实现自我的理想而努力。

随着工作次数的增加，社工明显感到案主放松了很多，和社工交流起来也比较自然了。案主在谈到学校表现、人际交往、爱好特长等一些基本情况时表现得非常配合，但涉及家庭情况的时候案主还是不自然，相当敏感。尽管案主又一次转为沉默，在继续回避家庭方面的讨论，但也表现出一些犹疑。社工表现得很耐心，稍作等待以后见案主仍然沉默，于是社工决定暂时转移话题。

【会谈片段】

社工："你平时跟爷爷、奶奶一起住，是吗？"

案主："……"（低头沉默）

社工："怎么了？不想说吗？"

案主："嗯。"

社工："没关系，不想说咱们就先不说，等你想告诉姐姐的时候再说，好吗？"

案主："好。"

社工注意到案主的情绪变化并及时作出调整后，案主反而不那么紧张了，可以看到案主渐渐放下最初的警觉，后来案主还主动向社工透露了家里的生活情况。

【会谈片段】

社工："今天老师又表扬你了吧？最想把这个好消息告诉谁呢？"

案主："奶奶。"

社工:"是因为和奶奶关系最好吗?"

案主:"……(沉默)我就跟我爷爷、奶奶一起生活,家里没有别的亲戚了,爸爸妈妈都不在,也从来没回来看过我,爷爷、奶奶在家里也很少提爸爸妈妈的事。我跟奶奶的关系最好。"

社工:"嗯,讲出这些话对你来说是很困难的,但讲出来以后好像也有些轻松。"

案主在讲这些话的时候几乎是一连串讲下来的,而且一直低着头,当讲完以后好像是长舒了一口气,显然这些话在孩子心里压抑太久了,帮助案主释放情绪是非常重要的。

- 提升自尊与自信

优势视角坚信个体的力量来源于日常生活,只有回归生活才能发现个体的优势,同时也为社工指明了可以帮助案主发生改变的方向。在与案主交谈的过程中社工发现,案主的问题主要是由于案主长期生活在单亲家庭丧失支持感导致的,加之案主平时缺乏与老师、同学以及家人的交流,所以案主固着于自己的创伤而忽略了自身原本的优势。

【会谈片段】

社工:"刚才看你打乒乓球了,真的很厉害!"

案主:"嘿嘿,还行吧。"

社工:"我还问了你的朋友,他们都说你是同学里打得最好的。"

案主:"嗯。"

社工:"那你平时会教他们打乒乓球吗?"

案主:"会啊,他们有时候问我该怎么打,我就告诉他们,慢慢练就行了。"

社工:"那你很厉害啊!上次姐姐来的时候,还知道你考了班级前十名,这次又看到你乒乓球打得这么好,你真的很棒啊!"

案主:"嘿嘿,很少有人夸奖我……"

在与案主会谈的后期,案主告诉社工他的一次考试考到了班级前十名,他表现得很高兴,社工表扬他并和他庆贺,案主开心极了,觉得自己是受到关注的。这次访谈结束后,案主主动邀请社工去看他打乒乓球,案主跟朋友们玩的时候社工在旁边和案主的朋友们一起看,案主总会不经意地往这边看。每次看到社工向自己点头微笑,案主都会更加开心,打得也更卖力。

【会谈片段】

社工:"朋友们都说你打得好!"

案主:"是吗?!"

社工:"可以告诉我,你感到最自豪的一件事是什么吗?"

案主:"其实我乒乓球打得不错,朋友也总夸我打得好,嘿嘿。他们还总让我教他们呢,而且我现在也愿意跟他们聊天了,还有老师。谢谢姐姐,一直陪我这么长时间,老找我聊天,嘿嘿。"

案主开心地笑了。从案主的笑容里,可以感受到案主真的很开心,是发自内心的高兴,这也是社工从开始个案以来第一次看到他这么开心、这么轻松。几次会谈以后,可以发现案主在慢慢变化,不仅可以和同学一起活动,有时候还能一起交流,相处起来更加放松、自然。

- 强化行为改变

根据认知行为疗法,社工采用了行为强化法对案主进行干预。这一方法强调在某一行为发生之后给予奖励性刺激,以增强或维持某一理想的行为,其功能是促进该行为频率的增加。

【会谈片段】

社工:"刚才你们上课的时候,姐姐跟你们班主任聊天了,她说你最近这一阶段进步很大啊。你觉得呢?"

案主:"嗯。我上课积极回答问题了,还会帮助同学解答他们不会的题。"

社工:"今天姐姐给你带来了一个笔记本,算是给你的奖励,但是你可不能骄傲,要继续进步,好吗?"

案主:"好。谢谢姐姐。"

社工:"如果以后你有什么心里话不想对别人说,你可以写到这个本子里。"

案主："嗯，知道了。我现在可以跟朋友说心里话了，他们也会跟我说。"

社工："真的吗？那太好了。"

案主："我现在也觉得自己不是一点都不好，觉得自己还是挺棒的，而且我以后会更努力的。老师表扬我我心里也开心，回家告诉奶奶，她就会带我去吃麦当劳。嘿嘿……"

- 学习利用社会支持

对于案主来说，发展利用社会支持的能力是非常重要的。在案主的生态系统里，父母缺位，除爷爷、奶奶以外没有其他亲属，也很少与老师、同学交流，案主陷入这种状况虽然有客观原因，但扩大社会交往网络并学习利用社会支持显然对案主是有好处的。

案主不再自我封闭，开始愿意与老师、同学们交流了。案主虽然不会主动到班主任那里寻求帮助，但后来班主任反映，最近找案主了解案主的近况时案主变得比较积极了，也会求助一些学习方面的问题。

【会谈片段】

案主："班主任也经常会问我一些家里的情况，还让我有什么事的时候就去找她，但是我不怎么跟她说。我的几个好朋友知道我爸爸妈妈离婚了也问过我，但是我也不想说，很排斥……"

案主："现在我会主动去找老师说心里话了，而且有时候再听到同学们说自己家里事的时候，我也会听他们说了。自己也不害怕了，现在觉得开心多了……"

以前案主在班里有三个朋友，平时只在课间会一起打乒乓球，除此之外案主从不说心里话，非常排斥朋友们提及关于父母的事情。现在案主与朋友的关系有了质变，案主会主动与朋友们分享自己的心里话，并试着听朋友们谈论自己的父母。

案主以前和爷爷、奶奶只会说一些比较表面的问题，从不谈及有关父母的心里话。后来案主也可以把自己心里关于父母的疑惑向奶奶倾诉了，奶奶帮助案主澄清了一些内心的疑惑,案主与奶奶的关系变得格外亲密。

五、第五阶段：结案与评估

(一) 结案

- 回顾个案过程

社工与案主一起回顾了整个个案会谈的过程,并强调案主取得的进步以巩固效果,注意对案主给予肯定和希望,并表示会持续跟进和关心案主,从而强化了案主继续努力的信心和动力。

【会谈片段】

社工："你还记不记得这是姐姐第几次来找你啊?"

案主："第七次吧。"

社工："记得这么清楚啊?"

案主："嗯,我每次都记得很清楚,我还记得有一个星期因为我们有考试,姐姐就没来找。"

社工："那你能不能告诉姐姐,咱俩聊天聊了这么长时间,你自己有哪些变化呢?"

案主："嗯……我觉得我自己爱跟别人说话了,而且我也有自信了。对了,姐姐,现在老师经常会表扬我,我那些朋友也很羡慕我,嘿嘿。"

社工："嗯,你真的很棒,你的改变姐姐都知道,真的很为你开心。现在是不是更加相信自己了?"

案主："嗯。"

社工："真棒,你要继续保持啊!"

- 处理分离情绪

在个案工作的最后,社工让案主更多地表达自己内心感受,帮助案主处理离别情绪,让案主明白这只是个案服务的结束,以免产生被再次抛弃的感觉。

【会谈片段】

社工："到今天为止,咱们的活动就结束了,姐姐就不能每周过来看你了，而且姐姐也要在学校写作业，不过姐姐有时间的话，一定会再来看你，好吗？"

案主："嗯，好的，那你一定要来看我啊。"

社工："一定会的！"

案主："嗯！我也会越来越努力，以后会表现得更好。"

（二）评估

社工结合采用人本主义理论与优势视角理论，对单亲家庭打工子弟小学生进行个案干预，通过干预前后对比案主的表现可以发现是行之有效的。

- 认知改变

在干预前，案主的自我评价偏低，总认为自己不如别人；在干预后，案主的自我评价更加积极，认识到自己也有很多比别人表现好的方面。到个案后期，案主便会说"其实我自己是很优秀的""妈妈给不了我的东西，奶奶也可以给我"等。

由于案主是单亲家庭，回避与他人交流有关家庭方面的信息，对他人的看法和态度很敏感。干预后对他人看法和态度的认知相对积极一些，变得更加开朗乐观。案主能够试着以更加客观的角度来看待自身与他人的交流，学会主动地调适自己的心理，不因为父母离婚、父母不在自己身边而自我否定。

- 行为变化

最开始的几次访谈，虽然社工与案主都提前约定好见面的时间和地点，但案主不会主动过来，而是在教室内等待社工过去找他。到后期案主慢慢可以自己主动过来找社工了，这对案主来说是发生改变的重要信号。

以前案主很少与同学交谈，也很少主动参与学校的活动。干预后期案主可以与同学有更多的互动和交流，在一起活动时也更加轻松。

在家里和奶奶的互动方式也发生了改变，案主可以和奶奶表达自己的内心想法，发现和奶奶可以更加亲密。当案主尝试打开心扉，放下自己的心理负担以后，这些行为层面的变化都可以帮助案主有力量获得更多的社会支持。

第三节 自卑打工子弟小学生的个案干预过程

导致打工子弟小学生自卑的原因有很多，本案主是因为身体过于肥胖而自卑。对于青少年而言，身体意向是自我概念评价的重要组成部分，故选择本案主介绍个案干预过程。

一、第一阶段：接案与建立关系

（一）目的

邀请案主参加社工服务项目，解释个案工作的内容以及工作形式等，同时注意与案主建立良好的专业关系。

（二）接案过程

社工到案主所在的打工子弟小学实习，班主任老师推荐了这位同学。案主，女，13岁，六年级学生。身高约150厘米，体重约65千克，体形很胖。

据班主任老师反映，案主有三个方面的问题：其一，学习方面，个人比较努力，成绩属于中上等。语文成绩最好，尤其是作文写得好，老师经常表扬；数学和英语成绩不好，很多数学题不会做，英语单词记不住；体育成绩相对较差，不喜欢上体育课。其二，人际交往方面，人际交往圈很小，在班上只有一个关系较好的女生，这女生是后来转学过来的一个15岁女生，因为长时间同桌相处较多而变亲近，平时喜欢主动找案主聊天，向案主吐露一些烦心事和小秘密。与男同学基本不交流。其三，性格方面，案主在转到现在的学校以前是个活泼开朗的女生，但转学后因为环境改变变得非常安静，对陌生环境很不适应，很长时间了也一直没有改变。

（三）工作过程

因为案主是班主任老师推荐的，社工先利用实习机会与案主开始接触。社工基于之前在实习过程中对案主的观察，发现案主尤其需要外界的关注和肯定，因此在建立关系时先对案主以前的表现给予肯定。

【会谈片段】

社工："你好，这个学期社工姐姐要开展'一对一找朋友'式的帮扶项目，因为觉得你在之前的活动中能坚持参加活动，而且和小伙伴合作完成任务，所以这次挑选你加入帮扶项目，你愿意参加吗？"

案主："愿意。"

社工："咱们这个活动会贯穿整个学期，你有什么想说的话，遇到了什么困难，都可以告诉姐姐，好吗？"

案主："嗯，好。"

社工观察到案主非常拘谨，为了帮助案主缓解紧张，社工从与案主交流平时的兴趣爱好入手，先谈论案主比较愿意讨论的话题，营造一个相对比较轻松的氛围。

【会谈片段】

社工："你最喜欢哪门课程呢？"

案主："语文。"

社工："为什么喜欢呢？"

案主："因为上语文课很安静，不会特别吵。"

社工："嗯，那你觉得自己学得最好的一门课是什么呢？"

案主："也是语文。"

二、第二阶段：资料收集与诊断

（一）资料收集

资料收集主要通过社工与案主交流过程中案主的叙述、在该校实习过程中对案主的行为观察以及环境调查三种途径来实现。

- 与案主的会谈

社工开始与案主接触时，与案主交谈的内容主要是围绕学习和生活情况展开的，取得案主的信任以后谈到家庭背景以及个人成长史等情况，也涉及一些可能对案主的问题产生重要影响的因素。案主的叙述主要反映了以下几个方面的问题：

案主自我评价低，认为自己在很多事情上都比不上其他人，尤其是那些在众人面前表现的活动，例如体育运动等。所以案主对课余活动比较排斥，自我感觉更加糟糕。

【会谈片段】

案主："我觉得自己太内向了，而且很多事情都做不好，包括和同学在一起玩的时候，自己做出来的动作都显得特别傻，没有其他人好看。"

案主内心非常敏感，特别在乎别人对自己的评价，由于对自己的表现本来就没有信心，又害怕同学的负面评价，所以对同学们在一起时的玩笑话变得非常敏感，容易处在受伤害的位置。

【会谈片段】

案主："以前有的同学会开玩笑说我胖，我知道是玩笑，但仍然不开心。现在没什么人说了。"

案主："我总是怕自己做得不好，怕别人笑话我。"

案主比较被动，回避退缩，从不主动在他人面前表现自己。无论课上还是课下，只要有他人在场基本上就不会主动说话或行动，羞于在众人面前表现自己，这与这个年龄阶段孩子的天性是不一致的。

【会谈片段】

案主："在上课的时候，即使知道问题的答案我也不敢举手回答问题。"

案主："我平时在课间休息的时候就喜欢一个人待着看书，不想跟她们一块儿去玩皮筋和沙包什么的。"

案主自己期望改变，也知道这样的性格和表现并不是一个好现象，很多时候自己都不开心，觉得自己很孤单，希望可以改变自身的现状，并且已经有一个初步的目标和方向。

【会谈片段】

案主："我希望自己能在应该表现自己的时候大方一点、主动一点。"

社工："嗯，为什么这么想呢？"

案主:"我自己太内向了,很多事情做不好,越来越不敢做,我也不想这样。"

社工:"也就是说,你觉得自己的表现不如其他人,是吗?"

案主:"对。"

社工:"那你觉得自己是真的不如其他人,还是自己不敢表现出来呢?"

案主:"我觉得都有吧。"

社工:"既有自己能力的问题,也有不敢表达的问题,对吗?"

案主:"嗯。"

- 行为观察

案主在与社工交谈时,十分羞怯。在第一次个案访谈时,案主坐在椅子上,头一直低着,脸红红的,偶尔抬起头看一眼社工也是眼神飘忽,手一直在拽衣服角,或者是两手相握。说话声音很小,而且语速也比较慢。

除了在个案会谈中可以观察案主以外,社工还可以利用在该校实习的机会观察案主的表现。社工有机会去案主所在的班级听课,上课时案主听课很认真,基本保持抬头看着老师,但从来不主动举手回答问题。老师叫到案主回答问题时,也是低着头,声音非常小,别人基本听不清。课间休息时同样很安静地坐在座位上,或者写作业或者看书,很少与周围同学交流互动。

- 环境调查

环境调查是指从与案主有接触的相关人员中了解情况,以获得对案主更多的了解。

据案主的班主任介绍,案主是个很自卑的女孩子。因为体形很胖,刚转到这个班级时,别的同学称呼她为"那个特胖的女生"。尤其是男生会跟她开玩笑,案主认为自己受到同学嘲笑,很是受伤。每次交费用或者交作业时,案主都不会自己过来交给老师,总是让同学帮忙代交。如果案主在课间上厕所迟到了,不会主动敲门喊报告,她会一直站在教室门口直到老师发现让她进去,不然就会一直等下去。在课上从来不会主动举手回答问题,如果老师叫到她,要是语文诗句背诵之类的问题,她可以顺畅地背诵下来,不然会一直低头扭捏,说话声音非常小或者干脆始终不开口。其实案主学习挺努力的，语文写作能力非常好，作文流畅而且思考有深度，同学们也比较认可。

据案主的好朋友讲，案主是个很害羞的女生，经常安静地坐在座位上看书，平时很少说话，不太喜欢跟别人主动接触。因为平时在班上男生经常嘲讽案主体形胖，所以案主很少跟男生交流。因为害怕受到嘲笑，上课时案主不敢主动回答问题或者提问，如果有问题会让好朋友代为提问。

（二）评估和诊断

在收集案主各方面的资料以后，对案主及其问题进行初步评估，为进一步制定工作目标和制订工作计划提供依据。

- 自卑

案主对自己在众人面前的表现非常不满意，自我评价极低，认为自己的行为表现不如别人，甚至会受到同学的嘲笑。其中主要的原因可能与刚转学时男生对案主外形的讥讽伤害了她的自尊心有关，案主对自己在他人面前的表现非常不自信，行为更加退缩、胆怯。

另外，案主虽然学习十分努力，但成绩始终一般，一方面使案主对自身的能力产生怀疑，另一方面也使案主原本希望通过好成绩来证明自己的愿望落空。无论是课堂表现还是课间活动，由于案主不善于主动表达，案主的想法以及需要很少被关注到，自己的角色大多是旁观者，而不是参与到活动中的一员，常常感到被忽视、被压抑，于是加重了自卑心理。

- 自闭

案主极少主动与人交往或参与活动，甚至很少主动与人说话，即使是短暂的回应性交流也与对方缺乏目光接触，语言表达能力一般，语速慢，声音非常小。这种自我封闭除了与因为肥胖而自卑有关，也与其家庭背景和成长经历有关。案主家庭成员流动性比较大。4岁前，案主在老家与爷爷、奶奶一起生活，那时父母和哥哥已经来北京工作。4岁时，案主被父亲接到北京，从幼儿园到小学三年级在另一地方生活、上学；后来因为父亲工作地点改变而来到现在的学校。父亲较少管家里的事务，只是经常为案主买好吃的东西，很疼爱她。母亲较多管理案主学习，对案主基本是有求必应。兄妹感情不错，哥哥经常询问案主在学校的学习和交际情况，并管制案主的交友情况，案主外出时需要得到哥哥的允许，即使哥哥不在身边也会让朋友监督案主。可以看出，父母的溺爱导致案主感情上的极度依赖，而哥哥的控制欲使得案主缺少独自与人交往的机会，久而久之使她越发退缩。加之，父母工作的流动性使得案主不断转换生活环境，与老朋友的分离、结识新朋友的困难以及对陌生环境的不适应，会加重案主的内向性格。

三、第三阶段：制定工作目标和制订计划

（一）工作目标

通过对案主的分析和评估，通过与案主协商讨论，确定案主的短期目标和长期目标。

- 短期目标

提高案主的表达能力，提升案主表达的积极性，改善案主的人际沟通方式，增加她与人交往的主动性。

- 长期目标

帮助案主纠正错误的认知，建立正确的自我认知。改善案主的自卑心理，提升其自信心。

在设定目标时充分考虑到案主自身的期望，了解她是否曾经为此而做出过努力、效果如何以及为何现在仍有这样的期望。最重要的是要找到案主没能达成目标的原因，社工要据此来合理制定工作策略和目标。

【会谈片段】

社工："姐姐已经知道了你非常想改变自己的一些不足，那么你想要成为什么样的人呢？"

案主："我想做事情的时候可以更大方一些，还有对自己更有信心。"

社工："嗯，非常好，那你有没有朝着这个目标努力过呢？"

案主："有的。"

社工："跟姐姐说说，你是怎么做的？"

案主："就说学习吧，像数学题，我也写了很多练习题，但是下次再碰到时还是会写错。英语单词也是，怎么也记不住，成绩总是提不上来。"

社工："嗯，这是学习方面。除此之外，有没有想多和同学们一起玩

呢？多参加一些活动？"

案主："我试过，下课的时候就跟她们出去玩沙包，但是玩着玩着就觉得自己的动作特傻，没其他人玩得好，就自己回去了。"

社工："也就是说这些努力没有达到你想要的效果，是吧？"

案主："嗯。"

社工："那你觉得是什么原因没有达到你想要的效果呢？"

案主："我也不知道，就总是坚持不下来。"

社工："那咱们可以先把你的目标拆分成小目标，咱们一点一点完成，你觉得呢？"

案主："嗯，可以。"

（二）工作计划

在此基础上，初步确定8次个案工作的辅导方案，每一次个案会谈工作目标以及工作内容如表4-2所示。

表4-2　自卑打工子弟小学生个案工作计划

工作阶段	工作目标	工作内容
第1次	1. 建立联系 2. 收集信息	1. 介绍个案工作基本形式以及工作内容 2. 了解案主学习、生活、家庭等基本情况
第2次	1. 澄清问题 2. 确定工作目标	1. 帮助案主澄清并聚焦问题 2. 了解案主对工作的期望，共同制定目标
第3次	自我探索	1. 自我探索（约哈里窗）：帮助案主深入和广泛认识自己，同时强调其优点和受表扬的经验 2. 优点强化：布置家庭作业，每天记录自己性格优缺点，并于第二天早晨复述
第4次	认知改变	1. 与不合理的认知辩论（故事分析）：纠正案主对自我和人际方面的错误认知 2. 了解案主完成家庭作业的情况和反馈，督促案主继续完成

续表

工作阶段	工作目标	工作内容
第 5 次	促进自我表达	1. 行为指导（复述故事）：通过纠正案主不适当的表达方式来训练其表达技巧，反复强化 2. 布置家庭作业，练习表达能力
第 6 次	改善人际互动	角色扮演：重现人际沟通的场景，通过让案主练习主动表达和沟通来提高其沟通的积极性，增强其信心
第 7 次	1. 巩固进步 2. 促进迁移	1. 继续让案主练习表达能力 2. 了解案主家庭作业的完成情况和反馈信息
第 8 次	1. 回顾与总结 2. 评估服务效果	1. 与案主共同回顾整个个案过程，了解心理行为变化，并评估工作效果 2. 与案主分享工作感受，给予其鼓励，处理好分离情绪

四、第四阶段：提供服务

在本案例中，社工提供的服务主要包括以下几个方面：

- 促进自我认知

加深案主的自我认知是引导案主改变的第一步。社工运用约哈里窗理论让案主阐述自己的优缺点和他人对自己的批评、表扬，以此来澄清案主对自己的认识，帮助案主形成一个更加全面的自我评价，同时有意识地促使案主关注自己的优点和他人的表扬。

【会谈片段】

社工："老师有没有表扬过你？"

案主："嗯，有。"

社工："是因为什么事呢？"

案主："有一次是老师说我语文作文写得好。"

社工："是在什么时候说的？在办公室还是教室？"

案主："教室，上课的时候。"

引导案主描述自己在他人心中的形象、他人对自己的评价等，并进一步表达对他人态度和评价的看法，让案主对他人眼中的自己有所了解；同时也能从案主的态度上分析与他人的交往中存在的问题和可以改进的方面。

【会谈片段】

社工："你知道自己在别的同学或是老师眼里是什么样子吗？或者说，别的同学是怎么评价你的？"

案主："他们觉得我挺爱生气的，就是平时我不太爱跟他们开玩笑，也不和同学一起玩。"

社工："那你怎么看他们对你的评价呢？"

案主："我觉得我不是那样的。"

社工："那你会跟他们说吗？说你的真实想法，跟他们解释一下？"

案主："嗯，有时候会，但绝大多数的时候都不想说。"

社工发现，案主自己注意的焦点集中在自己身材的肥胖以及因为害怕被嘲笑而带来的退缩，忽略自己的优点。于是给案主布置家庭作业，要求案主每晚睡觉前写下两条自己的优点，并且在心理复述，第二天早晨起床时重新回顾前一天晚上写的优点。每天这样，依次增加。请案主将自身的优点写下来并且在心中默念实际上也是一种积极的心理暗示，可以让案主更主动地回顾自身的积极经验，逐渐加深其对自身优点的认知。

【会谈片段】

社工："最近几天你有没有做这项作业呀？"

案主："嗯，有。"

社工："做这项作业时有什么感觉？"

案主："感觉对自己了解得更多了，其实自己也有挺多优点的。"

- 认知改变

很显然，在案主身上存在的一些不合理认知，是导致她消极自我评价和行动退缩的直接原因。如果要提高案主表现的主动性，就必须纠正案主的错误认知与不合理的认知辩论。社工选择了案主印象深刻的三个场景展开讨论。

第一个场景是案主曾经参加过法律宣讲队，但对自己的表现并不满意，自我评价不高。社工就从她已经完成了的任务着手，将她与他人的表现相对比，通过事实让案主明白她与其他人的差别并不大，而且因为克服了自己内心的紧张积极参加活动而受到表扬。

【会谈片段】

社工："你觉得自己在那次法律宣讲活动中表现得怎么样呀？"

案主："嗯，我也不知道……我觉得自己不太敢说话，没有其他人积极踊跃，没他们说得好。"

社工："你是这样觉得的？可是姐姐跟你的看法不一样，姐姐有没有向你提问过法律方面的问题？"

案主："有。"

社工："你回答上来了吗？"

案主："答上来了。"

社工："那就对了，那你有没有上台宣讲？"

案主："讲了……可是太紧张了，不敢看着别人，说话都不连贯。"

社工："那别的同学紧不紧张？说得很顺畅吗？"

案主："嗯……好像也挺紧张的……"

社工："是，大家都一样呀，没有谁上台之前不紧张呀。"

案主："可是我还是害怕，不敢说。"

社工："你心里害怕不敢说，但最后仍然上台宣讲了，对不对？而且，虽然很紧张但还是说下来了，对不对？所以你跟别的同学比并不差。"

案主："嗯。"

第二个具体事例是案主在课堂上完成作业后不敢去找老师批改。首先，案主知道老师并不会批评学生的作业，自己紧张是因为觉得其他学生的目光会聚集在自己身上，会笑话自己。接下来，社工引导案主从另外的角度，即她自己坐在下面时对台上同学的看法，让案主体会，让她明白实际情况并不像其担心的那样。

【会谈片段】

案主:"有的时候在课上写语文练习册,老师说谁写完了就上去给老师判。我虽然挺早就写完了,但是我怕老师说我,班上同学又都在,我觉得挺不好的,就不敢上去。"

社工:"老师会当着同学的面很严厉地批评你们吗?"

案主:"不会,老师不会特别严厉,就是直接说哪儿写得不对需要改。"

社工:"也就是说老师只是指出错误对吧?那当你坐在下边时,别的同学上去了你会一直看着他吗?"

案主:"不会,只会看两眼。"

社工:"当老师说那个同学哪些地方需要改正时,你是什么感觉?你会注意他吗?会笑话他吗?"

案主:"不会。如果老师说的地方自己也错了,那就改一下。"

社工:"对呀,那你想,别的同学在台上或者是回答问题时,你并不会特别去注意他;那换做是你回答问题时,别的同学坐在下边,不是一样的吗?"

案主:"嗯,对,但是我还是害怕。"

社工:"没关系,咱们可以一同努力进步。"

第三个重要事件是关于案主的肥胖。之前案主对于身材胖这个话题谈得并不多,她虽然不主动提起,但老师和同学都表示这点对案主的影响很大,所以这次社工就选择了一个胖女孩最终成功的故事来激励案主。通过让案主评价故事中的主人公,并将自己与之进行对比来让案主明白"成功"的内涵和方法,让案主意识到"胖女孩"也是可以走向成功的,帮助她树立改变的信心。

【会谈片段】

社工:"你觉得自己在哪个方面做得比她好?"

案主:"嗯,我还是很听老师话的,上课认真听讲,不会捣乱。"

社工:"那什么方面不如她呢?"

案主:"没她勇敢吧,她敢表现自己。"

社工:"也就是说,她并不是在每方面都比你优秀,对吧?"

案主："嗯。"

社工："她在后来都能获得成功，那么你自己呢？"

案主："但是她比我大方，想说什么就会说出来。"

社工："所以咱们接下来的目标是一起努力，让自己更多地表达，好吗？"

案主："嗯。"

- 行为改变

提升自我表达技巧。采取复述故事的形式提升案主表达技巧。第一步，案主看书读一篇故事；第二步，案主用自己的语言复述故事；第三步，社工给予反馈并指导案主的表达方式；第四步，案主通过更好的表达方式来复述故事。刚开始案主在讲故事时低着头，声音很小，手拽着衣服，这是一种畏缩的行为表现，越讲越没有信心，于是社工从行为改变着手。在案主第一次讲述过后，案主与社工一起评价其表现，总结需要改正的地方，然后在接下来的复述故事过程中重点关注，帮助案主反复练习，最后将案主在自我表达中需要注意的问题引申到在课堂中回答问题时的注意事项。

【会谈片段】

社工："你觉得自己刚刚复述得怎么样呀？"

案主："感觉磕磕巴巴的。"

社工："嗯，可能是你对故事的内容还不熟悉的缘故。姐姐感觉你在说的时候总是低着头，而且声音有些小。希望你能抬起头看着我，大声一些。你觉得呢？"

案主："嗯。"

社工："那我们再试一次，好吗？"

同时，社工还给案主布置家庭作业，要求案主回家后面对镜子进行复述故事练习。这个练习，想帮助案主提高表达能力，克服面对众人时的紧张情绪，同时在镜子里可以看见自己的表现，当案主发现不一样的效果时更容易坚定努力的方向。当然开始时因为案主不习惯会不太顺利，这时社工要耐心给予鼓励。

【会谈片段】

社工:"这几天进行复述故事的练习了吗?"

案主:"呃,没有,学习来着,就没时间弄。"

社工:"嗯,姐姐也知道你最近期中考试,时间比较紧。但是上次的练习也没有完成对吧?你能告诉姐姐你是真的想要改变自己吗?"

案主:"嗯……"

社工:"可是姐姐最近没有看到你的努力,你觉得自己是不是花了心思在这上呢?"

案主:"可能比较少吧。"

社工:"那姐姐希望你接下来可以多用一些心思放在这个上面,其实不用很长时间,只要每天七八分钟就够了。坚持做了才会有效果,你觉得呢?"

案主:"行,我努力试试看。"

社工随后对案主开始出现的进步给予持续关注,并鼓励她、督促她继续坚持。尤其是对完成了家庭作业这项,要提出特别的关注和表扬。

【会谈片段】

社工:"这次回去又完成姐姐布置的复述故事的练习了吗?"

案主:"嗯,有,但说的时候还是挺害怕的,不敢看镜子。"

社工:"没关系,做了就很棒,慢慢会有进步。现在讲一次,我们看看效果好吗?"

案主:"嗯。"

改善人际互动方式。案主在与人交往时比较被动,不会主动表达自己的具体想法,即使在与家人的交往中也是这样,最后的结果是被动接受他人的做法。于是,社工选择了案主现实生活中的一个场景——哥哥要求她参加课外班,通过角色扮演提升案主人际互动的技能,练习对话方式与技巧,有助于案主在人际沟通中掌握主动权。

【会谈片段】

社工:"这个兴趣班多好呀,还能锻炼身体!"

案主:"不想去。"

社工:"你看看人家女孩子什么都会,你怎么就不想去呢?"

案主:"我不喜欢那个,不想去。"

社工发现案主只是简单拒绝,不懂得阐述自己的想法来说服别人。只有让对方清楚自己的感受,自己才会被重视,于是社工给予引导。

【会谈片段】

社工:"我觉得这时候你可以多说一下:为什么自己不想去,自己喜欢什么、不喜欢什么,让哥哥知道,哥哥才会了解你真实的想法。你觉得呢?"

案主:"嗯,也是,每次都是这样,到最后还会说我不听话。"

社工:"那我们现在就试一试,你觉得自己真正的想法是什么,可以试着告诉哥哥吗?"

五、第五阶段:结案与评估

(一)结案

- 回顾个案过程

在个案服务临近结束时,社工与案主一起总结这段时间以来案主所做出的努力以及改变。在这个过程中,社工有意识地让案主对自己的表现进行评价,帮助案主更清晰地了解自己的进步和不足,有助于提升案主的自信心。

【会谈片段】

社工:"你印象最为深刻的是什么呢?"

案主:"就是那个讲故事练习,以前特别害怕在别人面前讲话,现在虽然也害怕,但是要好很多,敢讲了。"

社工:"这几次下来,你觉得达到自己设想的目标了吗?"

案主:"嗯,达到一些了。"

社工:"主要是在哪些方面达到自己的目标了?你愿意对自己的努力做个评价吗?"

案主:"嗯,自己变得活泼开朗一些了,跟同学出去玩不会总怕别人笑话自己了……"

- 处理分离情绪

在结案时,社工给案主机会表达她自己的内心感受,同时注意对案主给予肯定,强化案主改变自我的信心和动力。

【会谈片段】

社工:"咱们这学期的活动就要结束了,但是姐姐还会再来看你,你有什么话还可以跟姐姐说,好吗?"

案主:"嗯,谢谢姐姐。"

社工:"不用谢。姐姐之前在一个故事里看到过一句话,是一位老师对一个长相普通的女生说的。他看了那个女生的作文,然后对她说:'既然你没有出众的外貌,那么就拥有出众的思想吧。'你明白姐姐的意思吗?"

案主:"嗯。"

社工:"好,那你要继续加油!"

(二)评估

- 认知方面的改变

在干预阶段的后期,根据案主的反馈和自我评价进行干预前后对比,可以看到在案主身上发生的变化。以前案主自我评价非常低:"以前对自己的认识总是把优点和缺点混到一块儿,但是现在就可以分得更清楚了,也能知道哪些方面需要改正了。"在案主对自己的认识发生改变以后,也会影响到她与他人的交往,尤其是案主在他人面前展现自己时,对方的心态和行为会受其影响而发生变化,这一变化也会促使案主提升自己在人际交往中表达自我的愿望和信心。

- 行为方面的改变

案主在主动性方面有明显进步,例如对会谈的参与性,由最初不主动来找社工到最后主动过来参加会谈。案主的主动性还表现在交作业与缴费方面,以前每次老师要收作业和费用时,案主都会让朋友帮忙代交;后来案主终于实现了一次自主上交作业。另外,以前案主很少参与学校的活动,同学们课间的活动也很少参加；后期主动报名参加了一项学校在周末的电视台录制活动，是与好朋友一起参加的，事后案主也反馈感觉还不错。

（三）对社工工作方法的评估

关于工作方法，社工可以邀请案主对整个工作过程进行评价，及时总结工作中的缺陷和不足，有利于提升专业能力。

【会谈片段】

社工："你对我们整个的活动有什么感受吗？"

案主："嗯，就是平时不想说的话都可以跟姐姐说，不用憋在心里。"

社工："你对咱们一起努力的这个过程中用的一些方法有什么感觉呢？就是觉得可以进一步改进的地方。"

案主："我觉得没有，挺好的。"

社工："没关系，有什么感觉都可以说的。"

案主："我确实觉得挺好的。"

第四节　打工子弟小学生个案干预模式的讨论

对于外来务工人员子女来说，无论是随父母进城生活成为打工子弟，还是继续留在原籍成为留守儿童，父母生活的流动性在一定程度上都会给子女带来不安定感，对子女的心理社会发展构成影响。本章分别介绍了来自单亲家庭缺乏社会支持和因过度肥胖而自卑的打工子弟小学生个案干预模式，旨在对该群体的社会服务提供一定的参考和借鉴作用。

一、打工子弟小学生个案干预的关键点

打工子弟小学生各有不同的家庭背景和成长经验，在学习、生活以及社会适应等方面各有不同的表现，但还是可以发现一些相对比较共性的问题，这些相对具有普遍性的问题正是在提供服务时特别值得社工关注的方面。

- 关注打工子弟小学生的心理发展

一般来说，父母通常比较重视子女现实问题的处置，比如联系就读学

校、跟上学习进度以及照顾日常生活等，对子女心理层面的反应往往缺乏关注，认为孩子出现不习惯、不适应是正常的，过一段时间自然就好了，孩子们的烦恼容易被本已忙碌的父母忽略。

事实上，打工子弟小学生要面临很多生活习惯和环境适应的现实问题，相比生活流动造成学业中断而导致学习困难来说，更重要的是造成社会交往及陌生环境融入问题，特别是由于环境巨变所引发的对自我的重新审视与社会评价，往往是更大的心理冲击。

小学阶段正处在自我概念形成和发展的关键时期，对社会现象和社会问题还没有形成一定的区辨能力和判断能力。当他们亲身感受到自己的居住环境、校园条件以及物质生活等方面与城市儿童的强烈对比以后，很可能在一定程度上受到冲击，以至于影响到其价值观、人生观和世界观的形成，甚至影响其未来的发展和个人选择。因此，打工子弟小学生心理层面的发展特别值得关注。

- 调整打工子弟小学生的认知和行为方式

认知观念以及行为习惯对个体未来一生的发展都具有潜移默化的影响。打工子弟小学生的认知观念正在建立，行为习惯正在养成，社工采取恰当的方式、方法加以引导，很容易看到打工子弟小学生的变化。当这些改变发生以后，可以带动打工子弟小学生其他方面以及今后更好的发展，但也要注意方法，如果方法得当常常事半功倍。

例如在个案服务的过程中，社工引入了与案主有一定相似度的小故事，由于故事中的主人公与案主的经历有很多相似之处，很容易引起案主共鸣。通过案主对故事的分析，可以带出案主的认知和行为反应方式，但又不是案主本身，减少了案主的敏感和防御，案主可以更加自由地发表观点。社工以故事为依托与案主的不合理认知进行辩论，有助于帮助案主建立合理的认知。当社工与案主有比较深入的讨论、赢得案主的信任时，可以由故事中的主人公迁移到案主身上，带给案主更大的触动和思考，取得很好的效果。

- 强化打工子弟小学生的优势和资源

打工子弟小学生容易忽略自身的优势和资源，夸大自己的劣势和不足，一旦形成消极的自我概念，就极有可能成为情绪困扰的原因和行动退缩的理由。引导打工子弟小学生更全面地认识自己、接纳自己，对他们的成长和未来的发展具有重要的意义。本案中，社工在帮助案主自我探索的过程中发现，打工子弟小学生对自身的拒绝与否定非常明显，而且这一点在这个群体中具有一定的普遍性。当运用优点强化的方法帮助案主时效果非常明显，而且越是在具体的行动中鼓励案主，越是容易使之成为案主行动的推动力，对案主构成持久影响。

另一方面，还包括用优势视角看待特殊群体，例如单亲家庭子女。在实务过程中发现，从优势视角出发进行社工介入有很大的可取之处，不仅使案主容易接受社工的影响，而且还能很好地调动案主的积极性，增强案主独立分析问题、解决问题的意识和能力。

二、打工子弟小学生个案干预效果的影响因素

- 将社工的主动性转变为案主的主动性

打工子弟小学生案主通常都是由老师向社工推荐的，尽管无论是驻校社工还是社工实习学生都会在学校里宣传可以提供服务，但打工子弟小学生很少主动来找社工寻求帮助，能否调动案主的自主性直接影响个案干预效果。

首先，向案主解释找到他的原因和目的。这个解释非常必要，但又因为他们的敏感而不能过于直白，比如因为案主在某些方面存在不足、老师认为案主需要帮助等，这样会让案主觉得是因为自己表现不好或者老师对自己不满意社工才会找到自己，于是很可能引发防御或拒绝的态度。一般情况下，社工要比较委婉地解释、邀约，让案主明白服务的重点在于为案主提供支持，希望通过陪伴可以帮助案主更好地发展。

其次，激发案主在工作过程中的自主性。正是因为这样的接案程序，造成案主接受服务往往都是比较被动的，所以他们在最初阶段自我改变的决心和动力都不足。因此，从社工与案主开始接触时就要调动案主的自主性，同时还要充分尊重案主自我决定的权利，由案主自己决定是不是接受服务。

最后，澄清案主的疑惑。案主虽然开始时也表示了想要改变的愿望和

信心，但在改变过程中仍然会出现阻碍因素，例如看不到改变的可能性或者改变可能给自己生活带来的影响。社工要先就这些问题与案主展开讨论，只有案主自身希望改变，才会有好的干预效果。

- 克服个案工作过程中的不利因素

在个案工作实务过程中发现，总是不可避免地出现一些不确定因素，如果处理不好极有可能影响干预效果。例如社工在为自卑打工子弟小学生案主服务时，本来希望安排家庭访视环节，以了解案主的家庭环境以及案主与家人的互动经验，但是那段时间案主的母亲回老家了，而父亲回家时间又很晚，所以家访环节无法实施。另外，与案主讨论家庭内部沟通模式对其心理和情绪问题的影响，希望引导案主尝试改变与家庭成员的交流模式时，由于案主很难得到父母的配合和支持，也没有办法在现实生活中去体验和练习，干预效果自然大打折扣。

另一个不确定因素是会谈地点经常变动。打工子弟学校的校舍条件毕竟有限，没有专门的会谈室，一般个案会谈安排在会议室，不但环境设置与专业要求不相符合，而且因为授课教师有时候开会需要占用，所以一旦时间冲突就必须转移地点进行，有时不得不在教室外的僻静角落里。这样一来，不可避免地总会有一些干扰影响案主的注意力，给工作的顺利进行造成阻碍，给工作效果带来消极影响。

- 发挥社工的基本态度以及专业作用

作为一名社工，要明确区别共情和同情的差异。共情的出发点是社工设身处地理解案主的感受，而同情的出发点则是基于社工对案主的看法。在个案工作实务过程中，由于服务对象大多为弱势群体，很容易激发社工的同情心。同情心虽然可能给案主带来安慰，但过分同情反而会伤害案主的自尊心，过分认同会导致社工与案主站在同一阵线，扰乱工作者正确的思维判断。因此，在个案工作实务中社工切忌同情，宜通过共情增强对案主的理解。

社工确定自己是否适合接案非常重要。例如，如果案主来自单亲家庭，而社工自身也有单亲家庭负面的生活经历，自己的创伤情感还没有平复，也遇到过跟案主类似的遭遇，那么在帮助案主的过程中社工自己的经历容易在工作中反映出来，可能会对其专业工作有所影响。在这种情况下，社工介入专业服务是危险的。当然，如果社工对自己有足够的觉察，确信不会因此而影响到专业工作，为案主服务是没有问题的。

第五节 对打工子弟小学生个案工作的建议

社会认同理论认为，当人们发现自己所属的群体比其他群体更好时，自我感觉会更好。很显然，对于打工子弟小学生来说，跟随父母迁居城市生活以后带来的不安定感以及与城市丰富生活对比而引发的不满足，都会或多或少影响到他们的成长与发展，需要引起足够的关注和重视。

一、政府方面

毋庸置疑，流动人口为城市经济发展做出了重要贡献。伴随流动人口而出现的打工子弟群体，特别是打工子弟小学生，正处于心理社会发展的关键阶段，无论是生活流动、变迁还是打工子弟学校有限的教学资源等，在一定程度上都构成不利因素。如何为他们的成长以及发展创造更好的外部条件，或者借助专业化的服务促进打工子弟小学生的发展，是政府必须解决的现实问题。

- 迫切需要政府给予相关政策支持

通过社会政策的倾斜使打工子弟小学生享受到教育公平是非常重要的，尽可能使打工子弟小学生得到公平的对待，这不仅仅是物质方面的直接支持，更重要的是公平对待对于打工子弟小学生的心理发展是有好处的。

- 引导外来务工人员关注子女心理发展

通过宣传教育或家庭指导等方式，引导外来务工人员关注子女心理层面的发展，使家庭真正成为支持和保护打工子弟小学生群体健康成长的支持性因素，能够有意识地为促进子女的社会适应提供指导。

- 为打工子弟学校设置社工岗位

同时，对打工子弟学校给予投入和建设，特别是社工岗位或心理老师的岗位设置非常重要。实践经验表明,学校社工对于打工子弟小学生在社会适应、情绪表达以及行为规范等方面确实有帮助作用,设置专门的驻校社工岗位在打工子弟学校尤为需要。

二、学校方面

打工子弟小学生在学业表现、社会适应以及人际交往等方面更容易出现问题,而社工可以在一定程度上促进打工子弟小学生的社会发展与自我调整,学校应重视开展相关工作。

- 引入社工岗位,积极为打工子弟小学生提供专业服务

社工要特别注意与打工子弟小学生接触的方式,告知他们社会工作服务的性质,特别是他们可能从专业服务中的获益,激发打工子弟小学生的自主意识,促进他们的情感表达,重视他们的想法和决定,往往有利于提升打工子弟小学生的自信心和自我价值感。

- 在打工子弟学校教育教学中引入社会工作专业理念

目前,社工在打工子弟学校开展工作,大多是由班主任老师引荐的,学校要通过宣传使打工子弟小学生了解社会工作服务,知道自己可以主动获得服务资源,这是非常必要的。

三、个案工作方面

社会工作不同于传统意义上的思想教育,作为一种科学的助人活动,它更强调服务对象的独特需要及其主体作用。为打工子弟小学生提供的专业帮助,应当以打工子弟小学生的需要为中心,调动并整合社会、学校及家庭等多方面的资源,更重要的是要充分发挥打工子弟小学生自身的自我实现倾向,这才是真正促进他们成长和发展的根本之道。

- 强调多样化的专业方法

社工在实际介入过程中可采取多样化的工作方法,就个案工作而言可以关注到每位案主的特别需求以及自身发展的特有资源,给予案主更具个别化的指导。服务于打工子弟小学生的社工,除了解青少年心理社会发展的规律以外,要特别把握打工子弟小学生的独特之处,例如流动性是打工

子弟家庭最重要的特点，要特别注意他们在生活中也容易因为家庭成员的流动性导致不安定感，由此影响到打工子弟小学生的日常生活以及应对。

- 关注打工子弟小学生个别化的需求

以北京市现有政策为例，是允许外来务工人员子女就近入学的。这对于流动儿童共享教育资源确实是有好处的，但也有可能出现外来务工人员子女与当地生源学生社会融入的问题，值得社工特别关注。

因此，社工需要有针对性地开展相关主题的服务，促进案主的自我反思和自我管理。这样可以帮助案主从新的角度理解给个人生活带来的影响，要求社工有更为专门的训练和能力养成。

第五章 老年个案工作实务

> **本章主要内容**
>
> ❖ 老年人的心理发展特点以及服务需求
> ❖ 机构养老介助老年人的个案工作干预模式
> ❖ 居家养老丧偶老年女性的个案干预模式
> ❖ 老年社会工作相关问题的讨论

人口老龄化已成为全球共同关注的话题,其中最为核心的焦点是如何解决养老问题。据专家预测,我国老年人口数量在今后几十年都将以年均3%以上的速度递增,而80岁以上的高龄老年人数量更是以每年5%的速度增长,高龄、空巢和失能等老年人越来越多,老年人对社会服务的需求日益增加(彭希哲等,2006)。

老年社会工作,指将社会工作的理论、方法和技巧应用到与老年人的生存与发展有关的领域和机构内,协助老年人解决人生最后阶段所面临的各种问题,改善老年人的生理、心理、卫生保健、社会、经济状况和生活环境,使老年人有尊严地、快乐地和有价值地度过晚年(张乐天,2005)。老年人群体的社会服务成为社工亟待探索的实务领域,对促进养老服务的科学化、专业化以及规范化具有重要的意义。

介助老年人(The Device-aided Elderly)指日常生活行为需要依赖扶手、

拐杖、轮椅和升降等设施辅助的老年人（崔杰，2010）。在影响老年人晚年情绪体验和主观幸福感的各种因素中，配偶死亡是老年人必须面对的重要丧失事件。本章分别以机构养老的介助老年人和居家养老的丧偶老年人为例，介绍专业社工对老年人的个案干预模式。

第一节　关于老年人的发展及服务需求

老年人通常指60周岁及以上的人口。我国2010年第六次人口普查资料显示，60岁及以上人口有1.78亿，占总人口的13.26%，65岁及以上人口为1.19亿，占总人口的8.87%。与2000年我国第五次人口普查资料相比，60岁及以上人口的比例上升2.93个百分点，65岁及以上人口的比例上升1.91个百分点。依据联合国的标准，一个地区60岁以上老年人达到总人口的10%，65岁以上老年人达到总人口的7%，该地区即视为进入老龄化社会。可见，我国人口的老龄化形势越来越严峻。

一、老年人的身心发展特点

衰老是人类共同面临的重要人生议题之一。伴随年龄渐老，机体各脏器及系统无论是形态结构还是生理功能都渐渐出现退行性老化，导致各脏器机能减退，出现适应能力减弱、免疫功能降低等一系列衰老现象。

（一）老年人的生理特点

- 身体脏器机能全面减退

进入老年，身体机能衰退，主要表现在以下方面：其一，基础代谢率下降，体内能量消耗减少，内分泌功能开始减退，免疫功能下降，身体抵抗力大不如前；其二，中枢神经抑制过程减弱，神经传导速度减慢，注意力及记忆力明显下降，精神活动整体减弱；其三，睡眠时间缩短，表现为入睡难、容易醒，易疲劳，体力不容易恢复。

- 慢性疾病影响活动能力

随着身体脏器功能逐渐减弱，绝大多数老年人都会出现不同程度的动脉硬化和多种脏器疾病等。人到老年骨质密度开始下降，容易发生腰腿疼痛、肩周炎、颈椎病等慢性疾患，导致活动能力明显减退，老年人也会做出适应性调整，大多因为身体原因而不得不放弃一些较为剧烈的活动，转向那些强度相对较小、动作柔和而且节奏较慢的活动。

（二）老年人的心理特点

- 感觉系统功能逐渐衰退

由于神经系统退化和机能减弱，老年人衰老通常首先表现在感觉能力降低。例如视力，大多从30岁开始下降，40岁以后眼的调节能力明显变差，到了老年还可能发生青光眼、白内障等其他病变。同时，听力也在减弱，记忆力变差，思维的灵活性明显不如以前。综合大量研究资料发现，在目前已经开发测验的所有项目中，几乎都可以发现老年人的认知速度有随着年龄增长而逐渐衰退的趋势。

- 情绪状态明显受到影响

伴随老年人各器官功能逐渐衰退老化，各种慢性疾病接踵而来，不仅会降低老年人的生活质量，更重要的是对老年人情绪状态会产生影响（毛苏，陈秀英，郑昆幼，2005）。例如由于患病出现痛苦体验，对日常生活起居以及正常活动有所限制，如果卧病在床影响会更加严重，很可能因为不得不需要子女照顾而产生各种复杂情绪。尤其是老年人对死亡的恐惧会更加明显，也会不断经历老朋友的故去，可能出现许多负面情绪，诸如失落感、伤心、内疚、孤独感、抑郁、焦虑、失助感和无力感等。

（三）老年人的社会适应问题

在老年阶段，无论家庭角色、家庭结构还是社会功能、社会生活都发生了显著的改变。因此，老年人在适应机体衰老的同时，所面临的更大挑战往往是需要应对社会角色以及外界环境的改变。

- 家庭角色和生活环境的改变

老年人的子女一般都已经进入结婚生子、另立门户的年龄阶段，老年人的家庭角色由原来抚育子女的家庭支柱转变为不被依赖，再到不被需要，这种种转变需要一个心理适应过程。如果老年人身体患病，反过来还可能成为需要被子女照料的一方，而子女因为忙于各自的事业与家庭很容易疏于对老年人的陪伴,老年人很容易感到落寞和孤独。

- 社会职能和社会角色的转变

由于到了退休年龄,老年人离开工作岗位,几十年来坚持的生活节奏和作息安排都要重新调整,社会功能随之降低,社会参与度明显受到限制,社会交往的圈子发生显著变化。老年人失去个人生活的意义感以及与社会的联结感,需要重新寻获社会归属感,甚至要重新审视自我价值、自我角色定位,这难免使老年人增加许多伤感和惆怅。

伴随生命衰老和慢性疾病出现,老年人开始感受到身体不适,特别是当生活无法自理时更会觉得自己是家庭和社会的负担,容易产生无助、无力等负面情绪,而且在面对家人或朋友的死亡时还有可能出现哀伤情绪,严重者可能产生各种心理障碍。

二、老年群体心理发展相关理论

人到老年,生活处境明显改变,老年人在基本生存、身体健康、社会活动以及交际娱乐等方面都可能遇到一些新的问题。因此,在照料好老年人生活的同时,老年人的精神健康也值得高度关注。

(一) 生态系统理论

布朗芬布伦纳在发展心理学中提出个体发展模型,强调发展的个体嵌套于相互影响的一系列环境系统之中,在这些系统中,系统与个体相互作用并影响着个体的发展(Shaffer,2005)。该理论对环境的影响进行了较为详细的阐释,认为自然环境是人类发展的主要影响源,发展的个体处在从直接环境(如家庭)到间接环境(如文化)几个环境系统的中间,或者说是嵌套于这些系统当中,其中每一系统都与其他系统以及个体交互作用,共同影响个体的发展。

- 微观系统

环境系统最里层是微观系统,即个体活动和交往的直接环境,这个环境是不断变化和发展的。对老年人来说,家庭是最重要的微观系统,社区是除家庭之外对老年人的生活影响最大的微观系统。

- 中间系统

中间系统是第二个环境层次,指各微观系统之间的联系或者相互关系。布朗芬布伦纳指出,如果微观系统之间有较强的积极联系,个体的发展就有可能实现最优化;反过来,如果微观系统之间的联系是负面的,势必产生消极后果。对老年人来说,如果在家庭中得不到必需的生活照料或者足够的精神关怀,其必然更依赖于社区提供的养老服务。

- 外层系统

外层系统构成第三个环境层次,指那些个体虽然并未直接参与却对其发展产生影响的系统。对老年人来说,其子女的工作性质以及工作压力极有可能构成外层系统的影响因素,因为这些因素直接关系到子女是否有时间、有精力照顾老年人的生活起居,或者陪伴老年人、为其提供精神关怀。

- 宏观系统

宏观系统是第四个环境层次,指存在于以上三个系统中的文化、亚文化和社会环境,就本质而言也可以理解为一个广阔的意识形态。在不同文化中这些观念是不同的,但这些观念确实存在于微观系统、中间系统和外层系统中,以直接或间接的方式影响环境因素,并进一步影响到个体的发展。例如我国的孝道文化对人们的养老观念产生影响,同时也在一定程度上维系了传统家庭养老模式的存在。

特别需要强调的是,在布朗芬布伦纳的生态系统理论模型里还包括了时间维度概念,即把时间作为研究个体成长过程中心理变化的参照体系。引起环境变化的既可能是外部因素,也可能是个体自身的内部因素,由于人有主观能动性可以自由选择环境,同时对环境的选择也是个体随着时间推移不断积累知识经验的结果,布朗芬布伦纳将这种环境的变化称为"生态转变"。他认为,每次转变都是个体人生发展的一个阶段,比如升学、结婚或者退休等,时间系统所关注的正是人生的每一个过渡点。布朗芬布伦纳将这些过渡性转变分为两类:一类是正常的,例如入学、进入青春期、参加工作、结婚及退休等;另一类是非正常的,例如家庭中有人去世或病重、离异、迁居及彩票中奖等。这些发生于个体不同人生阶段的转变常常成为发展动力,同时也可能通过影响家庭进程而进一步对个体的发展产生间接影响（刘杰，孟会敏，2009）。

（二）社会心理发展阶段理论

美国心理学家埃里克森认为，个体自我的发展贯穿一个人生命的整个过程，每一个阶段都有其独特的心理社会危机或转折点，而这些危机是个体必须做出何去何从的决定的关键期。埃里克森把自我意识的形成和发展过程划分为八个阶段（如表5-1所示），这八个阶段的顺序是由遗传决定的，但每一阶段能否顺利度过却是由环境决定的。在人一生中的每个阶段，都有影响人格发展的主要问题，成为影响人格发展质量的关键因素。

表5-1 埃里克森人生发展的八个阶段

年龄段	存在的冲突	发展顺利	发展障碍
婴儿期（0~1岁）	信任感—怀疑感	对人信赖，有安全感	与人交往时焦虑不安
婴儿后期（2~3岁）	自主感—羞怯感	自我控制，行动信心	自我怀疑，行动迟疑
幼儿期（4~5岁）	自信—退缩内疚	有目的方向，能独立	畏惧退缩，无自我价值
儿童期（6~11岁）	勤奋进取—自贬自卑	具有做事、待人的能力	缺乏基本能力，充满失败感
青年期（12~18岁）	自我统合—角色混乱	自我观念明确，方向肯定	生活缺乏目标，迷失
成人前期（19~30岁）	友爱亲密—孤独疏离	成功的情感，事业基础	孤独寂寞，无法亲密
成人中期（31~60岁）	精力充沛—颓废迟滞	热爱家庭，栽培后进	自我恣纵，不顾未来
成人后期（60岁以上）	完美无憾—悲观绝望	随心所欲，安享天年	悔恨旧事，徒呼胜负

埃里克森认为，在每个阶段的心理、社会发展课题的完成、危机的解

决中，个体可能获得积极的品质，增强自我的力量，逐渐形成健全的人格，并为下一阶段的发展创造条件。反之，个体则可能形成消极的品质，削弱自我的力量，从而产生心理社会危机，出现情绪障碍（Burger，2010）。

老年人处于成年后期阶段，面对自我调整与绝望期的心理冲突。如果这一阶段的危机得到成功解决，就形成智慧的美德。如果危机得不到成功解决，就会形成失望和毫无意义感。按照埃里克森的理论，当老年人回顾自己的一生时，如果感到所度过的人生是丰足的，就会不惧怕死亡，这种人具有一种圆满感和满足感；而那些回顾时感到挫败的老年人，则更多体验到失望，而且体验到失望的老年人并不像体验到满足感的老年人那样敢于面对死亡，因为他们在一生中还没有实现自己的目标。当老年人认识到自己所剩的时间太少、年轻人拥有的选择和机会都没有了时，就会强烈地感受到自己的一生已经过去，他们希望用完全不同的方式重新生活一遍；而这种愿望又是不现实的，这样的老年人内心充满失意和沮丧，常常会通过对他人的厌恶和轻蔑来表达失望。

（三）需求层次理论

马斯洛的需求层次理论认为，动机是构成个体成长发展的内在力量，而动机由多种不同性质的需要组成，需要是分层次的，各种需要之间有先后顺序与高低层次之分，每一层次的需要与满足将决定个体人格发展的境界或程度。

在马斯洛的需求层次理论里，由低到高分别是生理需求、安全需求、社交需求、尊重需求、自我实现需求。生理需求是人们最原始、最基本的需要，包括空气、水、吃饭、穿衣、性欲、住宅、医疗等。生理需求作为人类最基本的需求，是推动人们行动的强大动力，如果得不到满足，人类连生存都会成为问题。安全需求比生理需求高一级，当生理需求得到满足以后就要保障安全需求，例如人们都需要生活稳定、希望免于灾难、希望未来有保障等，每一个在现实中生活的人都会产生对安全感的欲望。社交需求也叫归属与爱的需求，即个人渴望得到家庭、团体、朋友、同事的关怀、爱护和理解，是对友情、信任、温暖、爱情的需求。社交需求与个人性格、经历、生活区域、民族、生活习惯、宗教信仰等都有关系。尊重需求可分为自尊、他尊和权力欲三类，包括自我尊重、自我评价以及对别人的尊重。对尊重的需求很少能够得到完全满足，但基本的满足就足以产生行动的推动力。自我实现需求是最高等级的需求，即最充分地发挥自己的潜在能力。这是一种创造的需要，自我实现意味着充分地、活跃地、忘我地、集中全力地、全神贯注地体验生活。有自我实现需求的人似乎能够竭尽所能，使自己趋于完美，成为所期望的人物。

在需求层次理论里，五种需求依次由较低层次到较高层次排列，像阶梯一样按层次逐级递升。较低层次的需求获得满足后，较高层次的需求才会出现。五种需求可以分为两级，其中：生理上的需求、安全上的需求和感情上的需求都属于低一级的需求，这些需求通过外部条件就可以满足；而尊重的需求和自我实现的需求是高级需求，要通过内部因素才能够满足，而且个体对尊重和自我实现的需求常常是无止境的。

同一时期，一个人可能同时有几种需求，但在每一时期总是有一种需求占支配地位，对行为起决定作用。任何一种需求都不会因为更高层次需求的发展而消失，低层次的需求在高层次的需求发展后仍然存在，只是对行为影响的程度大大减小。但这样的次序不是完全固定的，而是可以变化的。需求层次理论认为，在个体有多种需求获得满足前，首先要满足迫切的需求，待该需求被满足后，较高层次的需求才会显示出其激励作用。对于老年人群体来讲，当基本的生活照料得到满足以后，精神关怀方面的需求就日益突显出来。

（四）"ERG"理论

1969年，美国行为学家克雷顿·奥尔德弗在马斯洛的需求层次理论基础上提出了"ERG"理论。奥尔德弗将需求分为三大类，即存在（Existence）的需求、关系（Relatedness）的需求和成长（Growth）的需求。取用三个英文单词的首字母称为"ERG"理论，即"存在—关系—成长"理论（张雨明，2008）。

"ERG"理论明显比马斯洛的需求层次理论更为简捷，易于理解和把握。除了用三种需求替代了五种需求以外，"ERG"理论不强调个人需求的层次性，即不赞同马斯洛的层次观点。马斯洛的需求层次是一种刚性的阶梯式上升结构，认为人的需求在最低级生理需求被满足以后才开始追求较高层次的需求，较低层次的需求必须在较高层次的需求被满足之前得到充分的满足，二者具有不可逆性。而"ERG"理论认为，即使一个人的生存和相互关系需要尚未得到完全满足，他仍然可以为成长发展的需要工作，而且这三种需要可以同时起作用。

奥尔德弗的"ERG"理论表明，人在同一时间可能有不止一种需求在起作用，如果人们较高层次需求的满足受到抑制，那么对较低层次需求的渴望会变得更加强烈。"ERG"理论还提出了一种"受挫—回归"的思想，马斯洛认为当一个人某一层次的需求尚未得到满足时，他可能会停留在这一需求层次上，直到获得满足为止。相反地，"ERG"理论则认为当一个人在某一更高等级的需求层次受挫时，作为替代品的某一较低层次的需求可能会有所增加。例如，如果一个人的社会交往需要得不到满足，这可能会增强他对得到更多金钱或更好工作条件的愿望。"ERG"理论认为，某种需求在得到基本满足后，其需求程度不仅不会减弱反而有可能会增强，特别是当高级需求受到抑制得不到满足时，人们又会从低层次的需求中寻找满足，从而进一步推动高级需求的实现。

综上所述，与需求层次理论相类似的是，"ERG"理论认为较低层次的需求获得满足之后，会引发出对更高层次需求的愿望。与需求层次理论不同的是，"ERG"理论认为多种需求可以同时作为激励因素而起作用，并且当满足较高层次需求的企图受挫时，会导致人们向较低层次需求的回归。

(五) 相对剥夺理论

相对剥夺理论是美国社会学家斯托夫提出的，他认为使人们感到满足或者被剥夺的，是与其同伴或者与其过去相比的心理上的"相对值"，而不是物理上的绝对值 (Stonffer, et al., 1949)。一般来讲，人在与其他地位较高、生活条件较好的群体相比较，自己的情形明显处于劣势时，便会产生一种需求得不到满足的状态。

相对剥夺理论也适用于老年人群体。伴随年龄增长，老年人身体机能衰退，因体力下降，活动范围随之缩小。从工作岗位退休以后，老年人无法继续从工作中获得乐趣，同时老年人的社交圈子也明显变小，可以倾诉和情感支持的对象也越来越少，难免使老年人产生一种失落感。因此，退休后的老年人特别容易陷入自我意识的丧失，在这个阶段老年人更容易感受到"相对值"的缺失，与以前相比失去了健康的身体状态、充沛的精力和活力，更加渴望有人能和自己聊聊天，抒发内心的郁闷和烦躁，更需要得到心理支持和精神关怀。

（六）活动理论

罗伯特·哈维格斯特通过对300名50~90岁的老年人进行实地访问，提出了活动理论（郑功成，2005）。该理论认为，活动水平高的老年人比活动水平低的老年人更容易感到对生活满意，更能够很好地适应社会。

活动理论假定，一个退休的人为了很好地适应失去工作后的境遇，必须寻找一个新的个人所能达到的目标来替代过去的工作。伴随着衰老过程，老年人的社会角色在慢慢丧失，参加的社会活动也越来越少，但老年人的自我认识同样需要在社会活动中获得体现和证明，对于老年人而言社会活动仍然是生活的基础，其健康和社会福利都有赖于其继续参加活动，从而使其获得信心和意义。罗伯特·哈维格斯特认为，老年人交往对象的多少、交往范围的大小对老年人的生活质量有很大影响，他主张老年人应积极参与社会，因为只有社会参与才能帮助老年人获得幸福感。当老年人尽可能长久地保持中年人的生活方式时，就可以在一定程度上延缓老年阶段的到来，用新的角色取代因丧偶或退休而失去的角色，从而把自身与社会的距离缩小到最低限度。对于活动理论提出的基本观点，许多学者都根据自己的研究给予了肯定性的验证。

当然，也有学者对活动理论提出质疑，认为这一理论忽视了个性在适应衰老过程中的作用（江娅，1998）。有研究表明，那些在中年阶段从事较激烈竞争工作的人到了老年时更愿意过一种相对较为安静的生活。也就是说，老年人因性格差异和交往经历不同，会有截然不同的晚年生活，但这并不影响他们对生活的满意程度。例如有些老年人虽然不积极活动，却也安然、快活，他们赋闲家中养花喂鸟、读书写字，以娱悦性情。可见，老年人是否有一个幸福晚年，绝不仅仅取决于活动水平高低这一因素。

三、丧偶老年群体的研究及相关理论

（一）丧偶老年群体的研究

- 关于认知功能

认知功能是人脑认识和反映客观事物的心理机能，包括感知觉、注意、学习记忆、思维、语言等各种能力。赵春双等（2010）采用自编一般状况调查表、简易精神状态量表及社会支持评定量表对唐山市八所老年公寓60岁以上的402名老年人进行调查发现，配偶健在的老年人认知障碍发生率为13.61%，而丧偶老年人的认知障碍发生率高达43.41%。

- 关于健康状况

在"北京老龄化多维纵向研究"项目中，研究者系统收集老年群体在社会、经济、健康和疾病等方面的资料进行长期追踪研究，采用比较分析法对相关数据进行了横向和纵向对比，发现老年人在丧偶前自评健康状况显著高于丧偶后的自评结果，尤其是丧偶老年人抑郁量表得分显著较高（米峙，2011）。

- 关于情绪问题

陈华锋和陈华帅（2012）运用2002年及2005年《中国老年健康影响因素跟踪调查》的调研数据，通过logistic静态及动态回归模型研究发现，婚姻状态对老年人的负性情绪有显著影响，丧偶老年人的负性情绪明显增强，特别是那些在2002—2005年发生了丧偶事件的老年人，在2005年跟踪调查时男性和女性负性情绪的检出率分别上升了8.2%和11.3%。可见，配偶的死亡很大程度上改变了老年人的生活方式和心理状态，丧偶老年人的负性情绪突出表现为悲观、焦虑、抑郁、孤独、空虚、寂寞等。

- 关于主观幸福感

狄文靖和陈青萍（2009）对西安市社区丧偶1年及以上的292名老年人进行调查，发现男性丧偶老年人主观幸福感显著高于女性丧偶老年人。分析原因可能是女性情感细腻、依赖性较强，在配偶身上投注的感情和精力都比较多，难以适应配偶去世带来的生活改变，容易沉浸在丧偶的痛苦体验里；再加上相对而言女性交际范围比较窄，可以获得和利用的社会支

持资源有限，因此丧偶老年女性的主观幸福感较低。Andrews（1978）和 Vitaliano（1987）的研究也表明，对丧失事件的良好应对有助于帮助老年人缓解精神紧张，成功应对生活问题；相反，自责、退避等消极应对方式会对身心健康及主观幸福感造成不良影响。

研究发现，丧偶老年人之所以主观幸福感比较低，除了因为获得的社会支持较少以外，自我效能感也是重要影响因素。自我效能感低的老年人在生活中遇到困难时，容易怀疑自己的能力以及自身的健康状况，就会产生一些消极情绪。因此，为了提高丧偶老年人的主观幸福感，应该给予老年人更多的支持和帮助，引导老年人树立正确的生活理念，提高老年人的自我评价（程利娜，2013）。

（二）丧失及哀伤理论

个体在一生的成长过程中，伴随着各种丧失。丧失包括很多种含义，既可以是失去亲近的人，可能是死亡，也可能只是离开，还可以指失去未来的各种可能性以及身体的损害等。配偶的死亡导致当事人与依恋客体心理联系中断，使个体体验到强烈的被抛弃感和无助感，甚至会有内疚感，有时可能会将配偶死亡归结于自己的错误，从而产生愤怒、悲伤和无奈等负面情绪，导致心理社会功能失控，甚至引发各种更严重的心理问题。

Freud 认为，哀伤是对失去过去（客体）的一种纪念方式。哀伤及其过程是涉及思想、情绪、行为和躯体感觉的整体过程，对于重建心理平衡、恢复自我功能是非常重要的（刘洋，李珊，2009）。哀伤如果没有得到很好的解决，极有可能产生各种心理问题。如果分离是永久性的，就需要澄清对旧客体的依恋，并且建立其他新的关系。

因此，对于丧偶老年女性来说，哀伤辅导是非常必要的，有助于帮助丧失者在认知上认清客体丧失的真实性，主动处理与丧失客体的情感依恋，并且尝试与外界客体建立新的联系。

四、老年人对个案工作服务的需求

由于身体机能的衰退，老年人的体力、心力以及总体健康状况每况愈下，对此他们必须做出相应的调整和适应。无论是过去的岁月和经历，还是走向死亡的必经之路，都会对老年人的心理造成影响，而老年人的心理健康正是取决于自己能否达到一种自我整合，否则很容易产生失望感。

目前，已有一些学者开展有关老年人对社会服务需求的研究，在满足老年人生活照料的同时重视老年人的心理健康已成为共识，而且已有人开始探索干预模式。万素梅和郭在军（2008）以黄石市城区的老年人为研究对象，采用定量研究与定性研究相结合的方法，对该地区老年人包括健康需求和精神需求在内的各项需求进行总结和排序，并从公共政策角度提出了建议。徐小平（2008）提出，我国目前主要有医学、教育、社会三种心理健康服务模式。这三种服务模式主要面对的服务对象并不是社区居民，而由于老年人主要生活在社区，所以多数老年人还很难从现有的服务模式中获得经常性的心理健康服务。但社会工作者可以直接面向社区居民，尤其是为老年人提供包括心理咨询与治疗在内的社会服务，从这个角度而言，社会工作者更适合满足社区老年人心理健康服务的需求。从以往有关如何促进老年人身心健康的文献来看，国内已有的研究大多是从护理学、医学、体育等学科探讨，提倡由医疗系统工作人员和老年人自身来推动对老年人身心健康的关注，对社会工作专业介入的研究相对较少。事实上，社会工作专业拥有一套完整的助人方法，国外与我国港台地区的社会工作实务经验表明，对老年人的服务一直是社会工作专业重要的实践领域。

在服务于老年人群体的社会工作专业方法中，个案工作介入的功能主要体现在以下几个方面：其一，有利于满足老年人的倾诉愿望，协助老年人宣泄和释放不良情绪；其二，协助老年人渡过家庭角色和社会角色转换时期，适应退休后新的生活方式和社会交往；其三，帮助老年人重构社会支持网络，保持社会联结有益于老年人的精神健康；其四，促进老年人对身体衰老以及疾病状态的心理调适，学习接受和面对死亡（李修霞，2010）。

在我国计划生育政策带来的"421"家庭结构的影响下，机构养老成为解决养老问题的重要途径。养老机构无论是在规模上还是在数量上都在快速扩张，对养老机构科学化、规范化以及专业化的社会服务提出了迫切的要求。进入养老机构生活对老年人而言足以构成应激事件，从熟悉的家庭环境转换到相对封闭的陌生环境，原来可以自主安排的生活可能因为机构制度或与他人同居一室的原因而不得不做出妥协，致使原有的生活节奏被打乱，惯常的生活方式需要发生改变，在养老机构中生活的老年人难免存在生理、心理、经济、社会生活以及宗教信仰等方面的问题。探索个案工作方法在养老机构中的应用研究，有助于将我国的老年社会工作带入一个专业化的发展阶段。

第二节 机构养老介助老年人的个案干预过程

老年人常常是因为生活不能自理需要更多照顾而家人又无法提供，才被送到养老服务机构生活，因此介助老年人在养老机构中占有相当的比例。与完全不能自理的介护老年人相比，介助老年人比较自主，有一定的活动能力和社会交往需求。但是与完全自理的老年人相比，介助老年人又因为疾病或肢体功能不良等原因受到部分限制，带来生活中的种种不便。这种半自理性导致他们对专业服务有较多的需求，而不仅仅是满足于生活照料。

一、第一阶段：接案与建立关系

（一）目的

初步了解案主的身体状况和精神状态，确定是否适合作为服务对象，建立专业关系，取得案主的信任，为后续的专业介入做好准备。

（二）接案过程

社工先是与养老机构取得联系，获得实习机会，结合机构推荐和个人在实习机构的观察寻找服务对象。经过沟通，在其知情同意的前提下确定其为案主。

案主，男，80岁，在北京市某养老机构生活。头发银白，牙齿结实，右眼失明。身体整体状况良好，没有严重的疾病，记忆力尚可，沟通能力比较强，有倾诉需求。因年轻时工作劳损腿不太好，双腿容易发酸，行动不便，能够勉强依靠拐杖走路但速度较慢，不能行走太远。在日常生活起居方面，吃饭、穿衣等基本活动都可以独立完成，洗澡、刮胡子、剪指甲等要由护工协助完成。

（三）工作过程

在养老机构里生活的老年人普遍感到寂寞和孤独，介助老年人又因为腿部疾病活动不便，活动范围明显受到限制。当社工提出可以提供服务时表示同意，但同时又因为不是很了解社会工作专业，对社工所能提供的服务内容认识上比较模糊。

社工首先向案主进行自我介绍，说明专业服务的性质以及工作内容。在征得案主同意以后，双方订立口头协议，约定在接下来的6~8周里每周有一次谈话。社工以拉家常的方式与案主开始接触，试图引起案主的谈话兴趣，促使案主自由表达，初步评估案主的整体情况及其需求。

【会谈片段】

社工："爷爷，您的身体怎么样？"

案主："我没什么大毛病，血压呀什么的都正常，睡觉也挺好。有时候感冒，我闺女给我带点药吃就好了。就是这两条腿，走快了不行，容易发酸，得走一会儿歇一会儿。"

在初步接触中，社工发现案主比较关注自己的身体健康，认识到保持好身体的重要性，希望了解身心保健的相关知识但缺乏获得信息的渠道。

【会谈片段】

社工："您在这儿参加活动吗？有没有保健方面的活动？"

案主："（养老院）平时不组织活动，有时候早上有个服务员过来教保健操，跟着做一下，也没有什么讲保健知识的。平时就是坐在这儿看电视，每天就是吃饭、看电视。我腿不好，也不怎么活动。"

案主："过了60岁我就开始发胖了，近几年胖得更厉害些，我原来140斤①，现在196斤了。我得减一减，太胖了不好，容易血压高。你要是愿

---

① 1斤=500克。

意,给我讲一讲保健呀什么的,我愿意听。"

二、第二阶段:资料收集与诊断

(一) 目的

协助案主讲述现实生活,具体澄清并确认案主的服务需求,为制定干预目标以及计划提供依据。

(二) 资料收集

资料收集主要依靠两种方法:一种是访谈法,社工通过与案主的会谈获知更为详尽的资料;另一种是观察法,社工利用在机构里实习的机会,通过观察全面了解案主的生活处境。

- 与案主的会谈

案主是一位比较健谈的老年人,有比较强的沟通意愿,表达也比较清晰。社工从案主的叙述中逐渐了解到以下各方面的情况,获得对案主身体状况和社会功能的全面评估。

身体活动受限。案主是因为腿部疾病加重而住进养老院的,入住前案主曾在女儿的陪同下去医院检查,经确诊属于老年退行性疾病,由于没有有效的治疗方法在医院住了几天就出院了。随后因为儿女工作都比较忙,实在无法照料老年人的生活起居,只好入住养老院。案主能够接受自己的腿部疾病,并不是太伤感,但确实因为活动不便影响了自己的活动范围,同时也降低了生活质量。

【会谈片段】

案主:"医生说没办法,年轻时落下的病根,老了老了就这样了,只能多注意,别让它再严重了,去不了根儿。"

案主:"我以前在公园上班,那时候每天早上四点钟起来扫园子,要清扫两个钟头。冬天时把怕冻的花木挖出来搁到温室里,两个人抬一大桶泥,把腿累坏了。那时每天早上吃三个窝窝头、几片腌萝卜,但已经比农村好多了,当时在农村都吃不上饭。"

案主:"这里都是不能动的老年人,要人伺候的,我比他们好多了。"

案主的生活经历比较丰富，思想观念朴素，一向吃苦耐劳，观念非常朴素，为人处事比较积极，凡事都能向好处看，心绪也比较平和。

【会谈片段】

案主："干活儿就要好好干，自己的活儿干完了，看人家干活儿也不好意思停下来，就自己再找点活儿干。"

人际关系中断。案主表示，平时在养老院里很少与其他老年人聊天，没有人可以说说话，不认识什么人，也没有什么朋友。案主虽然也能活动，但因为机构有相关规定，所以很少出养老院，渐渐地和外边的老朋友断了联系。此外，案主特别想回以前工作的公园看看，但一直未能成行。

【会谈片段】

案主："（这里）人老了，耳朵不灵了，脑子也不清楚了，大多是各讲各的，聊不到一起去。"

社会支持利用度低。对于养老院的服务，案主认为基本的生活照料可以满足，但缺乏精神上的关心和安慰。不过对这一现象案主也表示理解，知道服务人员都很忙，没有多少时间照应到每位老年人的不同需要，自己也不想给别人增添不必要的麻烦。他对养老院的员工服务基本满意，认为护理人员"照顾周到"；对饮食方面满意程度一般，"做饭的只是把我们哄饱了就行"。在家庭方面，案主有儿子、女儿和孙子，其实都可以提供支持，但老年人考虑到子孙们都有各自的工作，不愿意麻烦家人。

【会谈片段】

案主："腿不方便了，自己没法照看自己，儿女们都有工作，没人照顾我，儿子交钱让我住进来了。"

案主："人家服务员都忙着呢，哪有心思听我这个老头说话？我也不想麻烦人家。"

- 机构观察

社工在实习过程中发现，养老机构每三位老年人住一个房间，在公共区域有一台电视机，老年人们每天的娱乐活动基本上就是一起看电视。案主是一位非常自律的老年人，不想因为自己而影响到他人，从来不自己操纵遥控器，通常是别人看什么频道自己就跟着看看，也就没有什么自己特别喜欢或者经常看的节目，看电视只是用来打发时间而已。因为视力不好，案主自己也很少看书、读报。在养老院里，每天就是吃饭、看电视，不想看电视了自己就回房间躺着。

案主平时的生活非常单调。案主以前是公园的园林工人，喜欢花花草草。但在养老院他并不栽培花木，既有自己活动不便的原因，也因为"种好了没有什么用，种不好还得被人家说技术不行"。

（三）评估和诊断

案主出生于河北省农村，22岁开始到公园做小工、扫地，在老园丁的指导下从事花木栽培工作。后与同乡结婚，夫妻两人共同在公园从事花木管理，育有一女两子，均已成家。案主在老伴去世以后一个人生活，基本能够照顾自己的生活，每天都会去附近的公园遛弯儿，也交到一些老年朋友，生活比较丰富。

自2005年起，因为年纪增大和双腿行动不便而进入北京市某养老院生活，儿女都有自己的工作和家庭，轮流每周来看望一次，入住养老院的费用除了用自己的退休金支付外，还有大约500元的缺口由女儿支付。逢年过节，女儿来接他出去吃顿饭，案主表示对儿女的理解。入住养老院以后，因腿脚不便需要借助拐杖行走，一般坐在轮椅上，没有办法再出去活动，不能再和从前的老朋友见面，因养老院里大多是不能自理的老年人也没有人可以聊天，活动范围受限和缺少人际交往给案主造成了一定的心理压力。案主认识到身体健康很重要，又缺乏获得信息的途径，也因为生活沉闷而有被关怀和倾诉等需求。

综合分析，案主的问题以及需求主要包括以下三个方面：

- 生活单调且缺少精神支持

老年人生活单调，没有自己用来打发时间的消遣。案主平时的生活主要是睡觉、吃饭、看电视，极少有机会和周围的老年人聊天。加之案主子女不常看望老年人，人际交往范围狭窄，孤独感体验较为强烈，难以满足案主倾诉和沟通的需要。

- 注重健康但缺乏保健知识

案主对因腿脚不便家人无法照料而入住养老院持接受态度，但非常怀念自由居住的生活。与养老机构其他介护老年人相比，案主对自己能够自理大部分事情表示满意，但同时也认识到保持现有健康状态非常重要，特别关注保健方面的信息，可惜缺乏获取相关信息的渠道。

- 怀念从前且难以寻获成就感

案主在公园工作了50年，这带给案主极大的成就感和自豪感，但由于身体等多种原因案主再也没有回去过。现在案主特别想看看自己曾经工作过的地方如今发展成什么样子。周围的老年人多为半自理、失能、失智的老年人，没有人听他讲述自己的故事，案主很孤独，也难以获得成就感。

三、第三阶段：制定工作目标和制订计划

（一）目的

在对案主的总体情况进行分析以及了解需求的基础上，经过与案主协商制定工作目标，并进一步制订详细的工作计划。

（二）制定工作目标

了解案主的基本问题以后，社工针对案主希望了解保健方法、养生知识的需求制定工作目标，旨在向案主提供相关资源。

- 短期目标

帮助案主增加对肢体运动和保健的认识，使案主形成自发锻炼、健康运动的习惯，既可以丰富日常生活，又有助于提高生活质量。

协助案主进行自我心理调适，理解自己与他人、与社会的联结，以促使案主对生活保持一种健康的心态，从而以愉悦坦然的心情安度晚年。

- 长期目标

以协助案主身体锻炼为切入点，增强自我锻炼的意愿，帮助案主发掘自身的资源与潜能。

改善人际关系，使案主能够自我认知、自我适应以及自我促进，树立生活自信心和增强人生信念。

（三）制订工作计划

初步计划个案工作包括八次会谈：其中第一次为预访谈，以确定案主；

六次连续性的个案会谈;最后还有一次回访以评估长期效果。具体工作内容如表 5-2 所示。

表 5-2　养老机构介助老年人个案工作计划

工作次数	工作目标	工作内容
第 1 次	1. 联系机构 2. 确定案主	1. 与案主初步接触 2. 征得同意后确定为案主
第 2 次	1. 建立关系 2. 收集资料	1. 与案主面谈,了解案主的基本情况、需求 2. 对机构社工访谈,了解机构基本情况及提供服务
第 3 次	介绍养生知识	向案主提供了春季养生保健知识,涉及食物选择、锻炼方式方法、运动时间选取等保健知识
第 4 次	教关节操	1. 引入关节操训练,提高自主锻炼意愿 2. 教案主前三个动作,掌握动作要领,坚持锻炼
第 5 次	1. 复习关节操 2. 继续教关节操	1. 复习上周的关节操动作,培养坚持锻炼的习惯 2. 继续教关节操,交流坚持锻炼的心得和好处 3. 请案主介绍路线,社工想去案主以前的工作场所
第 6 次	1. 复习关节操 2. 传递社会联结	1. 继续复习、学习关节操 2. 向案主传达在其工作地点公园的见闻
第 7 次	1. 回顾工作过程 2. 处理分离情绪	1. 结案,巩固案主的进步 2. 和案主一起处理分别情绪 3. 请案主对服务作出评价,获得机构评估意见
第 8 次	随访	1. 巩固案主取得的进步 2. 持续评估服务工作的效果

在活动的设计上,注意采取适合老年人生理、心理特征和价值取向的

体育活动，同时要思考在实施过程中可能遇到的困难，并考虑相应的处理方法。老年人生理功能退化，机体对刺激的耐受力明显降低，因而要注意根据老年人的具体身体状况把握活动强度，同时要简单易学，便于掌握，因地制宜，容易自己实施。在工作过程中，坚持助人自助，在尊重案主意见的前提下努力调动案主的积极性，不强迫案主接受，而是以促进案主发挥自身潜能为主导，设计循序渐进的锻炼方式，使锻炼成为案主日常生活中自愿坚持的活动。

四、第四阶段：提供服务

（一）目的

根据需求，为案主提供服务时，主要围绕以下三个方面：① 案主希望了解养生保健的知识；② 案主需要简单易行的身体锻炼方法；③ 社会交往中断产生孤寂感，渴求社会连接。

（二）工作内容

- 介绍养生保健知识

社工向案主提供春季养生保健的知识，涉及食物选择、锻炼方法、运动时间选取等，特别是强调坚持健身锻炼对人体的益处。考虑到案主年岁已高，视力减弱，加之右眼失明，社工耐心为案主朗读春季养生保健知识。案主听得很认真，不时要求社工重复某些段落，直到自己听清并理解了相应内容。案主努力记忆自己认为有用的内容，表示愿意按照养生知识对日常生活加以注意，适当锻炼的好处对案主也有所触动。

【会谈片段】

案主："我在这儿经常吃冬瓜、白菜、茄子，你还给我查了这些蔬菜有什么营养价值，真麻烦你了。原来冬瓜可以减肥，我下次吃冬瓜的时候就知道了，我多吃一点儿。"

社工："春天万物生长，人也应该顺应天时，多运动，对身体各方面都有好处。"

案主："春天是应该多动动，这几天冷，过一阵儿天暖和了我就上院里转转去。"

案主："你说的那个'饭后百步走'我记着呢，就是，刚吃了饭就走不好。我吃了饭就上这儿来看电视，我也不走，没事儿。"

- 指导案主学会关节操

社工提出协助案主进行简单的锻炼，案主表示可以接受。但因为腿脚不便，只能进行简单肢体锻炼，例如可以坐着进行锻炼的保健体操或者上肢运动，但对动作稍大或者比较精细的练习比较排斥。

【会谈片段】

社工："您愿意进行简单的锻炼吗，比如保健操？"

案主："我腿脚不好，保健操什么的也麻烦，我也记不住。平时我就老坐在这儿看电视，你要是有简单的，坐着就能动动的（锻炼方式），我能跟你练一练。"

社工查阅了大量有关老年人肢体保健、身体锻炼等方面的文献，参考案主的身体状况、锻炼意愿以及机构环境，选取适宜的活动内容，设计了循序渐进的活动方案。社工向案主提供其关心的关节保健知识，并向案主说明关节操的作用，征得案主同意后引入关节操锻炼。在第3、4、5次个案工作时引入关节操锻炼，向案主示范动作，教会案主分解动作，再和案主一起练习，并在第6次个案工作时进行巩固练习。案主表示能够接受关节操锻炼，也愿意在日常生活中进行练习。

【会谈片段】

案主："你给我念的那个《人老先老腿》，就是的，我身体没啥大毛病，就是腿不好。关节多动动还是有道理，这腿要动不还是靠着膝盖吗？"

社工："前三个动作咱们一起做了几遍了，您觉得怎么样？"

案主："你这个不难，我记住了。就是坐着抬一抬腿，用手多搓一搓。这一趟下来我腿上、身上热乎多了。"

案主："抬腿这个动作我自己能控制，能坚持我就多抬一会儿，腿酸了我放下来就行了。"

案主："这个关节操我能坚持，看电视的时候不是坐着吗？我想起来了就活动活动。"

个案工作每次间隔一周，案主基本能记住主要动作，但还没形成稳定的锻炼习惯，有时会忘记练习。社工在帮助案主熟练掌握动作要领的同时，注意培养案主坚持锻炼的习惯，并使案主了解到锻炼的益处，以求获得更好的健身效果，并促进案主保持积极向上的生活态度。案主熟练掌握关节操的动作，并且有了较好的锻炼意愿，表示只要自己想起来，就随时进行练习。

【会谈片段】

社工："这一套关节操一共有八节，咱们这就都做完了。您觉得怎么样？"

案主："好，我都记着呢！（自行演示）你看，先活动腿后活动胳膊，我记住了。"

社工："锻炼要多多坚持，长期练习才会收到好的效果。"

案主："就是，坐着的时候，我只要记起来做操，我就做一遍。"

- 促进社会联结

案主最感兴趣的还是自己花木管理的老本行，生活中没有人可以谈起，在个案工作时讲述得饶有兴致。社工以案主介绍花期为契机，表示很想去案主曾经工作过的公园看一看，也替案主去看看公园现在的样子。案主非常激动，为社工画出了公园的地图，指导社工按照什么路线进行游览。社工与案主约定，下次个案工作时向案主说说在公园的见闻。

【会谈片段】

社工："您在北京养了好多年的花，咱北京的花都什么时候开呢？"

案主："就最近，最近这个阶段北京的花最好了。就四月到五月，四月开，过了五月就开败了。迎春花都快开完了，这会儿开杜鹃、碧桃。公园这会儿正是开得最好的时候，里面还有个玻璃房，里面都是好花，可好看了。"

社工："那我可得赶上时候，趁着花开得好，过去看看。"

案主："你要是去，我给你画个图，你就照这个图走着。（认真画图）西边有好花，多看看，这边就是一片树林子，你就不用看了，没啥看头。

这里有几棵树是我种的,你可以看一看。"

社工:"谢谢您!我替您去看看现在公园的花开得好不好。我挑一个好天气去,回来跟您说说我的见闻。"

案主:"好!一言为定!"

在下一次与案主见面时,社工向案主传达在公园的见闻,还转达了老同事对案主的祝福。当重新看到自己工作了五十余年的公园的景色时,案主非常开心,新建筑的照片更新了案主对公园的记忆,使案主感到自己又和公园重新建立起了联系。

【会谈片段】

社工:"我这周四去公园看花了。"

案主:"你真的去了公园了?"

社工:"是啊,公园正好有郁金香节,有各种各样好看的郁金香。我还照了照片,带过来给您看看。"

案主:"对对!郁金香有白的、粉的、红的,特别好看!(认认真真地看照片)这后面的水池子是后来修的吧?我当年没有这样的水池子。真好看啊!"

社工表示案主画的地图在游览中发挥了很大作用,使案主肯定了自己仍然能发挥作用、以自己的知识和经历指导晚辈的能力。

【会谈片段】

社工:"我照着您给我画的图走的,都过了这么久,您还是记得清清楚楚,园子里好看的花草我一处也没落下,多亏您了。"

案主:"我忘不了!我在公园里干了五十年哪!哪一丛花、哪一棵树长在哪里,我都知道!"

老同事的模样使案主回忆起当年在公园和同事们一起工作的辛苦和快乐,案主讲述了当年为天安门送花的故事,又重新体验了当年自豪的感觉,获得了积极的情感体验。

【会谈片段】

社工:"我还在公园里遇到了两位您的老朋友,您看看是谁?"(拿出照片)

案主:"哎呀!这个人我认识,小刘嘛!她哥哥是我徒弟,和我学养花!好几年没见了,她没变,我认得出。这个人我就不大看得出了,这是谁呢?"

社工:"他让我跟您提,就说是和您一个队里的,养菊花的老赵。"

案主:"真的呀?(仔细看照片)哎呀,真是!你要是不说,我可真看不出来了!这几年老赵变化真大,头发白了,我都认不出来了!我俩打1973年开始就一起养花,我比他年纪大,那时看他就是小孩儿。现在都老喽!"

社工:"您和这二位都是老朋友了。"

案主:"那可不!大家一起养花,我们还一起去天安门城楼上看守过花,那时候觉得特别光荣。"

社工:"这是什么事儿,您给我讲讲成吗?"

(案主回忆并讲述和老朋友一起工作的经历。)

社工:"您当年的经历真是有意思。现在听您讲出来都觉得好厉害啊。对了,我见到两位爷爷、奶奶的时候,这二位托我给您带句话,说:'祝您身体健康,每天都开开心心的,心情好。'"

案主:"哎,谢谢,真是谢谢你啦!"

五、第五阶段:结案与评估

(一)结案

复习和巩固关节操训练成果,使案主认识到坚持锻炼的益处,同时和案主一起处理分离情绪。

- 回顾工作过程

社工带领案主复习全套关节操动作,巩固练习成果,和案主一起列举坚持锻炼的优点,使案主认识到坚持锻炼的重要性,起到提高案主自主锻炼意愿的作用,同时还可以丰富案主平日的生活。

【会谈片段】

社工:"咱们把关节操再从头复习一遍。您还记得动作吗?"

案主:"记得,先练腿后练手,这样对不对?"

社工:"对,就是这样。您以后自己多坚持,对身体是有好处的,这样平时自己也有事情做。"

案主:"对,你说的有道理。"

- 处理分离情绪

在个案工作过程中,社工通过与案主交流其感兴趣的话题,满足了案主的倾诉需求,协助案主回忆其生命历程。案主有机会把自己的生活经历讲给别人,当老年人把自己的知识和经验传授给晚辈时,案主可以获得自我价值感和积极的情绪体验,同时也完成了对自己人生路程的梳理和整合,这是案主与社会保持联结的重要方式,对老年人是非常重要的。

【会谈片段】

社工:"今天咱们的个案就做完了。我听您讲了那么多有意思的故事,谢谢您了。这就要走了,您有什么话想和我说吗?"

案主:"真是难为你每次都过来看我,给我说说外面的事,我没有什么可以给你的,就是教你些养花怎么养,怎么换盆、配土,也算是带了半个徒弟了。我 1952 年来的北京,那时候北京城是什么样子、毛主席是什么样子、咱公园你们年轻人没有见过,也没处看去,我跟你说了,你就知道了。这好些事儿,我都是自己经历过了,自己觉得光荣,但我和谁都没说过。跟你说说,我心里也高兴。你到外边好好学习,希望你多给国家办事,多做贡献,你就没白在我这儿学习。以后做大事,有能耐了,再过来看看我。"

(二)评估

在个案工作即将结束时,通过对案主、对机构工作人员的访谈,以及社工在养老机构对案主的观察进行评估,以评价服务效果。评估内容包括:① 访谈案主在接受服务前后自身感受的变化;② 干预前后机构工作人员对案主生活状态、人际交往等的评价;③ 社工在个案服务过程中对案主的观察。

- 案主在干预前后自身感受对比

锻炼和保健方面。案主表示,以前"在养老院里没什么活动,身体锻炼也没人管,有位服务员带我们做保健操,可动作太多我记不住,也不知道有什么好处,只能他做的时候我看着做。每天就是坐着看电视"。现在,"你这个关节操就是专门锻炼腿的,我记住了。看电视的时候我坐着就能练练。人还是要自己给自己找事儿做。你给我念的保健知识我都记住了,应该怎么样、不应该怎么样,以后我会照着做"。

心情及生活状态方面。案主表示,以前"就那么凑合着过呗,我在这儿不认识人,没人说话,吃饱了就是睡,也就看看电视。没意思,就是为了孩子方便,不然他们还得照顾我"。现在,"你来的这一阵子我心情好。你给我说说外边的事情,让我看看公园,我给你讲养花,讲北京的发展。好多事儿我从没给别人说过,看见毛主席呀,坐飞机去南边呀,就是自己觉得光荣,从没告诉别人。我跟你讲了,你也能学学,我心里也高兴"。

- 机构工作人员对案主的评价

工作人员对比案主在干预前后的锻炼意愿、生活状态等,普遍认为干预的短期效果很好,案主情绪比较好,尤其是在每次个案的当天案主都很开心,案主能自主练习关节操。后来随访时工作人员反映,干预的效果能保持一段时间。

- 社工对案主表现的观察

在干预前,社工确实看到案主的生活比较单一,几乎不和其他老年人说话,多数时候都是坐在那里看电视。在干预中,案主明显表现出对身心健康知识很有兴趣,听社工讲养生保健知识时总是很努力地记忆,认真地练习关节操动作。有时,在案主对社工讲述自己的经历和故事时,会吸引旁边的老年人发问,案主主动和他们讨论问题,慢慢地老年人之间也会有些交流。案主对自己的人生回顾以及经由社工协助看到自己以前工作场景、同事的照片,对案主的情绪具有积极影响,案主对自己的一生比较满意。

(三) 随访

社工按计划安排随访,以检验干预工作的长期效果,巩固案主的进步。

案主虽然有时忘记做关节操，平日自主锻炼的次数有所减少，但仍然有自主锻炼的意愿，干预带来的锻炼意愿增强在一定程度上能够保持。

【会谈片段】

社工："关节操的八个动作，您还记得全吗？"

案主："大部分都记得，（一边练一边想）有个抬腿，然后是揉膝盖，拍大腿小腿，动动胳膊，扭头，点头……差不多这些，还记得。"

社工："您有坚持练习吗？每天练多久呢？"

案主："人老了，有时候脑子就不太好使了，忘了练。我只要能想起来，我就捶捶腿，动动胳膊。想起来一天就练个一次两次。"

附：关节操

1. 坐位伸膝

坐在椅子上，将双足平放在地上，然后逐渐将左（右）膝伸直，并保持直腿姿势5~10秒钟，再慢慢放下。双腿交替进行，重复练习10~20次。

目的：增强膝关节功能，预防膝关节炎。

2. 推擦大腿

坐在椅上，双膝屈曲，将两手的掌指面分别附着在左（右）腿两旁，然后稍加用力，沿着大腿两侧向膝关节处推擦10~20次，双腿交替进行。

目的：增强腿部功能，促进血液循环。

3. 指推小腿

坐在椅上，双膝屈曲，双腿微分，两手的虎口分别放在两膝的内外侧，然后拇指与其余四指对合用力，沿小腿内、外侧做直线的指推动作尽量至足踝。反复指推10~20次。

目的：增强腿部功能，促进血液循环。

4. 拳拍膝四周

坐在椅上，双腿屈曲，双足平放在地板上，并尽量放松双腿，双手半握拳，用左右拳在膝四周轻轻拍打50次左右。

目的：增强膝关节功能，预防膝关节炎。

5. 按揉髌骨

坐在椅子上，双膝屈曲约90°，双足平放地板上，将双手掌心分别放在膝关节髌骨上，五指微张开紧贴于髌骨四周，然后稍用力，均匀和缓有节奏地按揉髌骨20~40次。

目的：增强膝关节功能，预防膝关节炎。

6. 转肩胛

坐在椅子上，双手放在肩部锁骨处，以肘带动向前转动8圈，再向后转动8圈。开始时动作宜缓慢，逐渐增大转动幅度。

目的：预防肩周炎。

7. 观天看地

坐在椅子上，全身放松。将头缓缓向后抬起观天，停留三秒钟，再将头缓缓向前低下看地三秒钟，重复8次。

目的：增强颈椎肌力，预防颈椎病。

8. 甩手腕

坐在椅子上，双手放松，上下甩动16次，左右旋转16次。

目的：增强手腕和手指的灵活性。

第三节 机构养老介助老年人个案干预模式的讨论

如何为老年人提供科学化、规范化的养老服务，成为社会工作实务领域的重要工作内容之一。个案工作方法可以充分关注案主个别化的需求，为老年人提供因人而异的专业化服务。

一、机构养老介助老年人个案干预的关键点

基于个体、家庭以及社会等多方面的原因，机构养老逐渐成为我国应对养老问题的解决途径之一。生活在养老机构的老年人，因为各种疾病需要借助拐杖、轮椅的占有相当大的比例，因此从专业角度探索对机构养老

介助老年人的个案干预模式具有重要的意义,对提高养老机构服务质量具有一定的参考和借鉴作用。

- 关注案主独特的身体需求

在收集案主资料的过程中社工发现,老年人自己其实是有意愿进行身体锻炼的,但由于养老机构里很少有相应的服务,老年人又缺乏学习锻炼方法的途径,所以身体锻炼就成为时断时续、可有可无的事情。于是,在个案进行之初,社工针对案主的实际身体状况查阅了有关老年人身体锻炼的相关资料,包括健身气功、关节操及放松训练等。在详细评估案主的身体情况以后,发现案主因为腿部疾患不愿接受站立锻炼的项目,对比较烦琐的锻炼方法也比较排斥,认为自己记不住就不容易坚持,即使学习了也没有用,还是倾向于进行简单的肢体锻炼。社工选取了一套包括八个简单动作的关节操,经过简化和改良以后能够坐在椅子上进行,对案主来说简单易学,案主以后更可能坚持下来并因此受益;在实际干预中获得了案主的接受和认可,取得了比较好的干预效果。

另外,案主对养生保健等知识也比较关注,但因为视力不好加之右眼失明,无法阅读报刊,缺乏获得信息的渠道。社工有针对性地选取一些与老年人饮食、日常起居等密切相关的保健知识,通过读报的方式讲给老年人听,并把重点的部分反复向老年人强调,案主表示非常满意。

- 关注案主独特的社会需求

在养老机构提供的服务中,为老年人提供的服务多数还是停留在生活照顾层面,对心理方面的关注还比较少。机构工作者也会和老年人聊天,但除非是老年人的情绪已经影响到了日常生活,一般很少对老年人给予连续性的陪伴和支持,也很少有机构能做到重视老年人精神层面的追求。

在本案中社工非常用心,与案主交谈的过程中发现案主非常怀念自己以前工作的场所,于是按照案主提供的路线图去公园观赏。不仅拍了照片给老年人看,以弥补老年人无法故地重游的遗憾,而且还把案主以前同事的祝福捎回来。由此进一步激发了案主的倾诉愿望,在梳理以往生活的同时再次与社会联结,从而帮助案主重新体验到了自我价值和社会价值。

从结案时案主给出的反馈来看,满足老年人的社会需求是非常有意义的。当案主有机会讲述自己早年的工作经验时，特别是倾听者确实感兴趣而且老年人的讲述对倾听者还产生了一定的影响时，案主会感到由衷的欣慰，同时也有助于老年人整合自己的人生经验，接下来老年人的心绪状态也更加平和。

二、机构养老介助老年人个案干预效果的影响因素

就我国目前养老机构的服务水平来讲，养老机构通常能够为老年人提供的服务内容主要包括以下几个方面：

- 日常生活照顾

为老年人提供生活照顾是对养老机构最基本的服务需求，由于入住养老机构的老年人普遍属于高龄老年人，机构首先要能够为老年人提供生活起居、饮食服务、个人卫生以及机构保洁等相关的服务。

- 普通医疗护理

随着身体机能的衰退，多数老年人往往患有慢性疾病或者有一些疾病后遗症，有服用药物等医疗护理方面的特殊需求。部分有条件的养老机构会收住病情稳定的老年人，提供最基础的医疗护理服务，比如定期为老年人测血压、测血糖等常规检查，督促老年人服用一些常用药品等。

- 娱乐活动安排

为了丰富老年人在养老机构的生活，有些养老机构安排有一些娱乐活动，比如组织老年人唱歌、跳舞，给老年人读报，在节假日组织出游，或者安排联欢活动等。但这些活动仅限于极少数有条件的机构，而且通常不会包括所有的老年人。

通过本次对养老机构介助老年人提供服务，可以看到，在养老机构服务的许多方面进行拓展，能够在相当大程度上提升服务效果。比较突出的影响因素包括以下两个方面：

- 提高老年人的自主意愿

伴随衰老以及患病状态，无力感、无能感是老年人群体非常强烈的情绪体验，特别是养老机构的老年人，不得不遵守机构的规章制度和作息安

排，介助老年人更是因为自己行动不便在一定程度上失去了自主活动的自由，老年人在生活中常常有无能为力的感觉，这种被动、失控感不仅对情绪状态构成消极影响，而且还会严重影响老年人的生活质量。

老年人需要找回对个人生活的控制感，继续保持对个人身体、情绪以及日常生活安排的高度负责。例如在本案中，当社工教会案主一些简便易行的锻炼方法时，案主可以自主锻炼，这样不仅可以丰富案主在养老机构单调的生活，而且有助于使案主获得控制感，这对于提高案主的自我效能感也是有好处的。

- 促进老年人的社会联结

老年人在一定程度上有怀旧心理，特别想了解以前工作场所现在的发展状况，因为那是他们工作了几十年、奋斗了几十年的地方，寄托了他们曾经的理想与追求，但案主由于身体状况等原因无法前往，故那里成为他们特别向往的地方。

以往对老年人的服务通常只是注重对老年人生活方面的照顾，忽略对其精神层面的关注。实践经验表明，帮助老年人体验到社会联结感是非常重要的，向别人倾诉以前发生的往事，有助于老年人对自己的人生实现整合，可以起到精神慰藉的作用。本案中，社工按照案主标画的路线前去他曾经工作过的公园，拍下那儿的景色，特别是带回案主以前同事的祝福，犹如案主去故地重游一样，对老年人的情绪安抚有意想不到的效果。

第四节　居家养老丧偶老年人的个案干预过程

在影响老年人情绪体验和主观幸福感的各种因素中，丧失是最重要的应激源，其中配偶死亡是老年人不得不面对的重大生活事件。面对配偶的死亡，个体尤其是自身也将要走向死亡的老年人会体验到生命中最大的失落，这不仅对老年人的身体健康构成严重威胁，同时对老年人的情绪状态和社会适应也造成巨大的冲击。由于女性的平均寿命与男性相比较长，相对而言老年女性更可能面对丧偶经历，因此丧偶老年女性尤其值得关注。

一、第一阶段：接案与建立关系

（一）目的

与案主开始接触，彼此相识。简单向案主解释个案服务的目的和内容，澄清案主的问题和疑惑，与案主建立信任的专业关系。

（二）接案过程

社工到案主所属的社区实习，在居委会工作人员的带领下，到案主家里访问，案主在知情同意的情况下接受个案服务。

案主，女，81岁，家住北京某社区。配偶去世时72岁，至今已有10年。案主一生经历坎坷，9岁丧父，11岁丧母，随姥姥一起生活，没有接受过教育。虚岁十七岁时出嫁，育有四女一男，三女儿患肝癌去世，大女儿的女儿（外孙女）患脑癌去世。案主经历过丧偶及多次丧亲事件。目前，案主独自生活，生活环境安静舒适，生活习惯稳定，身体状况良好，生活能够自理，但有轻微白内障和记忆力下降现象，精神面貌较好。案主虽然表面看起来非常开朗，一些伤心事却则会深藏在心底，不会跟外人甚至亲人诉说，不善于情感表达。

（三）工作过程

社工与案主的初次接触较为顺利，案主表现出较强的合作意愿。考虑到当时居委会的工作人员和邻居在场，社工只是简单地跟案主解释了个案服务的目的和内容，并没有介绍得太过专业和详细，避免在关系还没有建立起来的时候就过度解释，这样反而有可能造成老年人的心理防御和阻抗。在交流中，案主虽然也回答社工的问题，但并没有太多交流，而是将注意力都集中在居委会工作人员上。在随后的访谈中，需要与案主在一对一的专业环境下进行交流，为其营造安全而舒适的会谈环境。

【会谈片段】

社工："奶奶好，我是社工实习生。"

案主："唉，快进来，等一上午了都。这位阿姨是我邻居，她经常来我这里串门。路老远的，口渴不？我给你倒点水。"

社工："奶奶您不用麻烦，想必老师（居委会工作人员）之前跟您说了，我来找您主要是想跟您做几次访谈，就是我们两个坐下来聊聊天，让您讲讲自己的故事。"

案主："哦，我听说了，社区让咱做啥咱就做呗，反正也是闲着。那你以后会经常来吧？"

社工："嗯，是的。以后一段时间我每个星期都会来看您。您可别觉着烦啊，嘿嘿。"

案主："这怎么会烦呢？有人来看我，跟我说话，我还巴不得呢。你奶奶我就是个话痨，讲起话来可收不住，哈哈。"

社工："奶奶，您现在一个人住吗？"

案主："嗯，都一个人住多少年了。"

社工："那您一个人住不孤单啊？"

案主："唉，有啥孤单的，我一个人过得还舒坦呢。就你这赵姨，每天都得往我这屋子跑好几趟呢，呵呵，烦死了。"

（居委会工作人员介绍这是邻里互助项目，是社区服务中照顾特殊独居老年人的一种有效措施。）

社工："哦，原来是这样，那有阿姨陪您挺好的。奶奶，那您每天都做些什么呢？"

案主："我啊，上午遛弯，下午打牌，晚上在家里看电视，每天忙着呢，哈哈……"

二、第二阶段：资料收集与诊断

（一）目的

了解案主的个人信息、家庭结构和社会关系，特别是了解案主在面对丧失事件时的情绪变化和认知行为改变，从案主角度出发考虑其问题以及需求。

（二）资料收集

通过访谈和观察，收集案主的个人信息、家庭信息，以及配偶去世、女儿和外孙女去世的情况。

- 案主的原生家庭

案主早年丧父丧母，与父母的关系相对疏远，态度也很冷漠。后来，与姥姥和弟弟相依为命,过着艰苦的生活,童年这一系列挫折和创伤经历案主印象很深刻。社工在倾听案主生命历程的过程中,以开放接纳的态度,给予案主积极的关注,同时也促使案主自我表达。

【会谈片段】

社工:"您现在家里还有兄弟姐妹吗?"

案主:"我有一个弟弟,死的时候38岁。跟我可好了,我俩是我姥姥养大的。"

社工:"那您母亲呢?"

案主:"我生下来三个月我妈就把我给我大姑姑了。那时候穷呀,我妈上城里给人家奶孩子去,我就被扔给我大姑姑养了。我这就是,今这儿明那儿,最后是我姥姥。我是9岁没的爹、11岁没的妈。"

社工:"哦,那您父亲和母亲是怎么去世的呀?"

案主:"那时候我不知道因为啥。我爸爸是28岁没的,我妈去世时31岁,是我爸死后三年零十天死的。"

社工:"您母亲去世时,您还那么小,会不会害怕啊?"

案主:"不害怕,那时候没有感觉,我也不想她。我从小儿也没跟着她,我不想她。我想我姥姥,姥姥85岁死的。有时候我瞅着我闺女跟妈这么亲,我就纳闷儿了,我说我咋不知道妈这么好呢,嘿嘿!"

- 案主的家庭环境

随着交流深入,社工与案主的关系进一步深化,案主对社工的信任感逐渐加深,有利于案主对其丧偶事件及其他敏感问题的表达,帮助其聚焦自我。

案主的配偶(以下简称"爷爷")去世时72岁,至今已有10年。爷爷退休之后患病,半身不遂,生病多年,一直是奶奶在照顾其生活起居。后期病情加重,爷爷突然去世,死于心肌梗死,奶奶没有见到其最后一面。案主有4个女儿(三女儿过世)、1个儿子,子女目前都已经养儿育女,可谓四世同堂。

【会谈片段】

社工:"奶奶您从小就没有了爸爸妈妈,这么些年您一定很辛苦吧?"

案主:"嘿,奶奶这辈子苦事、难事多了。我17岁就嫁到了你爷爷家,婆婆家里人浑着呢,在这家我可没尝过什么甜头。就是你爷爷,这辈子对我很好。反正是他妈爱咋说咋说,他是不打我。这点还算是我捡点儿便宜。"(欣慰地笑了)

- 案主的经济情况

案主每个月除社区发300元老年人补助以外,由儿子和女儿赡养,每月生活费平均2 000元,足够老年人保持正常生活需求。因此,案主的物质生活条件较好,不存在生存需求得不到满足的问题。

- 案主应对配偶去世

随着交流的一步步加深,案主对社工的信任越来越高,开始跟社工交流自己丧偶及丧亲的感受,并逐渐展现出其内心深处的伤痛和心理问题。关于爷爷的去世,案主的态度较为平静,并没有表现出特别伤心,比较多的是欣慰。

【会谈片段】

社工:"奶奶见到爷爷最后一面了吗?"

案主:"嘿,那天中午还好好的,吃肉喝酒来着,下午睡起来上厕所的时候就突然晕倒了。还是我那孙女发现的,媳妇儿赶紧叫救护车抢救去,也没抢救过来……"

社工:"那爷爷葬礼在这里办的吗?"

案主:"办丧搁家办的,响大喇叭,唱啊,门口都是我儿子同事送的花圈,第二天就拉火葬场去了。一早我就家走了,家里也没有人哪,他们说您不去火葬场啊,我说我不去,多瞅他一眼管啥啊,我就回老家了……"

社工:"爷爷这么突然地去世,您很惊讶吧?"

案主:"他那个病已经十多年了,平时自己拄着拐杖走两步,都这么好些年了。"

社工:"哦,那爷爷去世以后,您就一个人过的吗?"

案主:"嗯,那时候我有俩孙女,就跟我这里睡,有一年半左右吧。等后来她们也大了,要上学,就走了,我自个儿都自己住好几年了。"

社工:"那清明节,您去上坟吗?"

案主:"我不去,我儿子和闺女、女婿去。"

社工:"那您一次都没去过吗?"

案主:"去过,那坟地我认得,圆坟那天我去了,就那么一次……"

- 案主应对女儿和外孙女去世

关于女儿和外孙女的去世,案主的情绪波动较大,明显表现出失落、沉默以及落泪等。案主在讲述的过程中几度哽咽,眼里噙满了泪水,并努力在控制着自己的情绪。与爷爷去世相比,案主在面对年轻一辈且感情深厚的女儿、外孙女离世时表现出的悲伤情绪更加明显,与她们情感联结的中断让案主无法承受丧失带来的创伤。

【会谈片段】

社工:"我看家里也没有爷爷的照片,爷爷以前照过相吗?爷爷长啥样啊?"

案主:"有,这家里没有几张,都是他年轻时候的照片。我就不愿意瞅他们的照片,我瞅他们我心里难受。这是我三闺女,这就是我那外孙女……"

社工:"啊,您外孙女长得真可爱!"

案主:"我这外孙女要还活着,已经30多岁了,属猴的。我那外孙女,从上幼儿园就得奖,学习好,一直到初中。"(语气很伤心)

社工:"您外孙女是怎么过世的?"

案主:"得病死的,长脑瘤。"

社工:"也是突然过世的吗?"

案主:"住院11天,在北京,哎呀……中日友好医院住的吧……哎,把我坑死了,就脑袋疼,从冬天开始发病,一疼就死过去了,一直到5月,开刀来着,还不如不开呢,就动不了了……我从来就不瞅她们相片,我一瞅见她们我就想哭……"

社工:"那您三女儿是怎么回事呢?"

案主:"癌症,好像是肝癌。"

案主:"我刚才那个外孙女去世时16岁,这个孩子出了满月就我养着,我抚养她长大的。"

社工："那您跟她感情一定特别深……"

案主：（沉默，快哭）"懂事着呢，家里还有好多照片呢，戴军帽的……"

社工："那您当时一定特别伤心。"

案主："那就甭说了，最伤心的。你爷爷我都不怎么伤心，他病的时间也长了，年龄也大了，就我这外孙女和闺女，我伤心。第一个是我弟弟，我就这一个亲弟弟，跟我好着呢，媳妇儿是我说的，房子是我盖的，他去世时没有钱棺材也是我买的。第二个伤心就是我那外孙女……奶奶这一生就是这样，奶奶这伤心事多了。"

社工："您外孙女去世的时候，你当时是怎样的状态呢？"

案主："嘿，最后一面我见她的时候，我就想着这孩子要是没了，我也就得了……"（无奈，苦涩）

（三）评估和诊断

通过访谈获悉案主丧偶及其他丧失经历，挖掘案主内心的感受和想法。对于配偶和亲人的过世，案主采取的是逃避的心态，丧失产生的哀伤情感压抑多年。

- 情绪方面

案主看起来坚强乐观，但展现出来的强势和外向是面向外人的，其内心深处对丧失事件还未真正释怀，内心压抑着悲伤、愤怒、无奈、自责等消极情绪。

- 认知方面

不合理的情绪往往源于不合理的信念。案主存在消极的自我概念和较低的自我定位，认为是自己影响到了家人的身体健康。

- 主观幸福感方面

案主虽然物质方面的条件较好，但其精神方面的需求较为缺失，其自我成就感和价值感较低，生活热情不高，不善于发现身边的积极资源，主观幸福感较低。

三、第三阶段：制定工作目标和制订计划

（一）目的

在对案主的总体情况进行分析以及了解需求的基础上，经过与案主协

商制定工作目标，并进一步制订详细的工作计划。

（二）制定工作目标

- 短期目标

缓解哀伤情绪，宣泄积压多年的悲伤、自责和愤怒的消极情绪。

帮助案主澄清自我，认识错误的自我概念及定位。

- 长期目标

帮助案主挖掘身边的优势资源，强化积极正面的情绪情感，增强其幸福体验。

鼓励案主进行自我表达，重新燃起生活的兴趣，提高其生活热情。

（三）制订工作计划

有针对性地制订计划（如表5-3所示），对案主的问题进行逐个击破，帮助解决情绪和认知问题，提升其主观幸福感。

表5-3 居家养老丧偶老年女性的个案工作计划

工作次数	工作目标	工作内容
第1次	1. 联系居委会 2. 确定案主	1. 自我介绍，与案主进行初次接触，认识彼此 2. 解释社工工作的目的和内容，消除案主疑惑 3. 与案主建立初步的信任关系
第2次	1. 建立关系 2. 收集信息	1. 入户访谈，详细了解案主家庭环境、家庭结构及家庭关系等信息 2. 倾听案主讲述其主要的人生经历
第3次	1. 收集信息 2. 评估和诊断	1. 倾听案主的丧偶、丧亲经历 2. 了解案主目前的情绪及心理问题
第4次	1. 确定工作目标 2. 制订工作计划	1. 分析总结案主对丧偶及丧亲经历的自我认知及自我评价，分析影响案主生活满意度和主观幸福感的影响因素 2. 通过会谈和观察，开始制订干预的工作计划，从哀伤负面情绪、消极自我定位及较低的主观幸福感出发，开展具体的干预服务

续表

工作次数	工作目标	工作内容
第5次	情绪干预阶段	1. 给予案主充分的共情和理解，鼓励案主自我表达 2. 宣泄丧失所造成的负面的消极情绪 3. 引导案主澄清自我，发现真实自我，实现自我整合
第6次	认知干预阶段	1. 通过质疑和提问帮助其认识不合理的自我概念 2. 社工通过与案主的互动沟通，让案主正视并接受积极正面的认知和情感
第7次	增强幸福体验干预阶段	1. 强化案主的积极体验，适当夸大案主的幸福感受 2. 帮助案主认识社会支持，发挥家人、邻居、朋友及社区对其的积极作用 3. 帮助案主发现生活的乐趣，增加其对生活的热情
第8次	结案与评估	1. 巩固案主做出的积极改变，强化其正能量 2. 结束与案主的工作关系，处理好离别的情绪

四、第四阶段：提供服务

（一）目的

社工提供服务时主要围绕三个方面：① 促进案主情感宣泄，帮助案主重新面对压抑多年的哀伤情绪；② 帮助案主认识消极的不合理信念，协助其形成正面积极的自我概念；③ 帮助案主重新审视生活乐趣和快乐，增强案主正面情感的体验和感受。

（二）工作内容

- 哀伤心理疏导

为案主创造安全的谈话环境，鼓励案主叙述丧失时以及丧失后的痛苦感受，使其能够有机会表达对死者的思念，同时提供情感支持。配偶及亲人的死亡会使人体验到强烈的被抛弃感和无助感，甚至会有内疚感，产生愤怒、悲伤和无奈等负面情绪。社工通过交谈，促使案主宣泄多年积压在内心的消极情绪，慰藉其情感。同时鼓励其向家人自我表露，延伸其与外界的联结。

【会谈片段】

社工："奶奶之前跟别人说过您的感受吗？"

案主："很少说，以前跟儿媳妇说过一回，我不爱在人前说这些事。"

社工："嗯，爷爷去世的时候，奶奶当时心情是怎样的呢？"

案主："难过是难过，可也能扛过去，毕竟他年纪大了，也病了很多年，这事早晚都会来的，所以奶奶心里有个准。"

社工："所以说，奶奶虽然难过，但也会接受这个事实。"

案主："嗯。"

社工："那奶奶这些年一定很孤单吧？"

案主："嘿，这么些年都一个人过来了。你爷爷那时候在部队工作，我就一个人过，也没什么。你爷爷死的时候，孩子们都已经成家有工作了，也没有什么大事需要我操心，有他们陪着，也不是很孤单。就是有时候会想他吧。"

（话语低沉，陷入回忆和沉默……）

社工："那您女儿和外孙女呢？"

案主："她们可把我坑死了。我那外孙女，从出月子的时候就是我养着，跟我最亲，她没了，奶奶我两个月没有出门，我就想我那外孙女，想我怎么死去陪她。"

社工："您两个月没有出门，您一定特别伤心痛苦。奶奶您这么要强，心里一定憋得难受吧！"

案主："嘿，后来我儿子瞧着我难受，干着急，就让我周围那些邻居都来劝我，跟我说话，安慰我，就这么最后也放弃了寻死的念头。"

社工："奶奶现在跟我说出来您这些年的感受，感觉怎么样呢？"

案主："嗯，这么多年的心里话跟你说了，我也舒坦了很多。"

社工："奶奶跟我说您的心里话，我觉得您挺信任我的，有时候跟人表达一下自己的感情也是非常必要的，只有说出来，叔叔阿姨们才能明白您的想法啊，是不是？"

案主："嗯，是这样吗？"（点头，若有所思）

- 改变不合理的自我概念

通过质疑、对抗、鼓励等方式对案主提问，就不合理信念进行辩论，在交流中为案主指出正确的积极的思维方式。案主存在一些过分概括化和糟糕至极的不合理信念，社工需要以合理的思维方式代替其不合理的思维方式，以合理的信念代替其不合理的信念，最大限度地减少不合理的信念给案主情绪带来的不良影响。通过多次的互动，案主原有的思维模式有了松动，并开始逐渐接纳社工提出的新的积极的自我概念，有了较正面的改变。

不合理信念之一："自己命硬，克死很多亲人。"

【会谈片段】

案主："奶奶这一生送走了很多亲人，婆婆和大伯很多次指着我的脸骂我，说我不干净，命硬得很，专门克人呐！"

社工："因为婆婆和大伯这么说您，所以您这么觉得吗？"

案主："哎，还有很多人背地里说闲话，不要以为我不知道！"

社工："您说有很多人都这么认为，那您能指出来几个？"

案主："哦，我还真说不出，呵呵。"

社工："那您好好想想，这些人到底是真实存在的，还是您自己觉得的？"

案主："可事实就是这样啊，我身边的人一个一个地离我而去。"

社工："那我想听听您的邻居平时是怎么看您的？"

案主："我那婆婆横着呢，我们邻居都向着我，替我说话，对我确实很好。"

社工:"对呀,奶奶有这么多人支持,您做人好不好大家有目共睹,您为什么非要纠结婆婆的想法呢?再说,您的女儿、外孙女都是因为生病去世,这些都是不可控制的因素,不是人为可以决定的,是不?!您把不好的事情都归结为自己的过错,这些观念都是您强加在自己身上的。"

案主:"道理是这样,没错,奶奶苦了一辈子,看什么事情都习惯往不好的地方想了。"

社工:"什么克人命硬的话都是迷信,您不应该被这种想法给束缚住了,这样您只会怀着愧疚和自责过日子的,那您怎么能活得开心呢?"

案主:"你说的话都在理,奶奶一辈子就喜欢把事情往自己身上揽,所以活得非常累,我以后也得活得敞亮点儿,是不是?嘿嘿。"

社工:"奶奶这样想就对了,每个人都有自己的命运,您只要过好您的,不要胡思乱想就对了。"

不合理信念之二:"自己没有什么用,帮不到孩子们。"

【会谈片段】

案主:"那天我跟儿媳妇说起来,我说我也老了,啥忙也帮不上了。我儿媳妇说:'得了您哪,您就给我们好好的,不要生病就行了。'人老就是不中用,什么也不能替孩子们做了。"

社工:"奶奶,您说的不能为孩子做的事情具体指什么呢?"

案主:"就是有什么需要,我替他们做的,照顾孩子什么的都行啊。"

社工:"奶奶,您年龄都这么大了,孩子们都已经成家,这些事情他们都能够解决,您又何必替他们担心呢?"

案主:"这我也知道,但我就是什么都不能为他们做。"

社工:"您真的什么都没有做吗?您再好好想想,您这里有个家,儿子女儿什么时候工作累了,是不是都会回来找您?而且平时有事没事都会带着孙子孙女过来看您?对于他们来说,总有这么一个地方让他们牵挂,他们回来还可以大声地叫一声妈、奶奶、姥姥。您对他们来说,更多的是感情上的支撑呀!您儿子回来还有妈妈唠叨,教育他,他该有多幸运,你说是不?"

案主:"嘿嘿,真的?"(欣慰地笑)

社工:"嗯,所以啊,您的这种什么也做不了的想法是错误的,您不应该怀疑您在他们心中的地位和重要性。离开您,他们该有多伤心啊。您能活着,能健健康康、快快乐乐地过每一天,对他们来说,就是最好的回报了。"

奶奶:"哦,是这样哈,我以前怎么没想到啊。"

- 促进整合,聚焦当下

社工不断强化和肯定案主积极正面的情感,将案主认为快乐的人和事情反馈给案主。更重要的是,案主不再固守消极的情绪,开始接纳和感受身边身心关心和爱护她的亲人、邻居和朋友,也开始正视日常生活中点点滴滴的快乐,主观幸福感有了一定提升。

【会谈片段】

案主:"奶奶这辈子,寻死过三回可是最后都没死成。现在吃穿不愁,我一个人还自由,奶奶就有一个想法,我这想法说出来你准不爱听,奶奶就想死,可是不能寻死了……我得为我的儿子闺女着想啊!"

社工:"奶奶,您是不是觉得自己过得好,会非常对不起自己死去的女儿和外孙女啊?!"

案主:"……"(沉默,若有所思)

社工:"那您有没有想过,如果您过得不好,她们如果活着,会不会开心呢?"

案主:"……"(虽然继续沉默,但在耐心听社工说话)

社工:"您看看您现在,物质生活也好了,想吃啥有啥,而且儿子儿媳妇都还特别孝顺您,其实这对他们是不是也是一种安慰呢?"

案主:"嗯,你说得也对。"

社工:"是啊,有这么好的儿子儿媳妇陪着您,孝顺着您,您应该多想想他们是不是?其实对他们来说,您是他们最大的寄托呀!"

案主:"哈哈,是吗?我儿子可是爱跟我闹别扭,老惹我生气。"(欣慰地笑了)

社工:"那多好,还有人费着心来讨您的骂,他要是不理您,您还会开心吗?"

案主:"嗯,那也对。合着我还比较重要喽。"

社工:"所以呀,奶奶要多发现身边快乐的事情,别老想一些悲观的消极的事情,过好每一天才是最重要的,您说是吗?"

案主:"嗯,奶奶会听你的话,凡事多往好处想。为了我的孩子们,奶奶也应该高高兴兴的,哈哈……"

五、第五阶段:结案与评估

(一)结案

结束社工和案主的工作关系,处理好双方离别情绪。告知案主,今后还会回访,减轻案主再一次关系中断的丧失体验。

- 回顾工作过程

在最后一次访谈时,案主笑容比以前多了很多,只是跟社工道别时,社工还是能感受到案主不舍和难过的情绪。社工再次肯定案主做出的积极改变,强化其正面的思想和情绪,帮助案主澄清身边的资源,增强其对自身存在感和价值感的认知,提升其生活的欲念和信心。

【会谈片段】

社工:"奶奶好,我来了。"

案主:"哟,我孙女来了,哈哈。天气挺热的,口渴不?走,咱家去。"

社工:"奶奶,您不再玩会儿牌吗?"

案主:"不玩了,你来一回多不容易啊,老远的。"

社工:"奶奶,最近叔叔来看您了吗?"

案主:"今儿个他们爷俩上午来转了趟,我没留他吃饭,待了一会儿就走了。"

社工:"那怎么不让叔叔和您孙子吃了饭再走呢?"

案主:"嘿嘿,那孙子太淘,给我把家翻得到处都是东西,我嫌烦,就让他们走了。反正他们也挺忙的,过来看看我就很好了。"

(奶奶看上去是嫌弃孙子调皮,但能看出奶奶嘴里眼里都是幸福的笑意。)

- 处理分离情绪

在解决离别情绪时，最低限度地降低结案给案主造成的负面影响，让案主可以保持较为积极乐观的心态面对生活。

【会谈片段】

案主："今儿个是你们最后一次来了？"

社工："嗯，奶奶，您现在的状态也挺好的，我们的工作就基本上告一段落了。以后有什么不高兴的或者想说的，就要主动跟您儿子儿媳妇讲，别老压在心里，知道吗？"

案主："嗯，我知道了。那你以后还来不来了？你要不来了，我就不盼着你了。"（不舍的语气）

社工："奶奶，是这样，我们的工作是暂时结束了，下个星期我就不来了。不过以后有机会的话，我一定来社区看您。我也会时不时晚上给您打电话，问候您的。"

（二）评估

本案中社工通过五个阶段的工作，完成了服务目标，案主在认知、情绪情感方面发生了显著的改变。社工主要采用了以人为中心和合理情绪治疗模式，运用了倾听、辩论等多种工作方法，帮助案主澄清自身情感问题，同时社工个案干预与服务的能力也得到了提高。

- 认知方面

从干预之前的访谈可以看出，案主存在一些消极的自我定位和想法，如"因为我命硬克死了我的家里人""我现在老了，什么也帮不上孩子们了""我现在的愿望就是想死，但我不寻死了""我觉得自己活着没有什么意义"，等等。在安全信任的氛围下，社工与案主就这些错误的观点进行辩论和互动交流，有时候是紧张的争辩，逐步鼓励案主认识其观念的不足，为其提供新的视角和方向，使其学会用全新的、积极的思维来看待自我和人生。经过一系列的工作，案主的认知产生了有效的转变。案主感到："我也是非常重要的呀，哈哈，虽然我那儿子经常跟我咋呼，可还是看重我的呀。"

- 情绪情感方面

案主之前的态度和情绪非常低落和消极,对丧偶和丧亲事件采取逃避的态度,并且对一些丧失事件仍然非常的哀伤,只是不愿意在外人面前展现而已,但还是存在情感上的创伤。工作结束阶段,感觉案主内心安定了很多,再一次谈起去世的人时,眼神中流露的更多是欣慰和欢乐。老年人选择记住那些快乐的时光和记忆,更加积极和正面地面对自己的生活。据案主的邻居反映:"你奶奶最近脾气变得好多了,不常骂人了。而且总是默默地笑,有事会想起来找我了,以往她才不会主动这样的,嘿嘿。"

第五节 居家养老丧偶老年人个案干预模式的讨论

我国自古就有敬老爱老的优良传统,在物质生活水平不断提高、人们越来越关注主观幸福感的背景下,增强老年特殊群体主观幸福感,成为社会工作实务领域的重要工作内容之一。

一、居家养老丧偶老年人个案干预的关键点

在对丧偶老年女性开展个案工作的过程中,哀伤心理辅导、改变不合理信念以及增强幸福体验是社工干预的关键点。

- 哀伤心理辅导促进情绪宣泄

社工从与案主的访谈中可以发现,案主的情绪障碍以及心理困扰最重要的根源在于案主并没有真正从丧亲的哀伤中走出来。一定程度上来说,因为配偶患病多年,案主对配偶的去世是有心理准备的,再加上后来一直有家人的陪伴和支持,案主丧偶时的哀伤情绪能够相对平稳地过渡,虽然多年的独居生活让案主感到孤独,思念亲人,但不太影响老年人的正常生活。相比较而言,丧亲给案主带来的伤痛却一直没被平复,或者说丧亲经验与配偶去世具有叠加的效应,共同影响老人的情绪体验。少一辈突然患病离世让案主感受到深深的无助、恐惧和自责,案主难以接受这样的事实;

但子女的担忧再加上案主自身要强坚韧的本性又促使案主将内心的绝望和悲哀隐藏起来，转而选择否定和回避的态度来处理自己的哀伤情绪，才会出现家里不摆放逝者的照片、老年人不愿提起之前往事的现象。其实，案主对于这段丧失经历并没有真正地处理好，需要社工的帮助和心理干预。

在提供个案服务的过程中，社工从人本主义治疗模式出发，关注案主本身，通过理解、接纳、信任的态度，以及专注的倾听、共情式的交流、柔和的目光接触，减轻案主的焦虑情绪。在与案主逐步建立信任关系的基础上，帮助其宣泄多年来压抑在心底的负面情绪，鼓励案主表达自己对与重要客体关系中断而产生的愤怒和无奈情绪，澄清自我对旧客体的依恋，正视客体已经死亡的事实，重新找回心理平衡。

- 改变不合理信念，形成积极自我概念

人本主义理论认为，人类有一种成长与发展的天性，这种发展朝着自我实现的方向迈进，但是当个体的自我概念在外部文化因素的作用下将他人的价值观内化为自己的价值标准时，个体就会逐渐脱离真实的自我经验。人本主义治疗模式相信个体蕴藏着自我实现倾向的强大推动力，相信积极的成长力量，相信人有能力引导、调整和控制自己。社工创造一个帮助案主了解自身的氛围和环境，有助于促进案主自我澄清并实现自我整合。

案主在亲人去世之后，内心一直对死去的人存有愧疚，不能原谅自己，认为自己不应该有好的生活，甚至觉得自己过得好是对他们的背叛。于是，案主容易忽略身边快乐的人和事：对邻居的贴心照顾，案主明明心里非常感谢和欣慰，可口头上却在嫌弃邻居多管闲事；孙子每次来，案主都高兴得不得了，在交谈中还遮掩不住嘴角深深的笑意，可转而又非常自责，告诉儿子少带孙子来家里，理由是"把家里翻得乱七八糟"，对他人的关照表现出无所谓的态度。从本质上来看，其实是案主的自我概念和经验、体验之间产生了矛盾和纠结，案主的自我概念比较消极，会否认和歪曲来自外部的积极的信息反馈，并且抑制来自自身的积极情感。因此，社工鼓励案主关注自我真正的需要，回归真实的自我，接受快乐的感受，不断使其自我概念适应于新的经验。

由自我概念产生的一系列不合理信念，给案主带来很多负性情绪，这就需要社工采取以改变认知为主的治疗方式，即合理情绪疗法，帮助案主减少或消除已有的情绪障碍。认知方面的干预需要社工积极主动地向案主发问，对其不合理的信念进行质疑。例如案主的亲人因为各种原因很早去世，再加上婆婆、大伯对她歧视和不尊重，总是说案主"命硬、容易克死自己的亲人"，久而久之，案主就屈服于这种思想，认为亲人去世都跟自己有关。社工通过质疑式和夸张式的问题，如"您有什么证据证明这种观点？""除了婆婆这么说、大伯这么说，您还听到过谁这么说？""您说有很多人都这么认为，那您能指出来几个吗？这些人是真实存在的，还是您自己想象的？"等。通过与案主展开辩论，让案主看到自己想法的无道理、可笑和不可取，促使案主否定自己的不合理信念，树立正确的合理信念。

因此，针对案主不同的需要，社工可以采取不同的干预方法，最终的目的都是引导案主澄清自我，形成积极的自我概念。

- 促进自我整合，增强幸福体验

为老年群体提供服务，干预服务的旨归应该是聚焦于增强案主的主观幸福体验，引导案主关注现在，关心眼前的生活，而非总是沉浸在对过去的回忆、思考和感受中。

家人是老年人情感的重要支撑和社会支持来源。目前案主家庭的物质生活水平较高，除了老年人的基本生存需求得到满足，其物质生活还有更大的提升空间。加之案主的儿女子孙，包括儿媳妇、女婿都非常孝顺，案主的意愿和要求能得到及时满足。另外，案主身体康健，生活能够自理，有更多的主动性和自主选择的优势。这些积极正面的条件其实案主都已具备，只是她自身没有意识到并重视这些资源的存在。因此，在干预的过程中社工通过与案主交流，帮助其对过去的经历释怀，同时转变视角，重新审视自己，关注眼下的生活，认识到自己身边重要的人和事。社工鼓励案主发现生活中的乐趣和有关幸福的事件，比如案主的孙子非常讨人喜欢，社工能感觉到案主将很大的心力寄托在她的孙子身上，同时她也在孙子调皮捣蛋的日常生活中一点点积攒着幸福感。社工促使案主意识到这些，并且适时适度地夸大这种快乐的感受，已达到增强其主观幸福感的目的。

二、居家养老丧偶老年人个案干预效果的影响因素

从专业角度讲,丧偶老年人需要专业帮助,但并不容易。能否建立良好的关系是案主是否愿意接受个案服务的前提,而产生干预效果的关键因素是帮助案主认识并利用身边的社会支持。

- 与案主建立良好的关系贯穿个案干预的全过程

与案主建立良好的专业关系是个案服务的基础,贯穿于整个服务过程。信任的关系有利于缓解案主的焦虑,减少案主的阻抗,同时只有在安全而舒适的环境氛围里才能够促进案主的自我表达。只有当案主愿意与社工合作时,才能与社工一道共同发现并面对自身存在的心理问题。

与丧偶老年人建立关系不是一蹴而就的,需要社工对案主给予支持和尊重。在个案服务前期,社工通过言语和非言语性交流对案主无条件地积极关注,用共情和理解的态度接纳案主的消极情感和负面想法,引导案主重新审视自己,澄清自我认知,觉察自我概念与自我经验之间的矛盾,发现真实的自我。

在个案服务后期,社工对案主的不合理信念展开讨论,鼓励案主做出积极的尝试性改变。例如案主认为自己总是给家人带来不幸,这显然是一种封建迷信思想,但对于传统思想根深蒂固的老年人而言,社工的反驳具有很大的挑战性,容易引起案主的反感和抗拒。好在已经建立的信任关系让案主意识到,社工的出发点是帮助自己,是希望帮助案主解决自身问题,这样案主就会放下防御、有意地倾听社工的意见,尝试接受新的思维和改变。可见,良好的信任关系是影响案主自我表达和社工干预服务的关键因素。

- 社工要协助案主发现周边资源

为了更好地帮助丧偶老年人,提高其主观幸福感,社工要善于发现和利用案主身边积极正面的资源,社工要发现身边影响其幸福体验的资源,强调对资源的整合利用。具体来说有以下资源可以利用:

家庭。对于老年人来说,家人对其精神和内在需求的满足具有无法替代的作用,尤其是对丧偶老年人来讲,子女是否孝顺、与老年人的情感互

动直接关系到老年人的主观幸福感体验。社工应该关注这一关键因子，加强家族成员间的交流，鼓励案主对其子女及其他家庭成员的情感表达，帮助案主在家庭中找到归属感和存在感。

同辈群体。同辈群体与案主有着相似的生活背景，彼此有更多谈论的话题和兴趣点。特别是子女都在忙于工作，不可能总是陪伴在老年人身边，生活在同一社区的老年人成为相互照顾的对象，是重要的社会支持网络。社工要鼓励案主加强与同辈老年人的接触和互动，这样不仅可以丰富案主的日常生活，而且有助于增强案主的社会归属感，确定自己的社会价值。

社区。居家养老的老人在很多层面上都需要社区的辅助，包括生活照顾、精神陪伴以及医疗护理等。社工应该帮助案主寻找并发现可以利用的社区资源，充分发挥社区工作者、社区志愿者团队等的作用，通过社区活动和志愿服务让老年人与外界有更多的联结，扩大老年人的社会交往网络，丰富案主的社会支持系统。

第六节　对老年个案工作的建议

养老问题在我国尤其突出。一方面，我国独有的计划生育政策促成了目前的"421"家庭格局，使传统的家庭养老模式面临前所未有的严峻挑战；另一方面，由于传统文化的影响，相当比例的老年人仍然认同"养儿防老"的观念，对于机构养老还处在由观望到逐渐接受的过程当中。在这一社会背景下，应对养老问题已经成为全社会共同关注的焦点，如何科学化、规范化、专业化地提供机构养老社会服务以及在居家养老中如何整合社区的资源，满足老年人的精神需求使其安享晚年，成为社会工作实践领域值得探究的问题。

一、政府方面

通过对养老机构走访和调查发现，养老机构虽然在硬件设施和生活服务等方面不断提高水平，但是对老年人的精神需求还缺乏足够的关注，远没有达到差异化服务水平。

- 在政策制定方面给予关注

目前，我国在老年服务机构里设置社工部并不普遍，只有一些社会工作职业发展相对领先的城市或者少数规模较大的老年服务机构才设有社工部。也有一些养老机构里虽然没有下设社工部，但有专门的社会工作服务机构，然后由政府购买社工服务为养老机构提供服务。政府要加大对老年社会工作发展的支持力度，增加老年社会工作从业人员的岗位和编制，只有从根本上解决老年社会工作人才队伍的建设问题，避免专业人才流失，才能真正提高养老机构社会服务的专业化水平。

- 重视老年服务机构中社工的职能

大众对于社会工作专业及职业普遍缺乏认知，对老年社会工作更是不了解，不清楚社工角色在养老服务中的专业化作用，常常与一般的服务人员相混同，没有凸显社工特有的专业效能，反过来又会影响社工的职业认同。从专业角度讲，社工是养老服务中不可或缺的专门人才，既可以在微观层面直接为老年人及其家人、护工等服务者提供个别化服务，又可以在宏观层面为老年人的社会福利保障等建言献策，还可以成为老年人、社区、社会联结的桥梁以促进资源的整合和利用。只有社会工作职业被逐渐认可，才有利于老年服务机构社工的职业发展，这对专业人才队伍的稳定性也是极为重要的。

- 加强对丧偶等特殊老年群体的特别关注

政府应该加强对特殊老年群体的关注，例如丧偶老年人、空巢老年人、残疾老年人、失能老年人等，努力满足他们特殊的物质和精神文化需求，提高其晚年生活质量。首先，在政策上出台相关的法律法规，提供日常生活中的优惠；其次，设立国家专项资金，提高国家对特殊群体的财政补贴，改善物质生活水平；再次，积极发挥政府组织及社会团体的协调功能，以社区为依托，为特殊群体提供个别帮助；最后，积极关注老年群体的精神需求，倾听民意，丰富其文化生活，提升其晚年生活的主观幸福感。

二、机构方面

由于老年服务的特殊性以及社会工作专门人才缺乏，老年社工更容易出现工作倦怠等负面情绪，如果长时间处于压力状态会严重影响其工作投入，甚至可能使其重新审视自己的职业选择，造成专业人才流失。

- 组织多种形式的专业活动

养老服务机构要采取不同形式的专业活动，让不同角色的员工相互交流，建立良好的工作关系，有利于形成互相配合的良性运行模式，营造双方互相理解、互相支持的工作氛围。养老服务机构要定期组织例会，既可以是社工的督导小组，也可以是不同岗位工作人员的工作研讨。特别是当工作中出现专业方面的问题时，应及时给予工作指导或专业督导，为一线社工提供支持或专业方面的指导对于提高职业认同是非常重要的。

- 加强专业人才队伍的稳定

养老服务机构还要及时了解机构社工的心理状况和实际需求，了解他们在实际工作中真正的需要是什么、在职业发展以及个人生活中的困难是什么。只有帮助社工平衡职业付出与发展需求之间的关系，促进个人成长以及保持良好的情绪，才可能达到一种平衡稳定、积极前进的良性工作状态，才能保证养老机构社工专业人才队伍的稳定性。

三、个案工作方面

从我国目前社会工作专业教育整体情况来，大多属于通才教育模式，还缺乏专门针对某个社会工作实践领域人才的培养。以老年个案工作为例，老年人在生理、心理以及社会适应等方面明显区别于其他服务对象，与老年人沟通需要哪些特别的技巧，对丧偶、失能等特殊老年群体进行干预时要注意哪些特殊的问题，都需要社工进行专门的学习和训练。

由于在老年服务机构中的社工自身发展还不完备，大多是在实务中边工作边探索，再加上督导机制不健全，在一定程度上加剧了职业适应中的困难与挑战。因此，在社会工作专业教育已经扩张到一定规模的情况下，应该着手于专业特色的建设，提高学生的社会契合性和职业竞争力。

第六章 医务个案工作实务

本章主要内容

- ❖ 先心病患儿个案工作干预模式
- ❖ 先心病患儿个案工作干预模式讨论
- ❖ 对我国医务社会工作个案干预的相关建议

在我国,福利与健康已经成为大众最迫切的需要,社会福利时代的到来为社会工作制度发展营造了适宜的环境,以整合福利与健康为目标的医务社会工作迎来了重要的发展机遇(刘继同,2012)。所谓医务社会工作,指综合运用社会工作的专业知识和方法,为有需要的个人、家庭和社区提供专业医务社会服务,帮助舒缓、解决和预防医务社会问题,恢复和发展患者社会功能的职业活动(莫黎黎,2001)。从本质上说,医务社会工作是社会工作者以利他主义精神和专业工作方法,为在生命历程中遭遇困难、受到疾病困扰的社会成员提供的助人服务,目的是协助医护人员更好地完成医疗工作,提高医疗效果(郭永松,张良吉,李平,等,2009)。

从总体情况来看,目前我国的医务社会工作仍带有行政性色彩,在理念和方法上与专业社会工作相比尚存在一定差距,属于一种半专业化的社会工作(齐建,2011)。医务社会工作除了隶属于医疗系统以外,在医疗救助基金会里的医务社工也正在成为不可或缺的重要岗位。本章以儿童救助基金会的先心病患儿为例，介绍医务社工对患儿及其家庭的个案干预模式。

第一节 关于先天性心脏病患儿的心理干预

先天性心脏病是最主要的出生缺陷之一，在中国大陆发病率为6‰~14‰，严重威胁着儿童的生命和健康。我国现有先心病患儿约150万例，每年新增15万~20万例，相当于每三分钟就有一名先心病患儿出生。随着医疗技术的发展，大部分先心病患儿都可以通过手术根治或者通过姑息性手术缓解症状，但每年接受手术和介入治疗的患儿不超过10万例，其中有相当比例的患儿因为家庭经济困难错过了最佳治疗时期。因此，越来越多的社会团体和基金会开始关注和救助贫困家庭的先心病患儿。

一、我国先心病患儿及治疗的概况

先天性心脏病是指由于胎儿时期心脏发育障碍所引起的一组心脏及与之连接大血管的畸形病变，是在胚胎发育时期（怀孕初期2~3个月内）由于心脏及大血管形成障碍而引起的局部解剖结构异常，或者在胎儿属正常但出生后应自动关闭的通道未能闭合的心脏病。先天性心脏病患儿有一组比较典型的临床症状，表现为心力衰竭、紫绀、蹲踞、杵状指（趾）和红细胞增多症、肺动脉高压、发育障碍等。先天性心脏病的发病率较高，已成为我国5岁以下儿童的第一位死亡原因，如果不及时治疗，大约有1/3的患儿可能会在3岁前夭折。

先心病的治疗目前以手术治疗为主，主要包括外科修补治疗与封堵器置入治疗两种。外科修补治疗即手术治疗，适用于各种简单先天性心脏病如室间隔缺损、房间隔缺损、动脉导管未闭等，以及复杂先天性心脏病如合并肺动脉高压的先心病、法洛四联症和其他有紫绀现象的心脏病。手术治疗适用范围比较广，但术后恢复时间比较长，少数患者有可能出现心律失常、胸腔及心腔积液等并发症，同时还会留下手术瘢痕影响美观。封堵器置入治疗又称介入治疗，是近年来逐渐开展的一种新型治疗方式，与手术治疗相比无创伤、无手术瘢痕，而且术后恢复时间也比较短，但适用范围相对较小，同时手术费用也相对比较高（吴顺芬，陈刚，2009）。一般来说，治疗费用因病情的复杂情况而不等，通常是2万~8万元。简单先心病需要2万~3万元治疗费，而复杂先心病的治疗费用可能要达到5万元甚至10余万元。

虽然政府已经出台了一些先心病患儿医疗费用的减免政策，但通常仅限于简单先心病。以新农合政策为例，医疗免费政策仅覆盖室间隔缺损、房间隔缺损、动脉导管未闭、肺动脉瓣狭窄这四种简单先心病，而复杂先心病并未被涵盖。不菲的医疗费用往往成为先心病患儿沉重的经济负担，当然也有一些是与家长的错误认知有关。

二、对先天性心脏病患儿的心理研究

先天性心脏病患儿从出生开始就饱受疾病折磨，疾病所引发的症状常常对日常活动以及生活起居构成严重影响，加之多次求医进行身体检查及治疗经验，对患儿及其家庭都可能构成应激源。

- 更多焦虑和恐惧情绪

因为患有先天性心脏病，患儿从出生开始就注定了与正常儿童不一样的生活。由于疾病原因，先心病患儿的生长发育常常比正常儿童要晚，体弱多病，包括最普通的行走、跑步、跳跃都有可能引起身体不适，很难参与正常儿童惯常的集体活动，这会在一定程度上影响他们的社会交往。

多数先心病患儿都有多次住院治疗的经历，经历过很多次身体检查，极易产生恐惧和焦虑心理（刘庆利，张月华，何彦凛，等，2005）。加拿大学者Gupta等采用儿童恐惧量表、儿童焦虑表现量表、儿童抑郁问卷及儿童行为筛查量表作为研究工具，对39名看似正常的先心病患儿进行心理行为评估。结果显示，先心病患儿较正常儿童有更多的生理焦虑和医疗恐惧，而且紫绀型患者比非紫绀型患者表现得更为严重，容易出现莫名的恐惧、焦虑、抑郁以及违纪问题行为等（Gupta S，Giuffre R M，Crawford S，et al.，1998）。

有学者专门研究围手术期的先心病患儿，研究发现患儿在术前容易出现高度的紧张和恐惧，在术后也容易表现出极度兴奋、精神淡漠或睡眠障

碍等问题，甚至可能使患儿日后发生焦虑、紧张甚至抽搐等严重心理障碍（陈煜，曾辉，刘勤，2005）。

可见，先心病患儿更容易发生焦虑、恐惧、不顺从、哭闹等问题，同时因为自己活动受限表现出依赖性增强。

- 更多孤僻和退缩行为

为进一步了解手术治疗对患儿心理社会发展可能产生的影响，贝尔法斯特皇家儿童医院曾将26名学龄期、经过手术治疗的复杂型先心病患儿与26名学龄期、被发现有无害性心脏杂音的孩子进行对比研究，由家长和老师分别评价孩子的情绪和行为反应。结果发现，那些患有复杂先心病的儿童被父母评估为更加孤僻、有更多的社会问题，并且活动参与明显较少；同时老师的评价也是先心病患儿更加离群（Frank A. Casey, et al., 1996）。

这一研究结果与国内的研究是一致的，国内研究也发现，在学龄儿童中，经手术治疗的复杂性先心病患儿较正常儿童更加退缩、有较多社交问题，参与的集体活动较少。同时还发现，有时先心病患儿虽然表面看来没有明显的社会心理问题，但通过测评还是会发现一些"隐藏"的情绪和行为问题（高鸿云，徐俊冕，黄国英，2001）。潍坊医学院应用Achenbach儿童行为量表（CBCL）对50例手术后先心病患儿进行行为问题调查，发现先心病患儿存在明显的行为问题，其中男孩多表现为体诉、敌意，女孩多表现为焦虑、强迫、抑郁，而且男孩和女孩均有分裂样、交往不良和社会退缩。

究其原因，先心病患儿的表现除了与疾病状态有关以外，母子关系可能也是引发患儿心理变化的重要因素。可能有以下两方面的原因：其一，母亲在手术前后对孩子的照顾会比较多，因为孩子即将手术或刚刚做完手术，对孩子的要求比较顺从，母亲过度迁就的态度容易导致对患儿病态行为模式的强化，并由于继发性获益使患儿的病态行为巩固下来；其二，母亲的焦虑、紧张很可能诱发患儿不良个性的发展，导致患儿依赖性增强，容易表现出被动、懦弱以及敏感等不稳定情绪（王亚利，闫迎军，郝桂兰，2002）。

三、对先天性心脏病患儿的干预研究

对先心病患儿心理干预的研究目前还只是局限在医疗领域。先天性心脏病患儿在手术治疗前后可能出现各种情绪和行为问题,为了最大限度地减少患儿不良情绪对手术治疗的影响,医护人员在手术前、后都会对患儿进行心理干预。

（一）术前干预

- 认知方面

研究发现,缺乏手术相关知识是患儿及其家长产生焦虑和抑郁情绪的主要原因,系统的术前教育和心理指导是一种重要而有效的护理手段,有助于减轻患儿对手术的恐惧（常凤华,2007）。从患儿入院开始就注意保持良好的护患关系是进行心理干预的基础,而后在手术前三天开展一系列的心理教育和辅导工作,帮助患儿缓解焦虑情绪。护士以亲和的态度主动接近患儿,根据患儿的年龄可以采用不同的方法,对年龄较小的患儿可以多一些抚摸等身体接触,对年龄稍大的患儿可以多一些沟通,护士的微笑以及和蔼的态度等都有助于缓解患儿的紧张和不安全感。实践经验发现,护士能够倾听患儿的诉说,是取得患儿高度信任感的重要因素。如果在术前有针对性地开展心理教育,对缓解患儿及家长的恐慌心理是非常有好处的。

医护人员到病房同患儿及其家属交谈,向患儿及其家长讲解病情以及手术相关的问题,帮助他们认识疾病,特别是要消除他们的疑惑并耐心解答他们关心的问题,讲清手术的安全性和科学性以及术后注意事项等,有助于减轻患儿的焦虑情绪。以术前锻炼为例,如果患儿以及家长了解其目的及其方法,通常会更加配合。

- 情绪指导

先心病患儿在手术前的情绪反应主要是焦虑和恐惧,有些患儿也会表现出愤怒情绪。其中焦虑与恐惧情绪常常是以哭闹的方式表现出来,而愤怒情绪可能表现为拒绝治疗,有敌意、攻击等对抗行为,有时则相反,出现依赖行为。这些都可以理解为患儿在心理应激下所采取的应对行为。

情绪指导包括两方面：一方面是针对患儿存在的情绪问题,直接对患

儿具体给予指导；另一方面是对患儿家长给予指导，教给家长与患儿相处的方法。如果是低龄患儿，更多的是情绪上的安抚和陪伴；如果是学龄儿童，可以从医学和心理学的角度讲解情绪与疾病症状的关系，有利于患儿的情绪改善。此外，还可以选择本病区内术后恢复较好的患儿现身说教，有助于消除患儿的负性情绪，对建立正性情绪常常有更直接的效果。

因为孩子患病，家长也有很大压力，在日常生活中他们与孩子互动最多、对孩子的影响最大，很容易把自己的焦虑传递给孩子，因此对先心病患儿的心理护理在很大程度上也包含了与其家长的沟通过程。父母的反应倾向性常常演变为儿童的反应倾向，如果患儿家长情绪比较稳定，必然会给患儿提供很好的安抚和支持作用，使之配合治疗，对患儿的康复是非常有益的。要提醒家长学会情绪管理，成为孩子缓解情绪的支持性因素，而不要构成阻碍。

（二）术后干预

患儿手术以后，按照常规通常是先送往重症室接受监护治疗。如果事先没有和患儿沟通好，患儿有时会表现出比较强烈的情绪反应，此时患儿最大的恐惧很可能是源于与父母的分离，患儿会感到怨恨、愤怒，甚至产生被遗弃感，致使患儿哭闹较多，对治疗和护理措施往往不利，反而使监护时间相对延长（汪方东，叶碌，凌云，等，2003）。

当患儿接受手术后住进重症监护病房时，由于对新环境感到陌生和不适，特别是各种仪器噪声以及接受监护引发的焦虑，会出现一系列异常表现，如哭闹、拒食、尿床、神情呆滞、不配合治疗等，严重影响术后治疗。因此，需要在患儿术后对患儿出现的种种不良情绪进行安抚。

应尽量稳定患儿的情绪，特别是当患儿哭闹时应向其耐心解释，切不可用训斥、恐吓等言语刺激患儿，以免加重患儿的焦虑与挫折感。尽可能在床边陪伴患儿，通过温馨的语言、和蔼的态度增加患儿的安全感，适当安排家属探视，帮助患儿树立信心。尽量减少外界强加于患儿身体的痛苦，包括尽可能减少环境噪声，尽量降低ICU仪器设备对患儿的影响，避免使用一些不必要的治疗仪器，定时给患儿变换体位以增加患儿的舒适感。

四、对先天性心脏病患儿的个案工作介入

先心病患儿在手术前后的心理干预一直都是由医护人员完成的,主要是以增强患儿手术治疗效果为主要目的。随着医务社工岗位的设置,先心病患儿的心理干预也可以由接受过专业训练的医务社工来完成,特别是那些在基金会申请医疗救助的患儿,除了入院治疗以后的心理护理以外,还包括接受资助入院前以及出院后的相关工作。从专业角度来说,社工的专业介入将有利于先心病患儿的康复,当然如此具体明确的专业分工也有利于减轻医护人员的工作压力。

事实上,每年都有很多先心病患儿家庭向各类基金会提出救助申请,基金会会通过对患儿疾病状况的评估以及对患儿家庭贫困情况的审核,对情况属实且可以接受手术治疗的患儿提供资助。以北京某儿童救助基金会为例,每年接受医疗资助的有250~300名先心病患儿,所救助的先心病患儿大多来自偏远地区贫困的农村家庭,他们在来京就医过程中社会支持系统薄弱,面临着更多的压力。该基金会专门设立了社工项目,探讨对基金会救助下先心病患儿的社会工作专业介入方法,鼓励先心病患儿积极应对治疗,缓解患儿及家庭的精神压力,为先心病患儿提供专业服务,有助于促进患儿的康复。

第二节 先心病患儿的个案干预过程

对在救助基金会接受资助的先心病患儿的个案干预,主要目的是调整患儿的心理状态,确保手术治疗顺利进行,促进患儿早日康复。在社工介入提供服务中比较特殊的是,无论是在患儿手术治疗期间还是在其之前、之后的生活中,患儿本身的力量是极其有限的,提供服务时不仅涉及患儿,更重要的是会关联到家庭,或者说关联到案主生活的环境。

一、第一阶段:接案与建立关系

在医疗救助基金会工作的医务社工,在决定是否接案时,除了要考虑

常规的专业要求以外，还需要对求助对象是否符合资助条件进行专门审核。

（一）目的

当医务社工开始与案主接触时，通常是案主已经通过了基金会的审核，成为接受资助的对象。本阶段的主要目的包括：

- 与案主建立关系

社工与案主及其家庭初步接触，介绍自己的身份以及职能，帮助案主尽快熟悉医院环境并了解就医程序，建立良好的信任关系。

- 做案主与机构联结的桥梁

受到基金会资助的案主通常是经由社工与机构保持联络，包括获取信息和物质帮助等，帮助案主澄清机构服务的范畴有利于案主得到更有实效的帮助。

- 做案主与医院联结的桥梁

受助者常常来自偏远地区，对陌生环境特别是医院权威往往有所畏惧，不敢与医护人员沟通，社工在提供服务时可以教给他们与医护人员打交道的方法。

（二）接案过程

接案过程通常是从审核案主的受助资格开始的，以本案主为例，作为受助对象要满足的基本条件包括：

（1）先心病患儿，特指患有先天性心脏病且适宜在现阶段接受手术治疗的患儿。

（2）学龄前及学龄儿童，患儿的年龄一般在6~12岁。

（3）家庭确实贫困，难以支持手术治疗费用。

案主，女，7岁，家住安徽省某县，因为家中有超生的弟弟所以一直没有户口。患有法洛四联症，右心增大，没有接受过治疗。2012年11月22日打电话求助于北京某基金会，2013年1月8日收到申请资助的资料，1月11日完成第三方审核，家庭赤贫情况属实，该基金会决定予以资助。3月27日，家长带着孩子到达北京，在北京某医院门诊部接受检查。28日在基金会助医部的帮助下，由基金会支付30 000元住院押金办理住院手续。

（三）工作过程

社工在案主入院第三天进入病房探望，案主的父亲正躺在床上，睁着眼睛，显得很无聊，孩子此时不在病房。

【会谈片段】

社工："你好，我是某基金会的社工，之前跟你联系过，今天过来看看。"

案主父亲："你好，孩子出去玩了，你坐，等会儿。"

（社工主动和孩子父亲打招呼，他看上去对社工的到来很高兴，乐于交谈。）

社工："你们住院三天了吧，感觉怎么样？"

案主父亲："还可以，反正在医院什么事儿也干不了，就是待着。"

此时病房里的患儿大都出去了，也有患儿在病房里吃东西，家属各自小声地交谈，案主父亲说话也比较轻松。案主的父亲看起来很憨厚，不善言谈，说自己之前一直忙着在外地打工挣钱，家里由爷爷照顾，自己带孩子来京治疗一直没有工作，对没打工赚钱很着急。

【会谈片段】

社工："孩子现在的主治医生是谁？"

案主父亲："我不知道。"

（已经住院三天了，案主父亲居然不知道谁是孩子的主治医生。他虽然对孩子下一步的治疗也焦虑，但不敢问医生，于是社工给出一些建议。）

社工："这样，你可以在医生查房的时候问一下。"

案主父亲很小声地说："我害怕！"

社工："你怕什么呢？"

（父亲沉默。）

社工："没关系，医生护士都很好的，他们如果要你做什么，跟着配合就行。你有什么疑问在查房的时候就可以问他们，你要清楚自己去问谁。"

（父亲对医生和护士的畏惧可能是受到他们专业形象影响。社工鼓励案主父亲主动与医生交流，以便获得更多的信息。）

之后在走廊上遇到案主，孩子非常瘦弱，手里抱着美羊羊玩偶，见到社工与父亲站在一起聊天，很羞怯，父亲叫她过来但她迟迟未动。社工主动走过去,在她面前蹲下来,用亲切的语气同她说话。

【会谈片段】

社工:"手里抱着的娃娃好漂亮,是什么呀?喜羊羊吗?"

案主:"是美羊羊。"

社工:"你喜欢美羊羊?"

案主点点头。(孩子似乎很害怕陌生人,没有回答而是一个劲儿往父亲身后躲。父亲想要抓住她,孩子就哭起来,眼泪哗地流下来,呼吸也开始急促有点接不上气,父亲感觉很尴尬,却也没有办法。)

社工:"能借给我看看吗?我也很喜欢美羊羊。"

案主慢慢走了过来,把玩具拿给社工看。(社工借助孩子的兴趣点转移案主的注意力,借此缓解案主的情绪。社工拿了巧克力给案主,她很高兴地吃了,对社工也更加友善。)

社工:"医院里好玩吗?"

案主:"好玩,医院里有玩具。"

社工:"出来这么久了,想不想家呀?"

案主:"想……想爷爷,想弟弟。"

社工:"那妈妈呢?"

案主:"妈妈有病……"

(因为父亲长期在外打工,母亲患有癫痫,案主在家一直由爷爷带大,与爷爷的关系最为密切。通过一边游戏一边交流,社工取得了案主的好感。第一次会谈结束时,社工已经与案主及其父亲建立了很好的关系。)

案主:"你明天还会来吗?"

社工:"明天不会,我得过两天再来,好不好?"

案主:"好。"

二、第二阶段:收集资料与诊断

(一) 目的

通过会谈和观察进一步收集资料,全面评估案主及其家庭的基本情况,为确定个案干预目标提供依据。主要包括:① 患者的患病及治疗过程;

② 案主及其家属对疾病的知识和态度；③ 案主的家庭背景、家庭结构、经济能力及其他社会支持网络；④ 案主或家属目前最困扰的问题、希望；⑤ 案主或家属解决问题的方法与效果如何；⑥ 对社会工作者的期待和要求等。

（二）收集资料

社工中午到医院探访案主，案主正在吃饭，主食是馒头，配菜一荤一素，父亲已经吃完了在旁边休息。与案主打过招呼后，社工和父亲交谈。

【会谈片段】

社工："这两天还适应吗？孩子感觉怎么样？"

案主父亲："都还行。"

社工："你带着孩子出来了，家里边怎么样？"

案主父亲："家里有爷爷看着没事儿。孩子在家的时候，她跟她弟弟都是爷爷带的，我在外地打工。"

社工："孩子妈妈跟你们住一块儿吗？"

案主父亲："住一块儿，但她妈妈老犯病，没让她干活。"

社工："孩子现在7岁了，上学了吗？"

案主父亲："没有，她身体不行，我也没让她去，想着等她做手术以后再给她安排学校。"

这时案主吃完饭走过来，要爸爸抱。父亲刚开始时拒绝，案主就扯着父亲的衣角，把手举得高高的一定要爸爸抱，父亲无奈地把女儿抱起来。社工两次探访都看到了案主要求大人抱的行为，于是询问案主。

【会谈片段】

社工："你喜欢大人抱你吗？"

案主："嗯。"

社工："为什么呢？"

案主把头埋在父亲的颈窝，不回答。

社工转向父亲："在家的时候你也经常要抱吗？"

案主父亲："嗯，她走不动路，爷爷经常抱着她走。我平时不怎么在家，没怎么抱过她。"

（案主总要大人抱的行为，可能一方面因为疾病限制，不能长时间走路运动；另一方面可能也是家属的溺爱，养成了孩子见人就要抱的习惯。另外社工发现，案主虽然害羞其实本性很活跃，但今天表现得格外安静，社工感到很奇怪。）

社工："你怎么啦，身体不舒服吗？"

案主摇摇头。

社工："那你怎么闷闷不乐的？"

案主："妹妹做手术去了。"

社工一头雾水，疑惑地看着案主父亲。

案主父亲："病房里那个小姑娘做手术了，没人跟她玩，没事的。"

（通过之后与案主的交流社工发现，案主并不只是因为失去了玩伴而觉得无趣，她对手术也有恐惧、抗拒，担心伙伴回不来了。）

通过会谈和其他资料，社工整理案主的详细信息。案主身高110厘米，体重15千克（一般7岁女孩身高115~126厘米、体重19~25千克），发育略显迟缓。案主平时饭量很小，运动量稍大时会出现明显气喘。不会说普通话，因为自己不能长时间走路，所以没有上学。

- 案主患病以及治疗过程

案主七八个月时因突然晕倒在地被送到村里的医院检查，医生说是心脏病，随后到县医院做彩超，确诊为先天性心脏病。因为不知道哪儿能治，且家里经济困难，一直没有治疗。2011年夏天，案主一家到某省级医院检查，确诊案主患有法洛四联症，右心增大。医生说要做手术，但家长因为害怕开刀，又没有钱，并未手术。

- 案主家庭情况

案主家里共有五口人，爷爷、父亲、母亲、案主和弟弟。爷爷76岁，患有高血压，是案主和弟弟的主要照顾者，每月有300~400元的低保费。案主基本是由爷爷带大的，祖孙感情密切。父亲35岁，主要靠外出打工和种地养家，年收入3 000元，此次父亲一人带孩子来京治疗。母亲患有精神疾病，无劳动能力，每年医药费约3 000元，孩子对母亲的态度较为疏远。家庭收入来源只有父亲打工的工资、种地所得和爷爷的低保费，目前家庭没有存款,有 10 万元负债,其中 4.5 万元是超生罚款,其他都是为了给家里人治病。

- 案主及家庭需求

案主及其家庭求助于某基金会,其主要的需求主要体现在以下三个方面:

(1) 医疗需求:案主希望能尽快进行手术治疗,早点回家。

(2) 经济需求:案主家庭无力承担医疗费用,希望筹集医疗资金接受治疗。

(3) 支持需求:案主及其家庭长期求医、检查治疗非常焦虑,案主家长害怕与医生沟通,想从基金会获取更多的治疗信息。

(三) 评估和诊断

通过档案记录、电话沟通和床前访谈,综合分析案主自我叙述以及从其周围环境中了解到的情况,结合相关理论,社工认为案主及其家庭有以下需求。

- 案主的问题

(1) 身体方面:案主患有先天性心脏病,非常瘦弱,面部和唇部紫绀,无法参加体育活动,情绪激动时容易呼吸急促。

(2) 精神方面:案主性格内向,怕生;入院以后缺乏乐趣,渴望有人陪伴;离家时间长了想念爷爷和弟弟;对抽血和手术非常焦虑、恐惧,情绪易激动,经常哭。

(3) 行为方面:案主因为身体原因无法长时间走路,加上家中长辈的娇惯,经常要人抱。

- 案主家庭的问题

(1) 家庭成员关系:初步了解没有家庭矛盾,但因为妈妈患有癫痫病,孩子与母亲的关系较疏远,和爷爷比较有感情。

(2) 家庭经济困难:父亲一直为孩子手术奔忙,从 2013 年开春到现在一直没打工赚钱,心里很着急。

(3) 父亲情绪状态:父亲缺乏关于先心病和家庭护理的基础知识,对手术过程、风险、手术和康复的注意事项不是很清楚,对和医护人员沟通感到害怕。

三、第三阶段：制定工作目标和制订计划

（一）目的

与案主和机构共同协商，确定工作目标和内容。本案主要采用心理社会治疗和行为治疗模式开展工作。

心理和社会环境对先心病患儿的康复起着重要的作用。患儿对疾病状态和手术治疗的担心、焦虑以及恐惧，都会对患儿的康复产生影响。案主和父亲从家乡到北京入院接受手术治疗，突然来到陌生的环境需要适应，对手术治疗以及伴随手术治疗可能存在的风险缺乏了解，容易产生焦虑情绪。社工应利用周边的资源，充分发挥案主支持系统的功能，调整好案主及其家庭的生理和心理状态，正确地看待手术治疗，促进案主在医院内的沟通与交流，走出情绪问题的困境。

（二）制定目标

由于该基金会所救助的先心病患儿都需要接受手术治疗，因此社工设计的工作方案主要是针对先心病患儿及其主要看护人，希望了解他们的实际困难，通过与患儿主要照顾者的一同工作，为先心病儿童创造一个良好的医疗和生活环境，调整其治疗情绪，帮助他们顺利完成治疗过程，最终达到助人自助的目的。

（1）帮助案主解决治疗费用问题，为案主提供一定的物质支持。

（2）帮助案主及其父亲尽快适应医院环境。

（3）帮助案主疏理情绪，积极面对手术治疗，特别是对于患儿术前的恐惧和焦虑情绪进行疏导，处理好分离情绪，减轻其心理压力。

（4）疏导家长在治疗过程中出现的负面情绪，增进亲子之间的沟通和交流。

（5）手术结束出院后，告知家长康复注意事项，帮助患儿适应术后环境和康复身体。

（三）制订计划

心理社会治疗模式借用"人在情境中"理论，要求结合案主所处社

会环境把握问题。本治疗模式需要工作者采用直接治疗方法和间接治疗方法：直接治疗指工作者和案主直接进行沟通、诊断及治疗，采用非反映沟通动力技术与反映沟通动力技术；而间接治疗是针对案主周围环境展开的治疗。

行为治疗模式以学习理论和实验心理学为基础，只重视人的可观察行为，直接对问题行为进行治疗。在本案中，社工主要采取综合性技术对案主的行为进行干预。如通过模仿学习，有社工示范教给案主在监护室中可能用到的手势；通过使用增强物，改变其不良行为，强化案主的理想行为。具体工作内容见表6-1。

表6-1　先心病患儿个案工作计划

工作阶段	工作目标	工作内容
第1次	建立关系 初步接触	1. 自我介绍，与患儿及其家长建立良好的关系，取得信任，并明确双方责任 2. 确认医疗信息、如主治大夫、检查安排和治疗安排等；在基金会能力范围之内提供物资帮助，如赠送文具和衣物等 3. 在家长面临困惑或有情绪时，疏导不良情绪，如提供心理和情感支持
第2次	收集信息 评估诊断	1. 医院看望时，进行床前访谈，详细了解家庭情况、家长和患儿的身心状况，以及在医院的生活和医疗情况 2. 根据床前访谈的结果全面评估患儿及其家庭的需求，设计好下一步服务方案
第3次	确定目标 制订计划	1. 了解家庭自付的医疗费和生活费的用度情况 2. 关注患儿的治疗进展和近期安排，主要是手术安排； 3. 通过会谈和观察，了解患儿及其家长的身体、心理状况，并提供精神支持，在案主身体条件允许的情况下开展小游戏 4. 提供物质支持，主要是患儿住院期间的生活用品； 5. 与案主和机构协商，确定工作内容

续表

工作阶段	工作目标	工作内容
第4、5、6次	计划实施	术前准备阶段： 1. 确认手术方案、主刀医生、手术时间或者排序，确认术后所需准备的物品 2. 对患儿进行术前疏导，缓解患儿紧张情绪 3. 对患儿家长进行术前疏导。缓解患儿家长紧张心情，陪伴患儿家长，留意患儿家长情绪，及时作出安慰和安抚 4. 告知家长在患儿手术完成之后，第一时间与社工取得联系，确认手术起止时间、是否顺利等；如果出现意外情况，及时和相关社工联系 术后恢复阶段： 1. 持续跟进患儿身体恢复情况和费用情况 2. 关注患儿的精神状态、行为和情绪表现，必要时给予一定心理辅导 3. 必要时，社工需要和医生或者护士沟通患儿近况；根据患儿需要和物资储备情况提供物质帮助 4. 家长可以陪护后，讲解术后康复的注意事项
第7次	结案评估	1. 了解患儿术后的恢复情况 2. 向案主提前确认出院时间和费用情况 3. 提醒家长回家后需要注意的事项：吃药、饮食、生活等方面 4. 和患儿家长沟通以后的生活计划和安排；确认案主回家时间和复查时间 5. 告知家长基金会会针对康复出院的患儿进行持续回访 6. 对个案工作进行评估

（四）工作过程

社工到医院探访案主，在走廊里遇到了案主父亲。因为父女俩都感冒了，为避免传染给其他患儿，护士将他们的床搬到了走廊末端。

【会谈片段】

案主父亲："不知道什么时候可以做手术？都快半个月了，他们说是得给医生送红包啊！"

社工："你可以先问问主治医生，一般来说孩子都得在医院住上一段时间才会安排手术，而且之前问医生预算费用是 60 000 元，基金会最多只能资助 50 000 元，现在还有一部分费用，正在帮你申请其他项目，最迟下下周会有结果。生活费这边花了多少了？"

案主父亲："来看病时带来 4 200 元……孩子每天吃饭得 12 元，我每天吃饭得 30 元。我担心之后手术完了不是还得租房子嘛，怕钱不够用。"

社工："嗯，生活费都是自己承担的，得控制好，这一段时间要赶紧把身体调整好，医生没有给你们开药就多喝一点开水，另外有空的时候你可以问问医生，看看能不能排上手术，还有什么需要做的检查。"

案主父亲："好，等他们上班了我就问问。"

（父亲对于迟迟不能手术显得很焦虑，生活费用短缺也是问题。社工给孩子父亲分析了孩子目前的情况，毕竟医疗费用还未筹齐，而且检查还未做完，提醒父亲要控制好生活费的花销，照顾好孩子的身体；同时鼓励父亲主动与医生进行沟通，给予他充分的支持。）

案主似乎心情不太好，站在走廊里，见到社工过去，伸手想让社工抱她。社工没有直接答应她的要求，而是拉着她的手，蹲下来与其交流。

【会谈片段】

案主："俺爸打我了。"

社工："爸爸打你，打哪儿了？疼吗？"

案主："这儿，屁股，疼。"

社工："为什么打你啊？"

案主："他不让我跟她们玩儿。他说她们坏。"

社工："爸爸为什么说她们坏？"

案主："嗯，她们把我娃娃弄坏了……"

社工："娃娃坏了，你很伤心？"

案主："嗯……"

（社工向案主父亲询问经过，父亲说对方太霸道了，经常抢东西，所以就不让孩子跟她玩，不过当时只是轻轻地拍了她两下。我建议父亲平时多跟孩子交流，尽量用温和的方式和孩子沟通，而且孩子们在游戏的过程中总会遇到一些问题，这对孩子未必是坏事，反而能够使其学习一些社会规则，父亲表示赞同。）

社工："爸爸打你了，你生气不？"

案主："不生气，他是俺爸爸，他是为俺好。"

社工惊讶于案主的回答："这么懂事啊。"

案主羞涩地笑了，回头找爸爸，让他抱。

因为案主一直没有上过学，社工带了一些画册给案主，一方面想丰富孩子单调的住院生活，另一方面也希望能激发孩子学习兴趣，毕竟案主已经到了上学的年龄。

【会谈片段】

案主："这是什么？"

社工："是图书。你喜欢读书吗？"

案主："不知道。"

社工："那你想上学吗？"

案主："不想，上学就不能玩了。"沉默了一会儿案主又说："我想上学。"

社工："为什么又想呢，学校不是不好玩吗？"

案主："上学了就能挣钱，挣钱给俺爸买酒喝，爸爸喜欢喝酒……"

（这一次的接触，让社工对案主有了新的认识，童言童语中透露出比同龄孩子更加成熟的想法。虽然案主偶尔会发脾气，但她可以体会到爸爸的心情，懂得爸爸对自己的好，希望爸爸开心。）

后续电话沟通，案主父亲说已经问了医生手术安排，医生说还要再等等，要先完成CT检查。又过了两天，案主父亲来电话说医生已通知手术日期。

四、第四阶段：提供服务

（一）术前准备

1. 目的

（1）与家长确认手术时间、手术方案以及需要准备的物品。

（2）对患儿和家长分别进行术前疏导，缓解他们的紧张情绪。

（3）对患儿进行简单的术前行为训练。

（4）告知家长在患儿手术完成之后，或者出现意外情况时，要及时和相关社工联系。

2. 工作过程

手术的前两天，社工来到医院探望案主；与案主父亲确定了手术时间，之后按照基金会的要求，跟家长说明手术风险的事情。

【会谈片段】

社工："下午好，最近感觉怎么样？"

案主父亲："挺好的，医生给安排了后天下午的手术。"

社工："孩子呢？快要手术了，她感觉怎么样？"

案主父亲："她也还好，就是抽血的时候闹了一下。"

（我每次与案主父亲见面时，都要先问他的感觉，引导他表达自己。一方面，加强案主父亲对自身状态和女儿状态的认识；另一方面，也是鼓励案主发现和表达自身情绪。）

社工："手术需要的东西准备好了吗？"

案主父亲："我都买好了，护士给了纸条，都准备齐了。你看，脸盆、尿不湿、纸巾……"

社工："您准备得挺周到的。另外还是得跟您说一下，咱们手术是有风险的，你知道吧？虽然根治术的风险并不大，但是万一孩子遇到了就是100%，我们当然都不希望有这样的事情发生，但还是得先有个谱。"

案主父亲："这个我明白。"

（总体上感觉父亲的情绪比较稳定，没有之前探访时看到的焦虑和担忧，对手术还是相当乐观的。）

社工："你知道后天要做什么吗？"

案主摇摇头。

社工："你后天要手术了知道吗？"

案主："我不想抽血，疼，都打到骨头了。"

社工："抽血只是疼一会儿，但是可以给你治病啊。"

案主："我不要抽血，到现在还疼，呜……"案主哭了起来。

（案主对抽血有着相当大的恐惧。对此必须让孩子对手术也有个了解，消除心中的恐惧。）

社工："手术时不抽血的，会把血再输回去，输血就不疼啦。"

案主："输血？"

社工："对啊，之前不是把你的血抽出来了吗？再把它放回去，你怕打针吗？"

案主："不怕，人家小孩打针都哭了，我没哭，我就怕输血。"

社工："你这么勇敢啊，输血就像打针一样，不会怕的对吗？"

案主点点头"嗯"了一声，小声地问："开刀会很疼吗？"

社工："不会的，我小的时候也动过手术，就在肚子这儿，一点都不痛。医生打了麻药就睡过去了，醒来就好了。"

案主："真的吗？"

社工："真的，我保证，手术的时候一点儿都不痛，不像抽血痛……"

（因为术前不能看到手术室的环境，为了不让案主在进入陌生的环境时感到紧张，社工通过口头描述让案主了解手术室内的设备和手术前的一些基本过程。）

社工："进入手术室后，医生会把你挪到一张大床上，大床上方会有个大灯……护士会在你的手指上面带上一个小夹子来测量你的心跳，给你麻醉，这样就不会疼了……如果觉得困，可以睡一觉，醒来的时候手术就做好了。"

（考虑到女儿对父亲的依恋，社工也需要就术后监护情况跟案主做好解释，让案主有心理准备，告诉她有一段时间要与父亲分隔，以免案主产生被遗弃的感觉。)

社工:"我跟你说,你后天手术呢,我和你爸爸都是进不去的,只有医生和护士在里面,你能听医生的话吗?"

案主:"嗯。"

社工:"手术完了以后,你会和其他动手术的小朋友在一个监护室里面,待两三天,爸爸和我也都不能进去,你看不见我们,行吗?"

案主:"不行,我要爸爸。"眼见着又要哭了。

社工:"爸爸进不去,但是我们都会在外面等着你的,爸爸说对吧?"

案主父亲配合社工安抚孩子,保证道:"对,我在外面陪着你啊。"

社工:"你乖乖地在监护室里待三天,出来就能看到爸爸啦!监护室里有护士阿姨照顾你,好吗?"

案主:"一天不行吗?"

社工:"那要看你的表现啦,你不哭不吵,听护士的话,说不定就能早点出来了。"

案主:"那我听话……"

为了让案主更好地适应术后监护室状态,社工对案主展开了一些简单的行为训练,让案主学会用非语言的方式表达其需求。通过此次会谈,让案主在手术前做好充分的心理准备,疏导了案主对手术的恐惧情绪,使她对手术和术后监护的过程有了一个大致的认识,为之后案主适应手术和监护环境打好了基础。同时案主父亲也对手术有了良好的认知。

【会谈片段】

社工:"刚动完手术,你可能不能大声地说话,最好不要哭,不然会让伤口痛的。如果想找护士阿姨,就用手拍床,像这样……"

案主跟着我拍床。

社工:"如果想喝水呢?"

案主食指弯向拇指为杯口状,做喝水状。

社工:"对了,真聪明。"

（二）术后恢复

1. 目的

（1）持续跟进患儿身体恢复情况和费用情况。

（2）关注患儿的精神状态、行为和情绪表现，必要时给予一定心理辅导。

（3）讲解术后康复的注意事项。

2. 工作过程

通过电话跟进，得知案主手术顺利完成并转入监护室，当天为案主另外申请的另一个资助费用也批了下来，共 15 000 万元。手术之后父亲的负面情绪缓解了很多，打电话给社工的时候，话也变多了，一直表示感谢。两天后案主从大监护室转到小监护室。大约一周以后，在助医部工作人员的帮助下，案主办理了出院手续，并支付了所有医疗费用。父亲在孩子手术时就在医院附近的居民楼里租了一个小房间，每天 50 元，出院后就和孩子一起住在这里。

【会谈片段】

社工："手术完了感觉怎么样？"

案主看着我，不说话，继续喝粥。

案主父亲："护士说恢复得挺好，转到小监护室时我看了她，护士说她很乖，没怎么哭闹。我看她手术之后挺好的，脸色变好了，吃得也多了，现在就是还有点痰……"

社工："刚动完手术有痰是正常的。现在孩子的身体还在恢复过程中，要注意营养，吃些清淡的粥什么的，少吃油腻的东西。"

社工："孩子晚上睡觉好吗？会不会做梦？"

案主父亲："都挺好的，我怕她踢被子还给她加了一层，晚上也没有做梦。"

（手术过后，案主父亲的压力一下子就减轻了，表情轻松了许多。社工与案主父亲交流的过程中，案主一直没有说话，只是看着社工。最开始跟案主打招呼时，她也没有出声，但看得出她一直在听社工和父亲的谈话。）

社工："手术之后一直没有说话吗？"

案主父亲："说啊！孩子，叫阿姨。"

案主看着爸爸不说话。

社工："你伤口还疼吗？"

案主转过头看着我，摇摇头。

社工："你在吃什么呢？"

案主把手里的粥递给我看。

社工："你不喜欢我啦？为什么不跟我说话呢？"

案主笑了："喜欢，你教我的。"

（社工回想起来，在手术之前曾经教过案主在监护室内如何用非语言做表达，案主似乎将其作为了一种游戏。）

手术之后，案主恢复情况良好，胃口大开；案主的情绪也变了很多，没有不良情绪和攻击性行为。经常笑，很少哭了，虽然还是会要爸爸抱，但很多时候都能自己走路。案主父亲变化更大，之前每次说话还有些局促、声音很小，有时候愁眉苦脸的，现在整个人都变得开朗起来，说话声音洪亮，笑呵呵的。

【会谈片段】

社工："你在监护室里乖吗？"

案主："我乖，他们都哭了，我没有哭。"

社工："表现这么好啊，阿姨奖励一个橙子给你吃。"

案主："我喝粥。"

社工："嗯，你今天吃饭都吃了些什么啊？"

案主："我吃了一个大包子，三个小包子，还喝了粥。"

社工："吃了这么多啊，好厉害。我摸摸你的小肚子，大了没？"

案主腆着肚子说："大了。"

案主父亲笑。

案主："爸爸笑了！呵呵……"

五、第五阶段：结案与评估

当案主的主要问题已经获得解决，服务目标得以实现，或者案主已有能力可以自行解决问题,就可以结案了。接受基金会资助的案主通常在治疗结束后离京,所以社工的工作有时是以案主离开作为结束的。

(一) 结案

1. 目的

(1) 帮助案主父亲确认案主术后复查的时间,提醒回家后需要注意的事项。

(2) 确认患儿及其家庭离京的时间、以后的生活计划和安排。

(3) 告知家长,基金会会针对康复出院的患儿进行持续回访。

2. 工作过程

社工到案主及其父亲的临时住处探望,了解案主术后恢复状况,并对以后的注意事项以及生活提出建议。社工告诉案主及其父亲,基金会的资助以及社工服务要结束了,社工帮助案主回顾整个个案过程,鼓励案主及其父亲做出的努力,增强结案后案主面对自己问题的信心。案主经过手术治疗效果很明显,面色红润起来,身体状态和情绪状态都有所改善。父女之间的沟通交流也增加了,父亲也更懂得该如何照顾孩子。

【会谈片段】

社工:"今天看上去脸色很不错哟!"

案主:"我快要回家了。"

案主见到我很高兴,兴奋地跟社工说要回家了。

社工:"祝贺你!你们怎么回家啊?"

案主父亲:"等明天上午拆完线,我们一个同乡开车送我们回去。"

社工:"孩子看上去恢复得挺不错的。"

案主父亲:"嗯,她恢复得挺好,以前动一下就喘,现在都不喘了,脸也红润了。"

社工:"嗯,现在关键是让她好好休养。药都取了吗?"

案主父亲:"都取了,有两个月的药。"

社工:"每种药服用的剂量都清楚吧?另外还要记得定期复查的时间。"

案主父亲:"明白,护士都标好了。复查就是等过一个月、三个月、六个月的时候各检查一次。"

社工："那就好，今天应该是我们最后一次工作了，基金会这边需要的复印资料，明天助医部的人会来找你们拿。"

案主父亲："好好，太感谢你们了。"

社工："不用谢。回去之后你们有什么打算？"

案主父亲："回去先帮孩子养病，我得在家看着她。可能要等孩子复查以后，看情况好转我再出去打工。孩子年龄也大了，打算过半年送她去学校读书……"

社工："你回家之后要听爸爸的话，好吗？阿姨要走啦。"

案主："好。我不让你走。"案主跑到门口把门堵起来。

社工："你不是明天也要回家了吗？"

案主感到有些不舍，挣扎了很久。在社工与父亲的劝说下，直到社工保证以后回访时会打电话给她，才让社工离开。

（二）评估

社工主要采用了心理社会治疗模式，帮助案主及其家庭顺利渡过来京手术治疗这一特别阶段。本案中社工与案主建立了良好的关系，案主及其父亲积极主动配合社工的工作是本案成功的关键。社工的服务极大地缓解了案主及其父亲的焦虑情绪，案主在手术后无论是行为还是情绪方面都发生了明显改变。

- 行为方面

工作前期，案主总是要求父亲抱着；通过社工鼓励，案主现在能自己坚持走一段路，学会自己把握自己的状况，要求父亲抱的频率下降，其实也是她自己在获得控制感。案主在初次跟社工见面时极度怕生，只躲在父亲身后；现在见到陌生人不再那么羞怯，学会了主动叫人。通过术前训练，案主学会使用非语言沟通技巧。与同在监护室的小朋友相比，案主的表现乖巧，不哭不闹。

案主父亲："我去监护室看她的时候，护士说了她很听话，都没有哭。"

案主的父亲刚开始对医护人员感到畏惧，通过社工的鼓励与支持，能与医护人员沟通交流。

- 情绪方面

通过工作，案主和父亲的情绪都有较大的改善。以前案主特别容易激动，爱哭，遇到不顺心的事情就掉眼泪；到工作结束时，随着身体在康复，其情绪状态也在好转。手术前，通过术前干预把患儿的注意力从治疗情境中散开，相对减轻和缓解了患儿对手术的恐惧与焦虑情绪，对术中恐惧以及术后焦虑都有一定的预防作用。

案主的父亲在刚入院时无所事事，感觉很焦虑，说话总是很小声，没有底气；在工作结束时变开朗了很多，声音洪亮，说话笑呵呵的。基金会同事说："孩子爸爸现在像变了个人一样，刚开始的时候还挺局促的，现在说话都是笑呵呵的。"

第三节 先心病患儿个案干预模式的讨论

接受医疗救助基金会资助的案主大多来自偏远的农村地区，一方面，家有患儿却因为贫困而无力医治，又缺乏疾病的相关知识而且对手术有焦虑，会持续给家庭带来压力与焦灼；另一方面，来京治疗却不了解环境以及就医过程，仍然有很多事情需要与基金会、与医院协商，面临诸多不确定难免不安。因此，医疗基金会在对先心病患儿提供资金资助的同时，特别需要医务社工开展医务社会工作，这对案主顺利接受手术治疗是至关重要的。

一、先心病患儿个案干预的关键点

由于接受资助的患儿通常年龄较小，所以社工以心理社会治疗模式为理论基础，一方面通过直接治疗为案主直接提供服务，另一方面为案主家庭提供帮助以改善案主的环境。在个案服务中，入院适应、术前心理安抚、术后及出院心理教育是社工干预的三个重点环节。

- 入院适应

对于案主及其家庭来讲，且不说案主的疾病状态以及接受资助的劣势处境,光是初到陌生城市,在生活起居、饮食习惯、语言表达以及为人处事等方面,都需要做出调整;远离家乡,社会支持系统明显削弱,无论患儿还是家庭很容易产生焦虑和恐慌情绪。帮助案主及其家庭熟悉环境、尽快适应住院生活,便成为社工首要的工作重点。

开始阶段,社工运用心理社会治疗模式的非反映沟通动力技术为案主及其家庭提供支持。在与案主接触的初期,社工不仅是案主与基金会信息沟通和资源连接的桥梁,同时也是案主家庭的重要支持者,有重大的安抚和支持作用,要特别注意与案主建立起信任关系。社工通过专注的聆听、温情的态度和友善的笑容减轻案主的不安,设身处地体验案主的困难并帮助案主澄清疑惑,针对一些实际困难告知其具体的问题解决策略,对缓解案主及其家庭的焦虑情绪是非常有帮助的。

在医疗救助基金会,对案主的服务通常是从将案主送往医院及协助案主办理住院手续开始的,包括介绍医院环境以及熟悉就医程序等。有时这些工作是由基金会的志愿者或者助医部的同事协作完成的。在住院过程中,社工可以利用机构资源为案主提供一些实物帮助,例如赠送基金会准备的"爱心书包",书包内会有一些案主喜欢的小礼物,一般是故事书、橡皮泥、彩笔等,引起案主的兴趣,有助于消除小案主的陌生感。同时,在住院期间社工以教案主看图认字、玩橡皮泥、画画等方式与案主互动;当案主与家长或者伙伴发生矛盾时,社工有意识地将一些小道理穿插在故事里,帮助案主学习与他人相处的技巧,既丰富了案主的住院生活,也可以疏导案主想家、情绪低落等不良情绪,特别是向家长示范与孩子沟通的方式方法。社工为案主的家长提供一些具体的帮助,例如当家长需要外出去其他机构领取资助时,为其说明交通路线,并告知家长在案主手术后如何在医院附近安置临时住所等。

可见,社工要主动发现案主及其家人的紧张与焦虑,利用身边的资源向他们提供支持,并且提出建议协助解决问题,促进患儿和家长对医院环境的适应。

- 术前心理安抚

对于即将接受手术的案主来说,术前心理安抚是非常重要的。有研究证明，术前心理应激引起的焦虑和恐惧等心理反应是他们普遍存在的问题，会干扰神经系统、内分泌系统和免疫系统，增加手术和麻醉的风险，甚至影响患儿的术后康复（李锦燕，张丽萍，2004）。手术前对案主的心理安抚是医务社工非常重要的工作内容，有别于医生、护士提供的医疗说明，更注重在专业关系里疏解焦虑情绪以及提供心理支持。

对于术前焦虑，社工应用支持技巧鼓励案主表达和宣泄，探索案主焦虑的具体原因，有针对性地帮助案主澄清疑惑。例如本案主对手术的抗拒，很大一部分原因是术前常规的抽血检查，社工利用情绪干预把患儿的注意力从治疗情境中分散，帮助患儿以正面情绪去克服或替代消极情绪。在手术之前，社工需要告知案主必要的术前准备，例如何时开始禁食、禁水，为了保存体力要尽量休息；要给案主大致介绍一下手术过程以及环境，由于医院条件限制，社工无法在术前带案主参观手术室的环境，但对于来自偏远地区的案主而言，即使是通过口头叙述也可以帮助案主有个心理准备，在一定程度上减少案主进入陌生环境的紧张和恐惧。

此外，接受先心病手术后，患儿需要在监护室内有几天术后隔离监护，尽管属于医疗处置，但是对监护环境的恐惧以及与亲人的分离都会影响患儿的安全感。因此，社工需要在其接受手术前告知案主，帮助案主了解并学习适应术后即刻接受监护的状态，这样便可以减少恐慌。因此在手术前必须先行处理好患儿的分离情绪。一方面，提前告知患儿手术后将会发生什么以及为什么会这样，告诉她社工和家长都会在外面等着她出来，避免患儿手术后苏醒因见不到熟识的人而恐慌，产生被遗弃、失去关爱的感觉；另一方面，社工可以利用行为训练教案主掌握一些非语言沟通技巧，使在监护室内的案主有需要时可以跟护士进行有效沟通，使其需要得到满足。

亲人作为先心病患儿重要的社会支持系统，是治疗其身心因素的良药。先心病患儿对家长的情绪波动非常敏感，家长的焦虑对患儿的情绪有着直接的影响。通过环境改善术，对家长进行干预，调整家长的情绪，并邀请家长一起参与到调节案主情绪的工作中来，对缓解患儿心理压力有着重要作用。

- 术后及出院心理教育

如果术前干预得当，帮助患儿做好了充分准备，案主在手术和术后监护的过程中会表现出良好的适应性。如果术前未予干预，患儿在经历手术创伤、术后陌生的环境并且与父母分离后，会出现不同程度的焦虑、恐惧、抑郁等不良情绪，以及噩梦、哭闹不止、退行等行为，不利于患儿术后的康复。当面对这种情况时，社工需要给予患儿更多的陪伴和关注，特别是向家长解释案主出现这些反应的原因以及如何陪伴孩子，让患儿重新获得安全感。当然，在手术结束后社工对案主仍需要做出适当的安抚，对患儿术后的表现也需做一些奖励。本案中，案主术后的情绪反映良好，父亲的心理压力在手术后也缓解了许多，因此术后干预的重要内容是对家长的护理教育。大部分接受基金会救助的患儿家长，医学知识有限，如何对孩子进行术后护理、生活起居中要注意哪些事项，都需要帮助和指导。

术后还有一部分内容是出院教育，主要是告知案主及其家长在出院以后需要在饮食、身体活动等方面需要注意的问题。受知识水平和家庭条件的限制，案主家庭缺乏有关先心病的基本知识，因此社工需要对家长进行疾病护理知识教育，指导家长如何进行家庭护理。比如：吃药要按时按量，出院后先不要洗澡，术后半年内活动要适度，根据恢复情况逐渐增加活动量，保证睡眠，如果感冒一定要治疗，饮食宜清淡等。此外，社工还可以根据在工作过程中对案主表现以及亲子沟通等方面的观察，给予家长适当的反馈。

二、先心病患儿个案干预效果的影响因素

个案工作的个别化原则强调社会中的每一个人都有其固有的独特性，社工应根据案主的需求和特点，灵活地运用社会工作的方法和技巧，有针对性地开展工作。案主自身的特点以及家庭环境状况等因素，都是影响个案干预效果的重要因素。

- 案主自身的特点

患有先天性心脏病的患儿，因为其疾病状态不仅影响身体发育，而且严重限制了案主的活动范围，与外界环境接触很少，对事物的认知也相当

有限，这严重阻碍了案主的心理社会发展进程。医务社工提供的专业服务首先一定是围绕手术治疗，但绝不停留于此，而是坚持以案主利益优先为基本原则，根据案主的需求拓展专业服务的范围，最终目的是促进案主的成长。

本案的案主是一名7岁的女孩，正处于学龄期，根据埃里克森的心理社会发展阶段理论，主要面临着勤奋与自卑的心理冲突，即当儿童的勤奋感大于自卑感时，就会获得有能力的心理品质。但案主总是要求大人抱着走路，尽管与疾病有关却不是好的方式。社工采取鼓励的方式，让案主学习自己把握控制范围，并通过食物或者小玩具等强化物鼓励她的行为改变，试图帮助案主产生"我可以、我能够"的信念，提升其自信心和勤奋感。

本案主来自安徽的一个小县城，母亲因患有癫痫常年服药，与孩子的关系并不亲密，父亲常年在外地打工，很少有与孩子相处的时间，案主和弟弟由爷爷一人照顾，可以说家庭成员间的联结较为疏离。对于7岁的案主来讲，她难以感受到与父母之间的依恋，缺乏来自家庭系统的有力支持。从案主的家庭状况可以想见，案主在日常生活中缺少父母陪伴，生活比较单调，家庭成员之间也缺乏彼此的互动与情感交流。在案主住院阶段，社工有意识地注意选择那些运动量相对较小的娱乐方式；帮助案主丰富生活，比如捏橡皮泥、画画等，不仅能丰富其想象力，还能锻炼患儿的动手能力；同时社工还借助故事书，通过看图说话的方式，教案主认物识字满足其教育需求，提升案主对自己生活的控制感。在与案主游戏的过程中，案主用橡皮泥做了一个小人，社工及时鼓励她，来增强其自信心。父亲平时沉默寡言，与女儿的语言交流并不多，社工指导父亲利用画册教案主认识一些动物、水果、数字和生字，来增进父女之间的交流。

- 案主家庭系统

先心病患儿的家庭，无论是在孩子患病方面还是在经济负担方面，往往承受着巨大的心理压力，而父母又是与孩子朝夕相处、为孩子提供照顾的人，患儿的安全感在相当大的程度上是从父母的行为中获得的，父母的心理状态常常对孩子有着直接的影响。良好的社会支持及应对方式有利于心理健康，而劣性的社会关系、不良的应对方式则不利于身心健康

(Lawoko & Soares，2003）。例如父母对治疗存在高度恐惧和焦虑时，往往很容易将这些不良情绪传染给患儿，在干预过程中患儿又特别需要父母的配合，因此安抚父母的焦虑情绪对于稳定患儿的情绪是非常重要的。

案主家庭的特点对个案干预效果有着极大的影响。有些案主不需要社工的帮助和指导，就能积极主动地探索周边环境，与周边的人建立良好的关系，他们往往能获取更多的信息、资源和情感支持，在面临同样的问题时能以更加轻松的方式面对和解决。但本案的案主和家长，因为性格都比较内向，工作时需要社工更加主动地来拉近社工与案主之间的距离，同时社工也要注意鼓励案主家庭用自己的思考能力为自己做出决定，并督促他们主动通过与外界沟通来获取信息，助其自助以解决自身问题、满足自身需求，并且提升其自信心，降低他们的依赖性。例如案主父亲害怕与医生护士说话，想要社工帮忙了解信息，社工便通过指导他如何与医生沟通，鼓励他主动向医生询问孩子的病情和治疗进展。对于案主父亲最烦恼的手术费用问题，社工在相关政策下通过基金会为案主申请了最大力度的支持。此外，社工也想办法排解案主父亲的焦虑情绪，如见到案主父亲在病房的生活枯燥，社工便建议他带着孩子在医院的花园内转转，散散心。

第四节 对医务个案工作的建议

根据本次为由基金会资助的先天性心脏病患儿提供个案服务，结合我国医务社工目前的发展现状，可以看到我国医务社会工作专业化发展的必要性和迫切性。

一、政府方面

- 建立完善的社会保障体系

对先心病患儿及其家庭实施救助需要长期努力，只有社会保障体系越完善，先心病患儿救治面临的困难和需求才会越少。目前全国已经建立了新型农村合作医疗制度，许多农村先心病儿童已经被纳入到医疗体制当中，但还存在着诸多问题，如城乡医疗费用补偿比例不统一，定点医疗机构、救助种类过少等。为此，应尽快统一城镇居民大病补充保险和新农合对儿童患重大疾病的补偿比例，逐步完善先心病救助种类。同时，中央和地方应安排专项资金，才能从治疗源头上控制治疗费用，实现真正的免费治疗。

- 提高社会工作认知度

一方面，因为国内的社会工作才刚刚起步，大众对社工认知度不高，大部分案主刚开始根本不知道什么是社工，更不了解社工可以提供什么服务，只知道社工是基金会的工作人员，对社工非常客气，也不会主动提出要求。社工在初次见面的时候需要向案主家庭进行自我介绍，让案主家庭对社工的工作方式和内容有所了解，鼓励案主主动联系社工，与社工交流，在遇到问题时找社工寻求帮助。另一方面，因为社工属于基金会的工作人员，虽然也是从事与医务相关的工作，但大部分医护人员并没有把社工纳入工作伙伴关系中，只有当社工向医护人员询问案主信息时，医护人员才会告知患者的一些情况。这不利于社工随时掌握案主的信息和动态，也使个案工作处于很被动的状态。

二、医院方面

提倡医护工作者对病患的人文关怀。先心病患儿住院不应只考虑疾病治疗而忽略患儿作为"人"的基本需求，要为其提供身心的整体照顾，让孩子在治疗情景中仍有正常的成长，这是医务工作者人员的职责所在。

- 推动医务社工的职业化进程

我国医院可借鉴西方经验，在医院内设置医务社工岗位，在国家职业资格认证体系确立的前提下，将医务社工的编制、岗位酬劳、晋升和奖励等与医护统筹，把医务社会工作纳入日常医疗流程，在坚持开展个案、小组、社区等服务的同时，探索如何将医务社会工作与患者的出入院评估及治疗方案的制订相结合，使医务社会工作真正成为全方位关怀患者的人性化服务形式。

- 设置医务社工岗位，发挥专业职能

本案工作过程中，社工没有专门的会谈地点开展个案工作。在患儿手术前，所有的会谈都是在病房内开展的，基金会将其称为"床前访谈"。手术结束之后，会谈通常都是在医院附近患儿家庭承租的一个小房间里进行的。正常情况下，个案工作的会谈环境要求尽可能安静、隔离，这样才能使案主毫无顾忌、心情轻松、畅所欲言，而无论是在病房内还是在案主承租的房间内，都不利于会谈的开展。

三、个案工作方面

- 加强社会工作专业队伍的建设，提高专业化服务水平

医务社会工作遵循"平等、尊重、关爱"的价值理念，运用个案、小组等工作方法，对大病儿童及其家庭开展专业服务，协助他们解决问题，积极面对生活。社会工作者在工作中扮演着多重角色，他们既是直接服务的提供者，为有需要的大病儿童或其家庭提供个别辅导以及其他服务，同时也是社会资源的整合者和各部门之间的协调者，在个人、家庭、社区以及社会组织之间架起桥梁，有效地连接正式与非正式资源，充分调动各方力量共同完成社会福利服务方案的实施。在我国目前医患关系比较紧张的大环境下看，应大力发展医务社会工作专业、培养大量的专门人才，有助于解决这一社会难题。

- 社工要学会对资源的整合利用

为了更好地帮助先心病患儿，社工需要利用其他资源。对于大部分家庭来说，家庭成员不论是在物质上还是在精神上都是患儿最坚实的后盾，社工要促成家庭成员间的良性互动，为家庭成员争取更多的资源，服务于先心病患儿及其家庭成员。在政府层面，社工主要帮助患者争取和利用政府资源，比如针对先心病的补助、保险，患者家庭申请大病救助及最低生活保障等，社工需要为患者提供如何申请、递交材料和审批后的注意事项、报销要求等信息。

第七章 残疾人个案工作实务

本章主要内容

- ❖ 残疾人的心理特点及对服务的需求
- ❖ 改善残疾人就业意愿的个案工作干预模式
- ❖ 残疾人个案工作干预模式的讨论

残疾人社会工作，指社会工作者运用社会工作方法帮助残疾人补偿自身缺陷，克服环境障碍，使他们平等地参与社会生活、分享社会发展成果的专业活动（王思斌，2006）。在为残疾人群体提供的社会工作专业服务中，通常以协助残疾人康复并发展他们的潜能为目标，以提升其社会适应能力为导向。

一般来说，残疾人及其家庭的生活水平相对较低，其中残疾人不就业是重要原因之一。从客观因素讲，残疾人确实缺少平等的就业机会，但更重要的是残疾人自身缺乏就业意愿以及主观努力。本章以改善残疾人就业意愿的个案为例，介绍残疾人的个案工作干预模式。

第一节 残疾人的心理特点及服务需求

据2006年第二次全国残疾人抽样调查显示，我国各类残疾人总数为

8 296万人，占全国总人口的6.34%；有残疾人的家庭共7 050万户，占全国家庭总户数的17.80%。除了残疾本身带给个体诸多限制以外，个体因为残疾而发生的心理变化对其心理发展以及社会生活构成更为严重的影响。

一、关于残疾人及其就业环境

导致身体残疾的原因多种多样，但对于每一位残疾人来说最终不得不面对的是身体残疾的现实。肢体残疾指人体运动系统的结构及其功能损伤，包括四肢残缺，或四肢、躯干麻痹（瘫痪）、畸形等，导致人体运动功能不同程度地丧失以及活动受限。肢体残疾人的智力发展是没有问题的，但由于运动能力受限，不能像正常人一样参与社会生活，这严重影响到他们的教育、就业等社会活动。

尽管政府已经相继出台了一些促进残疾人就业的政策，但并没有从根本上解决残疾人的就业问题，以至于残疾人群体的生存和发展仍然是比较大的社会现实问题。残疾人就业面临诸多不利因素，归纳起来有以下几个方面的原因：其一，国家政策层面，残疾人的就业扶助制度还不够健全，特别是从就业扶助政策文件到真正落实还存在很大差距；其二，就业机构层面，现有福利企业能够集中安置残疾人就业的能力是非常有限的，而一般企业里安置残疾人就业更是难上加难；其三，残疾人个人层面，残疾人受教育程度普遍偏低，缺乏核心的就业竞争力，又因为身体活动受限等原因使就业范围明显缩小，而负面情绪是更为重要的主观原因。

二、影响残疾人就业意愿的心理因素

很多残疾人身残志坚、积极向上，他们承担的工作或许非常平凡，但是能够在自己力所能及的工作岗位发挥潜能，在为社会创造价值的同时依靠自己的劳动努力生活。残疾人群体就业意愿普遍偏低，究其原因，除了与可供残疾人就业的工作岗位有限等社会因素有关以外，更重要的是残疾人的心理因素可能对就业构成消极影响。

- 自卑敏感的负面情绪

肢体残疾人一般只是肢体残疾及活动功能受限，智力活动等其他发展都是正常的。但由于肢体残障外显性比较强,很容易被他人看到并吸引他人的注意,而残疾人又大多比较敏感,具有较强的自我意识,与感受到自己身体残障相比,可能更令残疾人在意的是来自他人异样的目光。于是他们宁愿封闭在自我觉知与自我幻想的世界里,也不愿在现实环境里冒险,内心常常夸大自己的身体缺陷以及对生理自我的消极认知,并将这种想法投射到他人身上,以此作为回避人际交往和社会活动的借口。

残疾人自尊心比较强,防御性和戒备心理也比较强,更容易出现自卑、孤独、怨天尤人等消极情绪体验,害怕受到伤害,有时容易把别人的说笑理解为在嘲笑自己的生理缺陷。这种自卑的消极情绪体验使残疾人回避与健全人一起工作的机会,他们宁愿在物质上过着比较拮据的生活,也不愿意进入社会后受到心灵上的伤害。

- 好逸恶劳的依赖思想

不少残疾人都有过类似的生活经历:家里的积蓄都用来给自己看病了,父母带自己看病四处奔波,以至于无法正常上班,家庭的生活状况更加拮据。由于自己活动不便,日常生活起居和出门外出上学等简单的事情也变得异常困难,最终不得不中途辍学;成人之后因为身体残疾、学历不高等原因找工作四处碰壁,慢慢地自己也便放弃努力,变得更加依赖他人。

有时身体残疾就像一个恶性循环的开始,不仅拖垮了家境,也成为自己不再奋斗的理由。虽然残疾人在生活中确实有许多方面需要别人更多的关怀,但过分夸大依赖的必要性容易使残疾人自我失去独立性。有些残疾人为了避免在社会生活中可能遇到的不公和歧视,宁愿只享受最低生活保障金,也不愿意自己去社会上谋得一份工作改善生活。如此逃避社会生活,久而久之形成恶性循环,这种依赖思想越发加剧了个人的无能感,长此以往不仅对家庭持续构成经济负担,而且也会增加社会的不稳定性。

- 就业方面的失败尝试

有些残疾人开始是有就业意愿的,他们努力学习文化知识,参加特殊职业技能培训,也掌握了一定的就业技能。但是当他们努力想获得一份工作时,却发现并不容易:可能经常遇到他人异样的目光,或怀疑或怜惜,也有时是直接拒绝;更有甚者,一些道德不良的人打着为残疾人提供就业机会的旗号谋取私利，却并不真正提供就业岗位，使残疾人努力学得的知识技术没有途径派上用场，原本积极的就业心态也就被击垮了。

相对于健全人来说，残疾人选择就业是需要勇气的，特别是当他们失败以后更容易陷入一种极度孤独、紧张、恐惧、忧郁的不良心境中而难以自拔，不再像以前那样积极学习并努力寻找工作，甚至变得沮丧，对社会和对周围环境有更多消极的认知，对他人难以有起码的信任感而回到自我封闭的世界。

三、残疾人个案工作的相关理论

（一）正常化理论

正常化理论，是用来分析和决定如何看待诸如精神病患者及其他伤残人士等某些特殊社会群体的理论。该理论主要包含两层含义：

第一，所谓正常化，表现在助人者对服务对象的标定上，助人者不要把自己看问题的眼光强加于受助者身上。该理论认为，采用主流社会通行的所谓"正常"的方法理解某些特殊群体实际上是有失偏颇的，有些行为在大众眼里或许被视为不正常，其实在服务对象群体里完全是再正常不过的事情。

第二，所谓正常化，就是为受助者提供与平常人相似的生活环境，包括让他们回到自己熟悉的平常社会，过常人的生活。例如美国全国智力迟钝公民协会就曾经对正常化做出明确界定：正常化就是帮助残疾人获得一种尽量接近正常人的生活方式，使他们的日常生活模式及条件尽量与社会中大多数人一样，而不是有意地将他们区隔开来。

正常化理论对于残疾人社会工作具有一定的启示作用。在社会工作实务中，尤其强调所有人都具有尊严和价值，包括残疾人等特殊人群。因此残疾人社会工作特别要注意从服务对象的角度去看待事物，作为社工不可对其妄加臆断和随意标定。

（二）社会网络理论

社会网络和社会支持常常联系在一起，因为社会网络大多数情况下都扮演着支持性的角色。很显然，残疾人离不开社会网络及其所提供的社会支持，社会网络可以包括亲戚、朋友、互助小组及邻舍关顾团体等，而所提供的支持可以包括心理及情绪上的支持、协助日常生活上的细节和提供物质帮助等。

当个体遇到问题时，第一个反应通常是寻求相熟或亲密的人给予协助。一般而言，社会支持网络至少可以表现出两大方面的功能：

第一，缓冲压力的作用。社会网络中的支持可以在危机将会发生或刚发生后压力尚未产生之前，帮助个人采取较乐观的态度或做好适当的准备以减低压力的负面影响；还可以在压力产生后但病态形成之前，帮助个人采取较积极的态度去面对困难，或鼓励个人接受专业化的帮助。

第二，直接及整体的保护作用。社会支持能够帮助个人融入社会网络，促进个人与社会之间的协调。当个人确知他生活在一个社会网络中而且感受到其他人愿意提供适切的帮助时，他自然会感觉到自信、安全，并感到可以控制周围的环境。

残疾人社会工作通常采用个人网络策略、自愿联结策略以及互助网络、邻里援助网络、社区授权网络等帮助个人及群体解决所面临的问题。社会网络理论之所以在残疾人社会工作领域受到广泛的重视并被采纳，是因为它能够提供一种系统的方法分析人与人之间的联系，从而加深了社工与服务对象之间的沟通模式及互动的理解。

（三）增能理论

增能理论关注人的基本价值的实现，该理论强调人是发展的，残疾人也可以通过一定的方法，在一定程度上恢复失去的机体及社会功能，这有助于他们进入正常的社会生活，同时还可以增强自信心。许多关于残疾人的供养及照顾理论都是将服务对象看作脆弱的群体，忽略了社会工作最基本的价值观念，即人是有潜能的、是可以改变的。

按照对增能理论的理解，对服务对象增能的方式是多种多样的，例如残疾人可以通过康复训练使已丧失的身体功能得到部分恢复，也可以通过教育和培训充分发掘并提升自身的潜能等。当然，直接改善外界的生活以及活动条件，也可以在一定程度上减少残疾人生活上的障碍。

四、改善残疾人就业意愿的可能性

残疾人群体是一个不容忽视的特殊群体，其生存和发展状况不仅直接影响个人及其家庭，而且影响到国家政治、经济和社会安定的大局。通过专业服务澄清并改善残疾人对自身、对职业、对社会的认识，对提升残疾人的就业意愿具有重大的影响。

残疾人在生理上有缺陷，从某种角度而言一定会通过其他方式寻求功能上的补偿，例如生理功能的补偿和心理潜能的发挥。在生理功能的补偿上，他们可能会调动其他某些生理器官在一定程度上获得功能代偿；同时生理缺陷往往成为充分发挥心理潜能的动力。残疾人通过发掘自己潜在的体能和心力，常常能够克服健全人难以想象的困难，在某些方面表现得更加突出。当然，残疾人心理潜能的充分发挥受到自身以及一系列社会因素的影响，如果由于某些原因他们的补偿心理得不到实现，他们很可能会变得更为消沉、自卑（蔡翮飞，2010）。

专业社会工作者通过利用残疾人心理潜能的发挥契机，和他们一起发掘并争取更多的现实条件，并激励他们开发潜在的心理能量，以实现残疾人生理及心理机能上的补偿，促进残疾人更好地适应社会。

第二节 改善残疾人就业意愿的个案工作干预过程

解决残疾人就业问题，是改善残疾人生活状况的重要途径，同时也是关系到国计民生的根本问题。如果单纯通过社会保障或社会扶持政策帮助残疾人，往往很难起到持久效果。尽管残疾人就业难确实是客观现实，但通过改善残疾人的就业意愿可以在一定程度上促进他们的求职行为，增加残疾人就业的可能性。

一、第一阶段：接案与建立关系

（一）目的

案主由某社会服务机构推荐，社工与其联系后同意接受服务。本阶段的目的包括：

（1）初步与案主接触，了解案主的基本情况，评估是否合适成为服务对象。

（2）向案主解释个案工作的性质、主要工作内容及方式。

（3）在案主知情同意的情况下确定专业关系。

（二）接案过程

社工在北京市某社会服务机构实习，在机构的介绍下与案主接触。经过电话沟通，案主表示愿意接受社工的专业服务，但以身体活动受限为由拒绝与社工面对面沟通，只同意在网络上通过QQ进行文字交流。考虑到案主身体残疾的特殊性，加之社工希望探索可以为残疾人提供服务的个案工作模式，于是接受了案主的要求，同意以网络即时文字方式与案主交流，双方约定好遵守专业设置，每周网络沟通一次。

案主，女，26岁。因患先天性脑性瘫痪（简称脑瘫）而残疾，据其自我表述，突出的症状是行走不稳，说话不清楚，很难正常写字，但敲击键盘打字以及运用网络沟通比较顺畅。现待业在家。案主的家庭条件较好，家庭主要成员有爸爸、妈妈，父母都是工厂工人。由于母亲在怀孕期间煤气中毒，导致案主患先天性脑性瘫痪。案主4岁时才开始学走路，刚开始只会横着走，小时候曾接受过很多治疗，目前已不再接受任何治疗。案主小学和初中都是在普通学校就读，然后就读特殊教育职业高中，现在某高校特殊教育学院公共事业管理专业攻读大专学位，只是周末上课。

（三）工作过程

社工初次与案主在网络上沟通时，应注意营造安全、接纳的氛围。正式工作之前，社工反复邀请并解释见面会谈的意义，案主仍然拒绝与社工面谈，而且只同意通过网络与社工在网络上进行文字沟通，在一定程度上反映了案主的敏感、脆弱，可以想见案主在现实生活中比较封闭。加之经由网络进行文字沟通时，社工无法获知案主的非言语信息，很难及时把握对方的感受和情绪，所以社工比较小心，更多采用反应性倾听的方法，希望能够接纳案主的表达而不引发案主的防御。

【会谈片段】

案主:"其实我做梦都想工作,但是没有合适的岗位是第一;其次我什么都会干点儿,但是确实走不稳,手也有些晃,如果身后有汽车按喇叭我都会吓一跳。"

在沟通过程中,社工发现案主还是很愿意自我暴露的,但表达的负面信息更多。社工通过倾听协助案主自由表达,同时也注意运用积极关注技巧,引导案主看到一直以来被她自己忽略的积极方面。当社工给予积极肯定以后,明显感到案主更愿意开放自己。

【会谈片段】

社工:"听你讲述这么多生活中发生的事情,我感觉你挺上进的。"
案主:"我不是,我要是的话早就找到工作了,没有毅力是我的缺点。"
社工:"那你的优点呢?"
案主:"不知道,我真不知道我有什么优点。"

二、第二阶段:资料收集与诊断

(一) 目的

全面收集案主的资料,了解身体残疾给案主个人生活以及社会适应带来的影响,理解案主的生活处境,明确界定案主的问题。

(二) 资料收集

由于社工和案主只是在网络上通过文字进行即时交流,收集资料需要更长的时间。一方面,社工看不到案主,会丢失案主非言语行为传达的信息,对文字信息的理解也会大打折扣,不容易及时抓住对方情绪的变化而失去对案主深入理解的机会;另一方面,因为没有和案主面对面沟通,缺少社会临场感,致使社工无法切身感受到案主身体残疾对其生活处境和求职压力构成的影响,会延迟社工对案主的理解。当然,在网络上除了通过案主的文字叙述,社工还可以通过案主在QQ空间的自我呈现、文字大小、颜色以及表达风格等其他途径了解案主。通过分析,案主的问题主要表现在以下几个方面:

- 自卑，低价值感

从案主介绍的成长经验里，可以明显感觉到案主的低自我价值感，尤其怀疑自己的存在感；可以看到案主内心的伤痛与挣扎。

【会谈片段】

社工："你是什么时候开始觉察到自己与别人不同的？"

案主："我四岁时才开始学走路，跟别人都不一样，像螃蟹一样横着走。"

社工："你一开始能接受这个事实吗？"

案主："不能，小时候老有一种想死的冲动，看见别人跑啊、跳啊，我自己什么都不可以做。"

在案主的QQ空间里，QQ状态经常变化，唯有那句个性签名从来没有变过："我不过是尘埃，带来烦哀，带来干扰。"从案主的个性签名，可以体会案主如何看待自己、如何理解自己的存在及其给家庭带来的影响。显然，尘埃实在微不足道，不仅无价值、无意义，而且不受欢迎，给别人带来的永远只有费心、费力地清除。案主就是这样理解自己的，她也会把这种想法投射给家人，构建出家人对自己的态度。

【会谈片段】

案主："一切都是未知数，我从小自卑，觉得很多事情自己都不如别人。每次这么想的时候，我就告诉自己不跟别人比，但我不敢确定一些事情我要怎么想、怎么做。"

- 社会退缩

案主的生活空间基本上都局限在家里，但在交流过程中案主却很少谈及自己和家人的互动。案主认为，别人都很难理解自己，也不认为自己和周围人能成为好朋友，目前看起来唯一能理解自己的只有一位网友。

【会谈片段】

案主："我朋友很少，也不喜欢聊天。我说话都说不清楚，现在和班上同学也就是每周在一起上一天课，基本上没有什么交集。"

社工："如果有烦恼，也不会跟父母倾诉吗？"

案主："不会，我觉得别人都不理解我，他们根本不能理解我的想法。妈妈老让我看电视上有关残疾人自强不息的故事。我和姥爷特别好，我特别喜欢姥爷，我姥爷离开的时候我伤心欲绝，都想跟他一起去了。"

社工："姥爷去世让你很伤心，觉得少了一个能理解你、能帮助你的人，妈妈可能是希望让你更加努力吧。"

案主："不，他们根本不理解我的想法。我妈妈经常跟我说，要是没有我的话，他们就有一个比我晚一年出生的儿子了。没有我姥爷就没有我，是我姥爷坚持让他们生下我的。"

社工："可以晚饭后在小区和父母散步，与小区邻居交流交流，对身体和心情都会有好处的。"

案主："小区都是些叔叔阿姨，没什么共同语言。我也不想活那么久。我就两三个朋友，我除了上网聊天不爱说话。"

社工："你觉得周围人可以成为好朋友吗？"

案主："不，我从来不这么觉得，也从来没想过，我觉得别人都不理解我。除了她（指她的网友），只跟她有很多话。她会鼓励我，不打击我，就算打击我也是为我好。"

（三）评估与诊断

通过分析，对案主及其问题进行初步评估，作为进一步制定工作目标和制订工作计划的基础。案主求助的原因及问题包括：

- 自卑

案主自卑心理很强，觉得自己什么都干不好，没有毅力，看不到自己的优点；受限于身体残疾状况，认为自己很难改变。

- 社会退缩

案主平时基本上都是"宅"在家里，很少与父母交流，没什么朋友；唯一的社会活动是外出上课，但和同学也没有什么交流。

- 对就业没有信心

由于经历过一次就业欺骗，就业意愿和就业积极性都受到一定的打击，对就业更加退缩和畏惧。

三、第三阶段：制定工作目标和制订计划

（一）目的

在对案主的总体情况进行分析以及了解案主需求的基础上，制定工作目标，并进一步制订详细的工作计划。

（二）工作目标

通过对案主的分析和评估，与案主协商确定案主的短期目标和长期目标。

- 短期目标

接纳自己的身体：帮助案主了解自己的身体状况，学习接受身体残疾带给自己的影响，不再将身体残疾作为约束自己的借口。

与社会保持联结：逐渐改变对周围环境的负面态度，愿意开放自己，学会辩证地看待外界环境。

- 长期目标

接纳自己：帮助案主全面认识自己，既面对自己的不足，同时也肯定自己的价值和优点，学习接受真实的自己。

尝试就业：锻炼自己在表达等方面的基本能力，拓展就业求职能力，做好求职就业的心理准备。

（三）工作计划

在此基础上，初步确定八次个案工作的辅导方案，每一次个案会谈工作目标以及工作内容如表 7-1 所示。

表 7-1　改善残疾人就业意愿个案工作计划

工作阶段	工作目标	工作内容
第 1 次	1. 与案主建立初步联系 2. 收集信息	1. 初步建立关系 2. 了解案主基本信息
第 2 次	1. 澄清问题 2. 确定工作目标	1. 继续发展关系 2. 了解案主的就业意愿和心理
第 3 次	1. 促进情绪宣泄 2. 通过情感支持	1. 帮助发掘并减弱自身存在的自卑心理，提高自我认同，树立就业信心

续表

工作阶段	工作目标	工作内容
第4次	1. 深化自我认知 2. 促进自我接纳	1. 帮助案主对自身的身体状况正确看待并接受 2. 促进对自我的正确的积极的认知
第5次	1. 客观看待环境 2. 培养积极态度	1. 学会辩证地看待外界环境 2. 建立对周围环境的积极态度
第6次	1. 提升就业面试能力 2. 提高社会适应能力	1. 增强就业能力 2. 提高社会适应功能
第7次	推动行动的执行力	1. 提高就业行动的动机 2. 学习用行动解决问题
第8次	1. 回顾工作内容及过程 2. 巩固进步，促进迁移	1. 结案，巩固个案成果 2. 评估工作效果

四、第四阶段：提供服务

- 引导自由表达，促进自我接纳

案主对自己语言交流和行动不便时别人的异样目光非常敏感，自我认知消极，责怪自己不争气，认为自己是家人的负担，甚至曾经采取了极端的自残手段。因此，有必要改变案主对身体的接纳程度和自我认知。

【会谈片段】

社工："现在能正视自己的身体状况吗？"

案主："还是有些不能，不能像别人那样正常说话，打电话什么的还是很吃力。我以后得自己生活啊。"

社工："这给你的生活确实带来很多不便。"

案主："我受不了别人异样的眼光，尤其是不想因为自己牵连到家人。残疾是我的，不是我家人的，干吗让我家人也受到异样的眼光。"

社工："嗯，你觉得自己连累了家人，让家人也被别人看不起。"

案主："我有时候会自残，在手腕上拉口子，呵呵。"

社工:"是因为抗议,还是对自己身体的折磨?"

案主:"是恨自己的表现,恨自己不争气,恨自己没有一技之长。"

社工运用认知疗法,结合辩论、指导和解释等技巧挑战案主对自己的消极认知,重建案主对自己的认知态度。

【会谈片段】

社工:"我看到你空间里说,自己'不过是尘埃,带来烦哀,带来干扰',为什么觉得自己是烦哀和干扰呢?"

案主:"因为我不能去干自己想干的事情,给我的父母带来了很大的麻烦。"

社工:"可是这并不是你的错,这是你自己不能控制的事情。"

案主:"我特别想自己独立起来,不依赖父母。"

社工:"你很懂事,也很体谅家人,想给家里减轻负担,让他们不再为你担心,甚至很多健全人都不会有你这么积极向上。"

- 改变自我认知,促进社会交往

案主对自己持否定态度,认为自己没有价值,感觉自己的前途没有希望,认为自己归根结底就是一个失败者。社工需要针对案主这些比较偏激的自我认知做工作。

【会谈片段】

案主:"我还真不知道我有什么优点。"

社工:"我和你才认识没多久,只了解到一部分,但是我发现你有不少优点,你善解人意,不想给家人添麻烦;你积极向上,想自己独立,不想成为父母的负担;你很有才艺,文笔很好,写的文章让人读着非常舒服,都快能够写文章赚钱了。"

案主:"呵呵,也许吧。"

社工:"我觉得你对自己没有一个正确客观的认识。实际上,尽管很多事情你想干没有干成,但不代表你没有价值,起码你没有给父母带来过多的负担,你一直在寻求更好的途径,只是还没有寻找到。这个努力寻找的过程就是你的价值所在。你怎么知道自己是个失败者?你怎么知道前途是没有希望的？只要你在努力向前走，那么生活就是有希望的，你觉得呢？"

案主平时几乎不出门，与外界的接触和沟通非常少，在家与父母的沟通也不多，觉得别人都不能理解自己，认为能够成为朋友的人很少。社工鼓励案主敞开心扉与自己的父母交流，多与外界沟通，使自己的生活更加丰富充实。

【会谈片段】

社工："你的一言一行别人不会都注意，你不可能成为别人生活的中心，除了你的父母，别人不可能随时关注你的状态。你是为自己而活，你不必那么在意别人对你的眼光和看法，甚至他们自己也会忘记当时的眼光，就像你自己只注意到自己的言行而没注意到别人的。你自己当下真实的想法和努力才是最重要的。"

社工运用行为疗法，以家庭作业的方式促进案主的行为改变，并在案主尝试改变的过程中为案主提供心理支持。案主对父母的感情是非常复杂的：一方面，案主知道父母从小悉心照顾自己非常艰辛，也为自己给父母带来的经济压力以及被周围人看不起而深感内疚；但另一方面，她又对自己残疾的身体状态以及不如意的生活感到很不公平。无论是对父母不理解自己，还是对自己的无能为力有很多抱怨，案主很少有机会和父母沟通，加之自己自我封闭，反而容易和父母之间发生一些误会。

【会谈片段】

案主："我心里很感激他们，知道他们不容易，但是我向来不爱表达，从来没有把这些话说出来，很困难。"

社工鼓励案主与父母进行一次交心的沟通，将心里话告诉给父母，并向父母表达对自己养育之恩的感谢。案主在接下来一次的个案访谈中给研究者带来了反馈，作业完成并有很好的效果。

【会谈片段】

案主："我前天跟我爸妈说了，刚开始我爸妈挺惊讶的，问我今天怎么了，然后我没理他们，继续说我自己的。"

社工："对你来讲，说出这些话是挺不容易的，父母也会奇怪。"

案主："我爸妈还挺感动的，我跟他们说以后别担心我了，我自己会知道怎么办的，他们就没说什么。不过后来我跟他们说什么他们也没像以前一样训斥我了。"

跟同学扩大交往。由于案主现实层面的交往主要是周末去上课，案主只是偶尔会和同学"客气几句"，但是没有交流过。社工建议案主尝试下周在班上任选三位同学聊天，并至少留下两位比较感兴趣的同学的联系方式，方便以后联系。布置作业时案主比较犹豫，但案主还是努力去做了，虽然只是很肤浅的交流，主动找两位同学要了QQ号码，回去成了QQ好友。

- 协助提升技能，改善就业意愿

语言表达训练。案主目前最为苦恼的是语言表述不清，社工查找了"脑瘫患者的语言恢复技巧"中的训练技巧，将资料整合后提供给案主，要求案主参照练习以提高语言技能，这对案主克服自卑心理、促进其社会交往及就业都有积极的影响。社工和案主一起制定"语言训练计划表"，按时进行语言训练，社工定时检查，对案主已经取得的进步给予肯定，鼓励案主坚持完成训练。

【会谈片段】

案主："那篇文章，我能读到4分多钟了，提高了快1分钟呢！我现在更喜欢说话了，我妈妈也说我比以前话多了。"

筛选和辨别就业信息。社工在帮助案主分析之前就业中受到欺骗的基础上，搜索预防就业骗局相关的资料提供给案主参考，与案主一起讨论资料的来源以及如何解读这些信息。一方面，使案主认识到在以后的求职过程中提高警惕非常重要；另一方面，教会案主提高辨别就业信息真伪的技能。社工这样做，案主既可以感受到社工对她的关心，同时也认识到，对于社会上可能出现的负面情况，自己能够有一定的掌控能力。

【会谈片段】

社工："你看到的不是世界的全部，只是冰山一角。可能运气不太好，可能上天要锻炼你，让你第一次就遇上了为数不多的坏人或者骗子。可是你要知道,他们只是社会的一小部分,还有大部分的爱和善良等着你去体会、去感受。"

五、第五阶段:结案与评估

(一)结案

- 回顾个案过程

在工作效果评估方面,案主和社工要共同总结案主在这段时间心理和行为的变化,社工注意让案主对自己的表现进行评价,以便她更清晰地了解自己的进步和不足,促进其向日常生活的迁移。

- 处理分离情绪

在个案工作的最后,社工继续对案主给予肯定和希望,让案主更多地表达自己的内心感受,表示会持续地跟进和关心案主,从而强化案主改变的信心和动力。

(二)评估

整个干预过程,案主逐渐发生了明显变化,通过案主的主观陈述,能够感受到案主在心理认知和行为上发生的积极变化,她与社工的交流越来越坦诚,其自信心在一定程度上有所提高。

后来社工通过个案工作结束后的后续跟踪访问了解到,案主目前已经在残联的帮助下开始一个为期两个月的软件方面的就业培训,并在培训中认识了新的朋友。

第三节 改善残疾人就业意愿个案干预模式的讨论

残疾人是社会工作实务领域重要的服务群体之一。在残疾人群体中普遍存在一种倾向,即容易把发生在自己身上的问题或困境归咎于身体残疾,忽视自身的主观意愿以及主观努力。换个角度来讲,身体残疾确实是他们非常突出的制约因素,但并不能成为他们逃避个人责任的借口。因此,如何改善主观意愿并调动其能动性,是社会工作专业介入的重要切入点。

一、改善残疾人就业意愿个案干预的关键点

针对影响本案主就业意愿的因素，社工从改善案主的情绪入手，重视改变案主的不良认知，并通过行为训练促进案主的适应性行为，目的是提高案主的社会适应能力，提升案主的主观就业意愿，并进一步付诸行动。

- 情绪干预

通过与案主交谈，发现案主明显存在自卑、焦虑等消极情绪体验。残疾人群体一般在现实生活中很少与父母沟通，与父母的情感关联也比较复杂。特别是成年以后，一方面怜惜父母为自己的付出与努力，另一方面也对自己不得不面对的残疾生活感到无奈。他们都非常敏感，很少能有朋友走进他们的生活，缺乏支持系统的他们越发感到孤独。在服务过程中，社工为案主提供了一个安全、开放的倾诉氛围，促进案主在安静而且安全的环境中自由表达，长期压抑的负性情绪得到宣泄，有助于案主释放焦虑情绪。同时，在访谈过程中社工有意识地促进案主与周围环境的联结，培养案主积极的情绪体验。

- 认知干预

不良认知是阻碍案主就业的重要因素。由于自身机体的限制以及很少与外界交流，残疾人容易封闭在自己的世界里，不经过现实的检验就执着于自己的观念，而正是这些观念成为限制案主生活的"魔咒"。在本案中，先帮助案主了解他的自我对话、假设和信念，同时也帮助案主了解这些自我对话、假设和信念对他的生活所起的作用与影响，然后探讨真实生活中造成其困惑与问题的想法和信念，并一起为改变这样的想法和信念做出努力。实践证明，社工发掘案主消极的不良认知，通过认知重建、改善其看待问题角度的方法是有帮助的。

- 行为干预

要想促进案主真正发生改变，唯有通过行动。特别是在改善残疾人就业意愿的个案中，通过行为干预可以促进案主尝试不一样的行为方式，从而产生不一样的情绪经验。采取个案工作中的行为治疗方法，鼓励案主做出与就业相关的积极行为，对案主的积极行为做正面的强化，对其不良行

为做负强化，无论是在提高自身能力上做出努力还是促成其就业行为，都会使案主发生改变，从而使其迈出行为上最为关键的一步，并在以后的生活中巩固下来。

- 社会适应能力提升

对残疾人的个案服务介入，不仅着力于案主本身问题的解决，而且也关注案主对现实生活环境的实际融入，为案主参与社会活动提供一些信息上的补充，并帮助其发展所需要的行为技巧，使案主学会通过整合周边的各种社会资源使之成为自己的支持性因素，对案主的社会参与融合意愿产生积极的影响，有利于进一步转化为实际的行动。

二、残疾人就业意愿个案干预效果的影响因素

残疾人比较敏感，社工在帮助残疾人提升就业意愿的过程中要特别注意与案主保持良好的专业关系，要知道取得案主的信任是非常重要的。社工可以从多个方面发生影响，社工承担多种角色。

- 服务者角色

社会工作者的首要角色就是向案主提供专业服务的服务者。社会工作者通过明确案主的需要，界定案主的问题，制定解决问题的策略，从而提供专业的服务。专业的服务不仅包括心理咨询和意见建议，还包括一些物质帮助和信息资源（于囡璐，2011）。社会工作者为残疾人提供服务时，要结合残疾人的情况，同时注意服务提供的方式。通过对案主的了解以及一系列的社会工作介入的服务的提供，帮助案主缓解自卑心理。

- 赋能者角色

残疾人自身的优势和长处是社会康复的关键，社会工作者要帮助残疾人发挥潜能，最终实现自我成长。在这个过程中，社会工作者扮演着"赋能者"的角色，运用社会工作专业知识和技巧帮助案主积极面对自己的问题，鼓励案主实现每一个进步；同时，社会工作者积极将资源与案主联系起来，促进案主的正向发展。

- 倡导者角色

在一定情况下，社会工作者应该成为受助者采取某种行为的倡导者，

即当受助者必须采取新的行动才能有助于其走出困境时，社会工作者应该向其倡导某种合理行为，并指导他们以使其成功（王思斌，2006）。在研究过程中，鼓励案主主动走出自己的内心世界，与父母沟通，与周围的人交流，促进其社会康复。

尽管残疾人社会工作是社工服务的一个重要领域，但提供实际服务的研究还是非常有限的，本次个案干预是一次探索性的尝试。在本案服务过程中，尽管社工一再提出邀请见面但案主始终拒绝，只同意通过网络与社工交流。社工只能从与案主的文字交流中了解信息，对案主的身体状态以及该状态对案主就业、生活造成的影响缺乏直接的认识，对案主情绪的把握也因为缺少非言语信息而感到有些困难，这是本次个案工作中最大的限制性因素。

可见，社会临场感很重要，特别是为残疾人提供服务，尽管残疾人确实行动不便，而且从主观意愿来讲他们不愿意与陌生人见面，但是社工和案主的会面确实是有着重要的作用。其一，通过会面，社工可以确实了解到案主的身体残障状况，当社工与案主在一起时，有利于切身感受到案主的生活处境以及就业行为的困难；其二，残疾人案主通常比较敏感，不容易信任他人，在自由表达方面可能更容易掩饰自己，经由会面通过非语言行为可以更为准确地把握案主的整体状态；其三，其实案主接触并参与社会也是有好处的，这样可以帮助案主获得更为直接的外界反馈，而不是退缩在自己的封闭世界中。

第四节　对我国残疾人个案工作的建议

目前，我国针对残疾人群体开展的工作大多具有明显的行政化色彩，所提供的服务属于一种"授人以鱼"的服务模式，很少以残疾人作为参与主体、作为出发点提供服务（汤夺先，张传悦，2012）。事实上，从残疾人社会工作专业的角度来讲，发挥残疾人的主体作用，以"授人以渔"的方式提供专业服务，将产生更具持久性的效果。

一、政府方面

我国现有残疾人的工作体系还不能满足残疾人充分就业的需求。社区残疾人工作普遍存在着工作覆盖面小、服务面撑不开的局面,甚至有"残疾人工作够不着残疾人"的现象。包学雄和王浪花(2008)认为,残疾人工作必然要走社会化之路。残疾人的社会问题应当由社会管,必须动员社会力量来解决社会问题,而社会工作在其中必定大有作为。

为此,政府方面要起到牵头、带动的作用,动员各种社会力量,整合各方社会资源,促进和推动残疾人工作的开展。作为政府,不仅要出台切实可行的、残疾人相关的社会政策,提供满足残疾人就业需要的岗位;更重要的是采取必要的措施确保政策落实是非常必要的,只有这样才可能真正惠民于残疾人群体。

二、机构方面

在有关残疾人的社会服务机构里,首先要做的是转换观念,要在服务内容方面有所扩展,在服务品质方面有所提升。要尽可能地发挥残疾人的主体作用,调动其能动性和自主性,这样才能使对残疾人的帮助效果更具持久性。

通过提升残疾人的就业意愿,鼓励他们走上工作岗位做一些力所能及的事情,不仅有利于他们自食其力、获得更多的生活来源,更重要的是有利于残疾人通过工作带给自己满足感和充实感,对生活充满希望。只有当残疾人与社会建立起联结,才能可能真正实现自身价值。

三、个案工作方面

社会工作的本质是一种助人活动,以利他主义为指导,以科学的知识为基础,运用科学方法开展社会服务。社会工作是一种科学的助人服务活动,不同于一般的行善活动(杨文慧,2007)。在帮助残疾人等弱势群体的过程中,社会工作者有专业的理念、科学的方法和一整套的科学知识作为基础。

社会工作的核心理念是"助人自助",助人为乐又是社会工作者的基本素质,这两点对于特别需要社会各界主动给予帮助的残疾人来说尤为重要。残疾人群体由于生理上的各种缺陷而存在着特别自卑和渴望被关注等心理,需要社工以十分的耐心和坚忍的敬业态度开展工作(马洪路,2010)。社会工作者运用专业的方法技巧满足残疾人的心理需要,并改善残疾人的心理和生活状况,这具有十分重大的意义。

促进残疾人生存和发展是社会工作的重要使命;帮助残疾人就业是保障残疾人生存权、发展权和参与权的前提条件;使残疾人有能力参与社会生活并就业,是实现助人自助的重要途径。

第三篇

实习文件与问答

第八章 社会工作专业实习文件

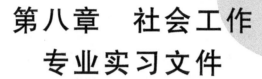

本章主要内容

❖ 社会工作专业实习的相关制度及要求
❖ 社会工作专业实习学生的权利和责任
❖ 社会工作专业实习的伦理要求

社会工作是依托理论并注重实务的应用型学科，是专业社工综合运用科学的理论和方法提供的专业化服务，决定了专业实习在整个社会工作专业教育体系中的重要地位与作用（黄红和初智巍，2009）。

专业实习是提升学生实务能力的重要培养环节，专业学生正处于专业理论学习和实务操作相结合的阶段，从保护案主利益出发，必须确保服务达到一定的专业服务水准。因此，实习学生必须在机构督导和专业教师的指导下为案主提供专业化服务。无论是实习学生、指导教师还是实习机构，包括学校，都要履行各自的职责，同时也应该遵守相应的职业伦理规范。

第一节 社会工作专业学生实习守则

专业实习的目的是促进理论知识与实践领域的整合。在专业实习过程中，学生始终是一个积极主动的学习者和实践者，通过专业实践获得能力提升是专业实习的教学目标，实习学生进入机构实习有明确的职责、权利以及伦理要求。

一、实习学生的职责

（一）实习开始前

（1）实习机构的选择要以相关实习课程规定的实习目的和基本任务为依据，确保实习机构所提供的工作内容与实习课程的教学目标基本相符。

（2）根据相关实习课程的教学要求做好实习安排，调配充足时间参加机构实习，对实习内容、实习时间以及具体要求与机构督导做好沟通协调。

（3）进入实习机构前应熟悉实习的目的与任务，复习相关的理论知识和技术方法，做好实习计划，设想实习过程中可能遇到的问题以及应对策略。

（二）实习过程中

（1）在实习期间严格遵守实习机构的政策、制度及相关规定，主动参与实习机构的相关工作，包括会议、研讨、工作坊等各种专业活动，在实习机构虚心向工作人员学习。

（2）在实习过程中以专业态度和专业理念对待服务对象，运用专业方法提供服务，遇到专业问题或挑战时应及时与机构督导和学校指导教师联系，共同探讨现实可行的解决方案。

（3）当实习机构所要求的工作内容与实习目标发生明显偏离时，应及时向学校督导和机构督导反映，做好沟通协调以便及时调整，确保在规定时间内完成实习任务，达成实习目标。

（4）按时参加督导讨论会，主动向指导老师汇报实习进展，针对实习过程中遇到的困难与疑惑接受督导，并积极参与专业讨论，同时按要求提交实习周记以及相关记录。

（5）在实习过程中，实习学生要对自己的安全负责，无论在实习机构还是在实习途中都要注意安全，做好自我保护。

（三）实习结束时

（1）在机构实习结束后，以专业态度检视自己的工作表现，虚心听取机构督导的反馈，进行服务效果评估。

（2）及时撰写实习总结报告，按统一要求提交实习机构证明，请机构督导签署实习表现鉴定反馈表，按时参加专业汇报，分享实习经验。

（3）必要时，以座谈会或书面报告等形式与实习机构交流，以专业实习学生的视角向实习机构反馈自己在实习机构的观察以及建设性建议。

二、实习学生的权利

（1）选择实习机构时，学生可以根据自己的专业兴趣和职业发展规划自主选择实习领域；但要以完成基本任务为前提，并且经过指导教师审核确定。

（2）在实习期间，学生遇到任何专业方面的疑问，都有权利向指导教师提出，指导老师有责任予以解答。

（3）当实习机构要求的工作内容与最初实习意向严重不符或者严重超出实习范围时，学生有权利提出质疑，注意事先要与学校指导教师沟通。

（4）对于学校指导教师或机构督导的失职或不当行为，学生有权利向校社会工作专业实习委员会提出质疑。

三、实习学生的纪律要求

（一）遵守专业规范

（1）在实习期间，实习学生应注意维护专业形象，注意着装、仪容以及礼仪等，不得与实习机构或服务对象发生冲突。

（2）实习学生要对实习机构负责，坚持以案主利益为中心，必须在自己的专业能力范围内运用专业方法提供社会服务。

（3）实习学生应尽力避免因自己的不当行为对实习机构造成不良影响，及时与机构督导和学校指导教师沟通，尽最大可能将不利影响降到最低。

（4）如果确实因为实习学生行为不当造成不良影响，视实际后果以及后续表现在实习成绩中的反映予以处理，严重者依据校规予以惩处。

（二）实习请假制度

在实习期间，学生如果因为生病或突发事件等特殊情况不能按时参加实习，必须履行请假手续。具体规定如下：

（1）实习学生请假在1天之内的，必须提前向实习机构督导请示批准，便于实习机构协调安排，以免影响正常工作。

（2）实习学生请假超过1天且不超过3天的，必须提前向实习机构督导请示批准，同时告知学校督导，并出示书面请假证明。

（3）实习学生请假超过3天的，必须提前向校社会工作专业实习委员会提交书面申请，说明具体原因，经同意后方可请假。

（4）实习学生如果不履行请假手续擅离实习岗位，且对机构工作造成不良影响的，实习学生应做出书面检查。

（5）实习学生如果不履行请假手续擅离实习岗位，记为缺勤，缺勤累计达教学时数1/3及以上者，该实习课程可被评定为不及格。

（三）关于工作酬劳

实习学生原则上不领取工作酬劳。学生参加专业实习的根本目的是通过实践获得专业能力，而不是获取报酬。当实习学生遇到特殊情况时，要及时与学校指导教师沟通。

（1）一般来说，如果实习机构规定可以为实习学生提供交通费、误餐费等补助，通常不在此限制范围。

（2）如果实习机构因实习学生所做的工作超过实习时限或者超出实习范围，愿意提供适当劳务费时，需经校社会工作专业实习委员会同意后方可领取。

（3）原则上说，实习学生应以确保按时完成实习任务并且达到实习要求为首要原则。

四、实习学生的伦理规范

（1）实习学生在初次与案主接触进行自我介绍时，应明确实习生身份，在征得案主知情同意的前提下为案主提供专业服务。

（2）实习学生应根据自己的工作能力承担实习机构安排的工作，不担当超出自己专业能力范围以外的工作，不对案主做不切实际的承诺。

（3）实习学生始终坚持以案主利益为中心，不分性别、年龄、社会地位、宗教、种族等区别对待，对所有案主一视同仁。

（4）对案主保持诚信，尊重案主，实习学生不做有损于案主权益的事情，如歧视、中伤、诽谤、泄密、抛弃等。

（5）尊重案主的隐私权，对在专业关系中获得的资料严格保密，不得将实习机构的相关记录带出办公室，相关记录应按机构规定妥善保管。

（6）当案主谈及杀人、自杀、强奸、伤害儿童等极端行为时，需及时向机构督导报告，必要时即刻启动危机干预等工作程序。

（7）实习学生遇到价值冲突或伦理困境等特殊问题时，应及时与机构督导或学校指导老师讨论应对方法，以免因缺乏经验而处理不当。

（8）尊重案主参与的权利，培养案主自我决定的能力，但是当案主的自我决定可能对自身造成伤害或者对他人构成威胁时，要与督导讨论。

（9）实习学生绝不可以与案主发生专业关系以外的任何关系，不在工作范畴之外与案主见面。

（10）实习学生不图谋私利，不得接受案主的礼物，遇到案主提出特殊要求如请客吃饭等，必须按专业原则处理。

（11）与机构工作人员保持良好的合作关系，遵守实习机构的规定，履行机构赋予的权责，不得以私人言行代表机构。

（12）实习学生应经常对自己的实习表现进行专业反省，思考自己的价值观、工作经验等可能对专业工作造成的影响。

第二节　社会工作专业实习指导教师守则

社会工作专业学生的实习实行三级负责制。首先，实习学生自我负责，对完成实习任务及提供专业服务要高度重视，负有直接责任；其次，机构督导及学校指导教师负责，为实习学生提供方法指导和心理支持，对可能发生的问题有所预见并妥善处理；最后，学校负责，作为人才培养单位有责任监督专业实习的实施，以保障人才培养质量。

一、实习指导教师的角色

实习指导教师承担多重角色,是学生专业实习的负责人、管理者,同时也是学校与实习机构的联络人和协调人。

(1) 实习指导教师是学生实习的负责人。学校指导教师是学生专业实习的直接负责人,不仅在实习开始时要帮助学生审核并落实实习机构,而且在实习过程中督促学生完成实习任务,还要在实习结束时对实习表现以及教学目标完成质量进行评价。

(2) 实习指导教师是学生实习的管理者。学生进入实习机构实习,学校指导教师要引领学生做好充分准备,既包括心理准备也包括专业准备,促进学生与实习机构的沟通,对学生在整个实习期间的工作表现进行监督和管理,充分发挥监督职能以确保完成教学任务。

(3) 实习指导教师是学生实习的督导。专业实习的根本目的是经由专业实践提升实务能力,指导教师的根本任务是帮助学生将理论运用于实践,提升学生在实务工作中分析问题、解决问题的技能,促进理论与实务的整合,同时为学生提供心理支持。

(4) 实习指导教师是学生、实习机构以及学校的联结者。学校指导教师作为学校代表,对学生的全程实习负责,对实习效果进行评价,承担着学校人才培养以及教书育人的功能。同时,指导教师也是实习学生与实习机构的协调者,与实习机构督导对学生有协同指导责任。

二、实习指导教师的职责

(一) 对实习学生的职责

(1) 帮助实习学生明确专业实习的重要作用,认识到提升实务能力是社会工作专业人才培养的重要途径,促进学生在专业实习中将课堂所学理论应用于实务过程,以专业态度对待实习。

(2) 向实习学生明确实习课程的教学目标,提出具体的实习任务和要求,澄清个人、机构督导及学校指导教师的角色与职责,促动学生发挥主体作用,使其成为主动的学习者和实践者。

（3）协助学生了解并发展个人的专业兴趣，选择适合的实习机构，指导学生落实实习计划，监控执行过程，鼓励学生主动参与实习机构的各项活动，确保完成实习目标。

（4）定期到实习机构了解学生的实习进展情况，熟悉实习学生的工作环境和工作安排，协调学生与实习机构的关系，及时发现学生在机构实习过程中遇到的具体问题，并予以协调解决。

（5）定期与实习学生进行督导，促进学生理论学习与实际服务的整合，遇有特殊情况时及时与学生沟通，为学生提供心理支持，促进学生的自我成长与专业发展。

（二）对实习机构的职责

（1）协助实习机构明确学生的实习目的与任务要求，了解学生的实习流程、要求以及相关规范，以便实习机构为实习学生安排相应的工作内容。

（2）积极与实习机构建立合作关系，邀请机构督导参与本专业相关课程的学习以及研讨，为学生了解实习机构以及实习机构了解实习需求提供机会。

（3）主动与实习机构协调，共同讨论实习任务的可行性，预估可能出现的问题，明确双方的责任和沟通方式，为学生创造有利于专业学习的实习条件。

（4）与实习机构督导共同评估学生实习的总体表现，可以向实习机构提供学生对机构服务相对客观的观察与反馈，以便将来更好地合作。

（三）作为学校指导教师的职责

（1）学生对自己的专业实习负主要责任，但学校指导教师有监督责任，不仅包括实习学生为案主提供的服务要符合专业标准，而且在实习过程中要遵守机构的政策、惯例和程序，学校指导教师有监管和督导职责。

（2）指导教师有责任对学生在实习过程中的工作成效以及出现的问题进行总结，将实际经验反馈给学校，为社会工作专业课程设置改革提供依据，以提高人才培养质量。

（3）当实习学生遇到特殊情况，指导教师不能自行解决时，有责任尽快向校专业实习负责人报告，以便得到妥善处理。

（四）学校专业实习负责人的职责

（1）在开始实习之前，实习负责人组织召集指导教师和实习学生进行实习动员，宣讲专业实习的重要性及其目的，明确提出实习任务和纪律要求，澄清学生对实习的困惑和疑问，有利于学生积极参与实习计划和实习分配。

（2）实习负责人与指导教师保持联络畅通，当实习教师遇到学生反映的问题和困难却无法克服时，实习负责人有责任协调，并在解决问题的基础上对完善实习课程体系以及人才培养方案提出建议。

三、实习指导教师的伦理规范

（1）实习指导教师作为社会工作教育者，应率先遵守社会工作伦理守则，发挥示范和带头作用。

（2）实习指导教师作为学生的实习督导，应履行教师职责，将遵守社会工作伦理守则作为监督学生实习表现的重要内容。

（3）实习指导教师与学生保持专业的督导关系，促进督导效能的发挥，有利于学生的专业学习。

（4）实习指导教师与实习机构的关系应围绕学生的实习工作展开，实习教师的作为应有利于学生在实习机构开展实习。

四、学校的职责

（1）学校有责任向实习指导教师、实习学生提供所需要的资源和支持，帮助他们顺利而有效地完成教学工作和实习任务。

（2）学校有责任为实习指导教师提供学习和培训机会，如组织教师参加实习督导培训或研讨会、邀请专家学者讲学等，以提升指导教师督导的能力。

（3）对初次承担实习指导的学校指导教师和机构督导，学校应安排短期的引导性课程，明确实习督导的角色，介绍实习教师的主要任务以及工作内容。

（4）学校欢迎机构为安排学生实习创造便利条件。作为回报，学校尽可能积极参加机构的专业活动，包括为机构培训员工，参加机构委员会的工作、合作从而进行课题研究等，双方可以成为互有收获的合作伙伴。

第三节　社会工作专业实习督导

实习督导是社会工作专业学生实务能力训练的一种教学方法。在督导指导下进行专业实习是对实习学生的基本要求，在一定程度上确保案主获得专业化服务。

一、实习督导的含义

所谓督导，是指实习学生在专业实践过程中，由学校专业教师或机构资深实务工作者为实习学生提供定期的、持续的监督和指导，传授专业知识与技术，以提升学生专业能力的教学活动。

接受督导是社会工作专业学生在实习过程中极为重要的学习环节。督导促进学生将课堂所学的理论知识和基本技能应用于实务过程，不仅可以保障服务质量，还有助于促进学生的专业发展和个人成长，帮助学生建立和发展专业认同感。同时，从案主利益以及实习机构的角度来讲，实习学生在督导指导下进行专业实践，在一定程度上可以避免机构因为学生实习导致服务的专业水准受到影响，使实习学生真正成为实习机构的协助者。

二、实习督导的功能

实习指导教师承担多种功能，既为学生提供专业指导，同时还要为学生提供心理支持，此外还是学生在实习过程中的管理者。

（一）教育性督导

（1）促进学生掌握不同实践领域和不同案主的实务工作要点，经由具体案例引导学生将专业理论与技术方法应用于实务。

（2）针对在实习过程中如何与理论相结合等具体问题提供专业指导，促进学生掌握分析问题的方法，引导学生从多层面、多角度解决问题。

（3）针对学生在实习过程中遇到的疑难问题与学生展开讨论，提出专业性建议，提升学生实务工作的技能与技巧。

（二）支持性督导

（1）协助学生应对因实习引发的各种情绪波动，如焦虑、紧张、失望等，为学生提供情绪宣泄的机会，予以情感支持。

（2）给予学生正面性的关怀和鼓励，帮助学生认识自己的优势与限制，正确评价自己的专业能力，使学生产生安全感和力量感。

（3）引导学生发现专业工作的意义与价值，使其产生专业满足感和成就感，形成自我激励，培养其专业认同感。

（三）管理性督导

（1）进入实习机构实习，学生在学习环境、作息安排以及生活节奏等方面与学校生活明显不同，还要与校内其他学习任务协调，指导教师有监督职能。

（2）学生要根据实习课程的具体要求与实习机构协商，在实习时间、工作内容等方面达成一致，指导教师负责监管并落实实习计划。

（3）综合考虑学生的实习表现以及实习效果，根据学生在实习过程中的专业思考和收获，对学生的实习表现进行评分，给出实习成绩。

三、实习督导的理论基础

Bogo 和 Vayda（1998）提出理论与实践的整合环路模型（The Integration of Theory and Practice Loop Model，ITP；如图8-1所示），该模型作为一种概念体系，有助于学生将课堂所学的社会工作理论与不同情境下的具体实务结合起来，同时也成为可操作性的参考框架用来指导实习督导过程。具体包括以下步骤：

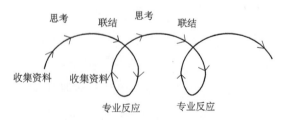

图 8-1　理论与实践整合环路模型

第一阶段收集资料（retrieval），由实习学生描述并评价所获知的案主资料，包括案主有关心理社会、人际交往、文化以及机构等多个层面的信息；第二阶段反思（reflection），帮助实习学生自我觉察由实践过程所唤起的个人化的主观反应，鼓励实习学生澄清自己的情感、思想以及假设；第三阶段联结（linkage），帮助实习学生寻找理论来解释案主资料以及所引发的个人主观反应，而这些理论知识成为进一步制定专业工作计划的指导依据；第四阶段专业反应（professional response），在此基础上，指导实习学生发现下一次会谈的方向，确定具体的会谈计划，并付诸实施。

理论与实践的整合环路模型是一个反复循环、不断深入的过程，每一次循环都有助于加深对案主的理解。随着新信息的不断获得，实习学生又会对案主形成新的经验和思考，由此沿着这个环路继续进展，直至问题解决。在具体督导过程中，理论与实践的整合环路模型四个步骤清晰明了，便于实施。

下面以一次具体督导过程为例，介绍理论与实践的整合环路模型的实际应用。实习学生首先介绍第一次会谈收集到的资料，案主是某普通中学初中二年级女生，15岁，在得知实习学生来该校专业实习后主动求助。案主自诉生活中虽有朋友但很难真心交流，常上网与陌生人聊天，通常是一旦熟悉以后就不再联系，认为很多人对自己的关心不过是同情；与人交往时自我防御极强，特别缺乏安全感，觉得自己的人生有重大缺陷。原来案主3岁时父母离婚，母亲再嫁到北京，把自己留在老家与外婆一起生活。直到小学三年级时案主才被接来北京与母亲、继父、妹妹一起生活。除与母亲关系较好外，感觉家人像陌生人一样疏离，较少交流，父母一切都以妹妹为中心。实习学生开始接受督导时表现得非常焦虑，认为案主非常不幸，值得同情，特别希望帮助案主树立一种理想信念，以考大学作为奋斗目标为之而拼搏。

接下来，指导教师在督导过程中引导实习学生反思其主观唤起的反应，经由其对自身反应的反思，探讨该如何加深对案主的理解。案主不稳定的早年生活经验激起了实习学生的同情心，实习学生认为如果案主将注意力转移到努力学习上来，不仅可以忘却生活中的烦恼，还可以早日自强自立。

这显然与作为助人者自身的经验有关。于是，引导实习学生进一步澄清案主的心理需要。

在此基础上，指导教师启发实习学生思考可以运用什么理论解释案主及其问题，将实际问题与课堂所学理论建立联结。当选择以心理社会治疗模式理论作为理论依据时，实习学生认识到案主与人交往缺乏安全感、对周围人的不信任很可能源于早年生活经验。根据"人在情境中"理论，对案主生活环境的了解有助于实习学生加深对案主的理解。

最后，指导教师帮助实习学生进一步明确了第二次会谈的工作方向，以"人在情境中"理论为指导继续收集案主家庭环境、社会环境等资料，并帮助案主澄清其感受。当实习学生以开放和接纳的态度与案主深入会谈时，使案主有机会宣泄内心积郁的愤怒情绪，工作过程由此展开。

这确实是一个比较困难的个案，从多年实习督导的教学经验来看，学生在实习过程中遇到的个案确实是越来越复杂，这也以事实说明了学生在实习过程中配备专业督导的重要性与必要性。

由此可见，应用理论与实践的整合环路模型指导督导过程有两个明显的优势：其一，有助于实习学生学会全面收集服务对象的有关资料，同时觉察由此唤起的个人反应，并在此基础上检核其主观意义；其二，有助于学生将收集到的案主资料以及通过反思觉察到的个人主观反应与课堂所学的理论知识联结起来，这样不仅可以对案主以及自身的反应做出解释，更为重要的是，可以作为理论依据设计进一步的工作计划。

四、实习督导的形式

社会工作专业实习督导大多采取小组督导和个别督导相结合的形式，即通常以小组督导为主，有特殊情况或者学生有特殊需求时辅以个别督导，两种督导形式相互补充。

（一）小组督导

小组督导是指由一名督导同时面对一组同学进行实习指导。通常小组成员是由在同一个实习机构或者同一类型实习机构实习的学生组成，大多属于封闭性质的小组，即小组在某实习课程开始时组建，到该课程实习结束时小组成员保持固定，每周组织督导讨论。小组成员遵守尊重与真诚的原则，由实习督导主持、小组成员一起探讨与实习相关的专业问题。

通常每次小组督导包括以下内容：

（1）实习督导要了解每一位小组成员的实习进展情况，有利于全盘把握全组同学实习计划是否落实、工作开展是否顺利，以便督促并保障完成实习目标，同时发现小组中共同的问题以及急需解决的问题。

（2）针对小组成员中相对普遍的问题，以具体个案为例进行深入探讨，引导小组成员相互交流和分享经验，探讨如何理解案主的问题、该个案中接下来社工要如何继续工作等。通常，在小组中会轮流关注不同实习同学的个案，确保在本学期每个同学都有被深度关注的督导机会。

（3）实习学生或经由接受案例督导，或参与其他小组成员的案例讨论获得间接学习，小组成员可以相互支持共同进步。督导不仅就小组成员在实习过程中共同遇到的问题进行小结，还可以利用小组连续督导的机会有针对性地开展实务方面的教学。

（二）个别督导

个别督导即一对一个别指导，特别是当实习学生遇到紧急情况或者实习学生遇到疑难个案而个人有较多卷入时不适合小组督导，需要更加深入地一对一指导，使实习学生得到个别化的关注和理解。

在个别督导时，先由实习学生报告在实习过程中接待的个案情况、自己提供的服务以及个人感到困惑的部分，督导要以帮助学生运用课堂所学知识和技巧更好地帮助案主为首要目标；同时考虑到个案工作对社工自身的牵连和可能造成的影响，督导也要有关注实习学生个人成长和专业发展的意识，全面发展学生的专业能力。

（三）其他形式的督导

此外，还可以有专题研讨会等其他形式的督导，在紧急情况下以电话沟通或电子邮件等形式作为补充。例如围绕某种理论或者技巧在实务中如何应用等主题组织专题研讨会，使学生有所收获。在特殊情况下，与学生非面对面的沟通，例如电话沟通、电子邮件联系等，能及时帮助学生解决实习过程中遇到的问题。深入实习机构直接观察学生实践，在现实可行的条件下还可以现场督导。

五、学校督导与机构督导的合作

学校指导教师是实习学生的学校督导,对于相对成熟的实习机构来说,所在实习机构也有指定的督导为学生提供专业指导,学校督导和实习机构督导相互结合。

(一)实习机构督导的责任

(1)帮助学生认识和了解实习机构,熟悉实习机构的政策、组织架构及工作流程,尽快融入实习机构的相关工作。

(2)为学生安排与实习任务密切相关的工作岗位,分派与其专业胜任能力相符合的工作内容,保障学生能够达到实习目标。

(3)协助学生解决在实习过程中遇到的困难,促进学生理论与实务的整合、提升技术及方法等应用技巧,帮助学生提高专业水平,确保案主得到专业化服务。

(4)给予学生情感上的支持和鼓励,提升专业自信心和专业效能感,促进发展专业认同。

(5)对学生在实习过程中涉及的伦理困境或疑难个案,要与实习学生进行深入讨论,不断积累本土化的社会工作经验。

(6)对实习学生有监督、管理职能,最后对学生在机构中的实习表现做出阶段性评估,填写机构鉴定评语。

(二)学校督导与机构督导的关系

(1)在学生实习前主动与机构督导进行沟通,方便机构督导了解实习目标和任务,具体安排实习岗位和工作内容。

(2)引导学生与实习机构建立良好的关系,当学生合理的实习要求在机构中无法得到满足时,有责任与机构督导沟通和协调。

(3)若学生与实习机构或机构督导发生冲突,学校督导应出面予以协调,促进双方的沟通和问题的解决。

六、学生接受实习督导的过程及具体要求

(1)在实习开始前,学校指导教师要与实习学生会面,组建实习小组

并明确小组规则，确定督导关系，指导学生复习相关课程，做好实习准备。

（2）学校指导教师根据实习任务向学生明确实习目标和实习任务，促进学生与实习机构的协调，确保学生能够完成实习任务。

（3）学校指导教师至少每两周为学生提供一次面对面督导，遇有特殊情况可根据学生要求及时与学生讨论。

（4）学校督导、机构督导共同对学生的实习状况进行终期评估，按要求填写评估表，给出实习成绩，并在评估表上签名。

第四节　社会工作专业实习中的问与答

一、实习学生部分

（一）实习学生的职责

- 我应该如何为实习做准备？

充分的实习准备是非常必要的，直接影响实习进程和实习效果。总体来讲，实习准备可以分为两个大的方面：一方面是专业上的准备，另一方面是专业以外的准备。

专业上的准备包括以下内容：

（1）熟知当次实习的目标和要求，明确具体的实习任务，了解自己进入实习机构的角色和职责。

（2）知识与能力准备是最重要的，例如在开始个案实习以前应具备与案主建立专业关系的能力，掌握专业会谈的基本技巧，能够依据不同的理论模式理解案主的问题等。

（3）心理准备同样至关重要，设身处地理解服务对象前来求助的复杂情绪和矛盾心情，有助于与案主建立关系。

专业以外的准备包括以下内容：

（1）有些实习机构距离学校较远，实习路途往返会比较辛苦，一方面要做好克服困难的心理准备，同时必须提前确认好行车路线，坚持准时到岗。

（2）在实习过程中应选择适宜的服装，注意个人形象和言行举止，不得过分随意，注重维护专业社工的形象。

（3）学习处理各种突发问题，特别是在为人处事、与人沟通等方面；需要注意维护与机构其他工作人员的人际关系等。

- 我如何定位自己的实习学生身份？

实习学生在服务机构里确实是一个特殊的身份，既要把自己看作是机构的工作人员，同时又要记住自己不是机构正式的工作人员。

首先，实习学生在实习过程中要把自己看作是机构的一员，意味着必须严格遵守机构的规章制度和工作程序，要有主人翁意识和责任意识，积极参与机构的相关工作，热情提供服务。

其次，要牢记自己毕竟不是正式的工作人员，尤其是在以下几个方面具有特殊性：

（1）整个实习过程应服从实习机构的安排，在机构督导的指导下开展专业工作，特别是遇到一些复杂问题或非常规问题时，应及时向实习机构请示，不得擅自决定。

（2）尽管实习中有时会被要求做与机构工作人员同样的工作，但与机构工作人员并不具有一样的决定权和自主权，比如实习学生不要掌管办公室的钥匙、有重要文件应及时向机构工作人员交接等。

（3）实习学生在实习中的实习表现以及工作能力会经常被机构以及机构督导评估，并进行评定，实习学生要虚心听取机构的建议。如果有不同建议或想法，可以和机构督导沟通，但要注意方式方法。

- 我可以自主选择实习机构吗？

专业实习一般分为两部分：一部分是指定实习，即由学校统一安排的专业实习，这部分实习不但有实习目标，还有确定的实习机构以及统一的实习时间，学校统一安排集中完成实习任务；另一部分是自主实习，即学校只提出实习目标和实习任务，并不指定具体的实习机构，经指导老师认定达到实习要求，即可认为通过该实习课程。这部分实习，学生可以根据自己的专业兴趣自主选择实习机构。

自主选择实习机构时，必须满足以下三个基本条件：

（1）确保实习机构的性质与本次实习课程的要求相符合。

（2）确保实习机构提供的工作内容与本次实习课程的任务相符合。

（3）待实习结束后，机构能够对学生的实习表现予以评定，并提供证明材料。

- 我发现实习机构安排的很多工作都不是专业工作，该怎么办？

（1）要在实习开始前与实习机构做好沟通协调，确保实习机构明确实习要求，并就即将展开的实习岗位以及工作内容初步达成一致。

（2）要强调全方位学习的理念，可能有些工作确实不在本次实习任务范畴之内，但作为主动的学习者，在其他工作中也会获得一些经验积累。

（3）既要理解有些实习机构人员短缺的实际困难，也可以换个角度理解——为机构所做的工作有时是与机构建立关系的手段，由此获得了实习机会。

（4）当然，如果实习机构安排的工作过多或者完全替代了专业实习，以至于无法完成实习任务时，可以向机构督导反映，也可以与学校指导教师协商。

- 实习机构非常重用我，甚至有一些我不太有把握的事也放手让我去做，我可以大胆尝试吗？

所有的社会工作实务都必须遵循一个最基本的原则，即以案主的利益为首要。从专业伦理的角度讲，社工必须在自己的专业能力范围之内提供服务。换一个角度理解，社会服务机构不能因为有实习学生而降低服务的品质，或者影响专业工作的质量。

理解了这一基本原则以后，也就明确了该如何处理这个问题。对于个案工作者来说，如果遇到比较困难的或者有较多个人情感卷入的个案，必须在机构督导或学校指导教师的指导下完成，要及时与督导联系获得指导和支持。如果确实超过了自己的能力范围，应向机构做好解释，实习学生必须注意要量力而行。如果在实习中做一些超出个人能力之外的工作，受到伤害的首先必然是案主，这与社会工作的基本价值理念是相违背的。

- 我很用心地投入专业工作，可仍然收效甚微，如何调整失落的心情？

初入社工岗位的实习学生常常有极高的助人热情，特别是当案主的境遇激发起其强烈的同情心和责任感时，实习学生容易视案主的问题为自己的问题，在投入很大精力的同时也会对自己的专业工作抱有很高的期望，希望能够帮助案主摆脱困境。作为社工，对自己的专业工作有一个合理的预期是非常重要的，社工要明确案主的真正需要是什么，知道哪些是社工可以做到的，同时又有哪些是社工自己无法控制的。要知道，帮助效果如何的确与社工有关，但更重要的是取决于案主。

社工可以做到的是：

（1）帮助案主自我探索，澄清自己真正的需要。

（2）和案主一起分析现实状况，分析可以利用的资源。

（3）与案主共同探讨希望达到的目标，探索解决问题的多种途径。

社工不能控制的是：

（1）案主决定做出改变的努力程度。

（2）案主改变的目标或者选择什么样生活。

（3）要求案主一定按照某种策略去尝试改变。

● 如何克服紧张，建立在专业实习中的自信心？

（1）承认自己在专业实习中的紧张与不安。实习学生在刚开始独立工作时对自己的专业能力不自信是很正常的现象，多数社工都会经历这个心理反应阶段，试着接纳自己的焦虑是缓解焦虑的第一步。坦然面对自己的焦虑，并与同学、督导分享，有利于将焦虑转化为动力。

（2）调整自己的认知。初次进入陌生的实习机构、初次开始专业实习，特别想给机构留下好印象，想证明自己的专业能力，使自己建立对自己、对自己能力的正确认知；认识到开始实习不是很熟练、不是很有把握都是正常的，接受自己处于学习过程的状态。

（3）做好充分的准备工作，加强知识储备。无论是专业上的还是专业以外的，准备越是充分、全面，对自己越有信心，对要做的工作越有把握，焦虑在一定程度上自然有所减轻。做好相关的准备，多熟悉实习机构环境、多了解实习机构政策以及工作程序，都有利于缓解紧张与不安情绪，增强自我效能感。

- 我注意到机构开展的实际工作与课堂所学的内容有些不符，该怎么办？

从理论学习到实务运用有一个整合的过程，从课堂所学到在实际工作领域落实有一个本土化的过程。特别是在我国社会工作职业化的发展阶段，从经验主义到专业化有一个转变的过程。可以参照以下原则：

（1）要尊重实习机构的工作以及工作人员。由于我国的社会工作实务正在向职业化、专业化的方向发展，在基层开展的某些实际工作与专业水准存在差距是可以理解的。

（2）鼓励学生从专业视角多观察、多思考，对现行的基层工作进行批判化思考，这是目前社会工作专业实习难以避免的现实困境，要找到理想化的实习机构并不容易。

（3）可以主动与实习机构督导讨论，但要注意时机与方式。从经验来看，实习学生在适合的场合、以谦虚的学习态度，将自己的观察以及专业反思和机构督导讨论，从中可以学到更多的东西。

- 在实习过几次以后，我发现实习机构太远了，可以改换其他实习机构吗？

除非是极为特殊的原因，如果已经在某实习机构开始实习，特别是已经开始与服务对象接触，尽量不中途更换实习机构。有以下两个原因：

（1）实习学生进入实习机构实习，所代表的不仅是实习学生自己，还包括所在学校、所在专业。如果实习学生单纯因为路途辛苦而中断实习，必将有损学校声誉，破坏学校与实习机构良好的合作关系。

（2）实习机构在同意接受实习学生以后，必将在相关的工作以及人员安排上做出一些调整。在实习开始以后又中断，会在一定程度上扰乱服务机构的工作，带来不必要的麻烦。

（3）个案工作实务通常是一个连续的服务过程，如果实习学生已经与服务对象接触，已经与案主建立专业并开始收集资料，中途却因为实习学生的离开而不得不造成服务过程中断，这是不符合专业理念的。

因此，学生在选择实习机构时务必慎重，要结合考虑诸多因素。一旦开始实习，应该做到善始善终。

- 因为生病或其他原因而不能按时与案主会面,我该怎么办?

实习学生首先要明确,尽管是以实习学生的身份在服务机构工作,但应严格要求自己,尽可能按照约定的时间与案主见面,因为这时你代表的是机构。

如果确实因为生病等某些特殊情况不能按时与案主见面,应该在第一时间联系实习机构,请接待员及时通知案主,并尽快重新安排错过的预约。

- 为什么在实习中要求学生一定要参加督导讨论会?

接受督导是提升实习学生专业能力的必要过程,督导讨论会通常被视为必不可少的教学环节。如果学生仅仅参加服务机构的实习而不接受督导,不能算是完整的专业实习。督导讨论会具有以下几方面的功能:

(1)促使学生将书本知识与社工实务相结合。经由讨论过程,一方面有助于学生经由专业实践增强对书本知识的理解和掌握,另一方面有助于学生提高实习工作的专业化程度。

(2)督导讨论会从本质上而言是教学过程,可以根据小组成员在实习中普遍遇到的问题展开专题研讨,或者指定一些学习材料共同学习等。

(3)有利于全面掌握学生实习的进展情况,及时发现并处理实习过程中遇到的问题,确保学生高质量地完成实习任务,达到预期的实习目标和要求。

- 在实习中我怎样充分利用督导?

专业实习是实习学生将书本知识转变为专业实务能力的机会,而督导是促使这一转变过程发生的人。能否最大限度地发挥督导的作用,主要取决于学生的主动意识和作为。

(1)作为学生,要有主动学习的意识,加强与督导的联系。如果仅仅把实习任务看成是工作,就会失去很多学习的机会。相反,如果把实习视为学习机会,需要更多观察、思考以及讨论,而毫无疑问督导是最好的沟通对象。

(2)要把握每一次被督导的机会。同样是参与小组督导讨论这一教学环节,学习效果常常因学生的作为不同而截然不同。一方面,要积极争取自己被督导的机会;另一方面,在别人接受督导的时候要积极参与讨论。

应该说，多参与、多投入，必定给学生带来更多的收获。

- 在实习中我发现了服务机构存在的一些弊端，可不可以向机构提出意见？

当然可以，但要注意沟通的方式方法。这里有一个基本前提，即注重调查研究。要求实习学生不仅观察到问题的表象，还要探析问题发生存在的原因；不仅看到目前的问题，还要探寻问题形成的历史；不仅能提出问题，还要尽可能地提出建设性的解决策略。

需要注意两种倾向：一种是以偏概全，实习学生毕竟不是全职工作人员，看到的可能只是部分而非整体，或者只是片段而不是全程；另一种是角色偏差，实习学生毕竟不是正式工作人员，可能因为工作角色不同而难以体验到在职人员实际工作中的难度。

最重要的问题是，要注意沟通技巧，比如在什么场合提建议、如何提建议、向谁提建议等，都是值得注意的问题。从以往的经验上来看，在实习结束以后，学生向机构提供一份书面报告阐述在专业实习中的发现与思考，是一种效果不错的建议途径。

- 我觉得实习机构安排的工作与我的实习目标不符，我有权力拒绝吗？

在实习正式开始前，实习学生应该就工作岗位以及工作内容等方面与实习机构基本达成一致，确保能够落实并实现实习目标。如果之后实习机构安排的工作与实习目标不符合，实习学生的处理方式取决于实习机构所安排的工作是什么、占多少比例、除此之外是不是安排了其他与实习目标相符合的工作。

通常情况下，实习机构会给实习学生安排一些所谓实习任务以外的工作内容，此时实习学生应注意遵循以下原则：

（1）如果实习机构在安排其他工作的同时能够保障实习任务的完成，而且确因人员短缺或工作人员也要做类似工作时，实习学生应考虑配合机构工作。

（2）如果实习机构安排的工作与实习任务明显不符，且不能保障完成实习任务，实习学生应及时与机构督导协商，必要时请学校督导出面予以协调解决。

（3）需要注意的是，虽然学生有权力拒绝实习机构安排的不合理工作，但一定要注意方式方法，避免发生冲突等。

● 因为在实习过程中工作完成出色，实习机构要发给我酬金，可以接受吗？

原则上，实习学生在实习机构完成实习，不接受酬金。但也有一些特殊情况，比如在实习过程中确实做了很多实习要求以外的工作，或者作为成员参与完成了某项目等，服务机构以交通、误餐或劳务等形式给予酬金，实习学生是可以接受的。前提是仍然以完成实习任务为基本目标，换言之，不能因为这些工作而影响了实习内容。

（二）实习伦理

● 我应该告诉案主自己是实习学生吗？

是的。首先，告诉案主自己的实习学生身份，这本身是社工真诚的具体体现，在助人关系中具有促进和示范作用；其次，尽管自己是实习学生，但不应该放松对自己的要求，降低专业工作的品质。

如果案主因为自己的实习学生身份希望更换社工时，要灵活处理，掌握以下处理原则：

（1）首要原则是尊重案主、尊重案主的选择。

（2）对案主不信任自己的工作能力表示理解和共情。

（3）同时向案主表达愿意提供服务的意愿。

（4）在此基础上尊重案主的选择。

● 了解案主的实际需求以后，我发现自己不能完全胜任，但我很想锻炼自己，我可以继续提供服务吗？

社会工作助人关系的建立和实务工作的开展，完全以案主个人的利益为中心，要优先考虑案主的需要。在这一原则的指导下，对案主的需求以及个人的专业能力进行全面评估，慎重决定是否为案主继续服务。

如果是因为自己知识不够全面、经验不够丰富，那么在征得案主同意的情况下，可以继续与案主保持专业关系，但同时必须通过查阅专业书籍、向督导请教、加强专业反思等方式提升工作能力，确保案主得到需要的服务。

如果确实因为个人阅历或者价值观念冲突等原因根本无法理解案主，为了案主的利益应该考虑予以转介。当然，还有一种选择是，在案主同意的情况下，作为助手加入到工作当中，获得学习的机会。

- 在为案主提供服务的过程中我可以录音或录像吗？

在工作过程中录音或录像，只能有两种目的：一种是所在实习机构的统一要求；另一种是社工出于学习的考虑。即使是这样的原因，也必须遵守一个前提，即尊重案主的意愿。这就是说，如果打算在工作过程中录音或录像，必须向案主解释，征得案主的同意，并签署知情同意书，说明录音或录像的目的、资料的使用方式以及保管方式。如果虽然经过解释但案主仍然不同意，则不得录音或录像。

- 如果发现自己在工作中出现错误，我应该如何处理？

首先，作为实习学生，应避免在工作中出现错误。在正式与案主接触以前应充分做好准备工作，包括阅读案主申请表、查阅相关书籍、制定计划书以及向督导请教等。

其次，如果发现在工作中出现错误，不得隐瞒事实，必须尽早主动加以解决。包括以下工作程序：

（1）向实习督导报告工作过程，与督导协商最佳的解决方式。

（2）与案主坦诚沟通，主动承认错误的行为对案主来说是真诚的示范。

（3）反思并检查自己的专业表现，汲取经验教训。

- 我可以向案主透露自己的个人信息吗？

不可以。在社会工作实务中，对社会工作者有一条基本要求是"代表工作机构"，意思是社工必须根据政策和有关条例办事，绝不允许工作者徇私情、凭感情办事。如果向案主透露个人信息，极容易将个人主观情感卷入专业工作中，影响中立的立场。因此，即便是作为实习学生，也应该以机构工作人员的身份与案主建立专业关系。

- 我有没有权利保存我的实习工作记录？

这取决于是什么样的工作记录。尊重案主的隐私是社工必须遵守的职业操守，其中包括要对在专业关系中获得的资料保密，如不得将机构的相关记录带出办公室、对相关记录应小心保管等。但如果是学生为了专业学习，记录实习过程中对专业工作的疑问、思考以及收获，这是可以保存的，但要注意对案主的可识别信息进行省略或处理。需要注意的是：要妥善保管。

- 案主赠送的礼物可以接受吗？

对于案主赠送的礼物，实习学生应慎重对待。如果处理不好，不仅会伤害案主以及与案主之间的关系，还会违背伦理守则，破坏专业形象。

如果所在的实习机构有相应的规章制度，必须遵照执行；如果没有，可自行把握以下处理原则：

（1）如果是在专业关系即将结束时案主为表示感谢赠送的小礼物，可考虑接受，适合时可与其他工作人员分享。

（2）如果是在工作过程中，当案主表示想赠送礼物时，要与案主讨论行为背后的意义，比如希望与社工建立更进一步的关系。

（3）如果案主赠送的礼物过于昂贵或特殊，在耐心解释的同时不得接受。

（4）有关案主赠送礼物的事情，可以与实习督导讨论。

- 案主约我见面，我可以赴约吗？

不可以。对实习学生的要求和专业社工一样，不可以在实习机构以外的地方与案主交往。当社工与案主有私人交往时，会出现很多不利于专业工作的问题，例如社工过度卷入对案主的判断而失去客观性、案主了解社工更私人性的信息容易对社工的影响出现抗拒等。

- 在实习中案主知道我是实习学生以后，总是希望了解我的个人信息，我可以告诉他吗？

不可以。从原则上来讲，对实习学生的要求和专业社工一样，不可以将私人性的信息透露给案主。

实习学生要分析案主询问自己个人信息背后的原因，这个问题可能有以下几层含义：

（1）如果仅仅是简单的好奇，不必过分在这个问题上纠缠，简单回答后重新把话题转向案主即可。

（2）有可能是一种测试，比如考验实习学生是否有足够的能力帮助自己，这时要对案主的担心做出共情式反应。

（3）有可能是一种阻抗，案主希望将焦点转移到社工身上，不愿意继续讨论自己的问题。

（4）还有一种可能是案主希望与社工建立私人关系，这就超出了专业关系的限制，是绝对不允许的。

当然，如果是在助人过程中应用自我表露技巧分享个人的信息，那属于另外的问题。

- 在实习过程中我感到被案主骚扰，我该怎样处理？

如果学生在实习过程中感到被骚扰，特别是感到被性骚扰，应及时向机构督导反映。这时，机构督导会根据所在机构相关的政策、法规予以处理。

作为实习学生，不要因为自己只是实习学生或是因为自己在机构不会长时间工作而保持沉默。

二、实习指导教师部分

（一）实习教师的职责

- 作为教师，应如何对待实习教师的角色？

社会工作专业的学生不仅要学习基本理论和基本技术，还要能够学以致用，即能够将课堂所学的东西应用于现实情境，认识并感受社会工作职业角色，发展职业认同。因此，除课堂教学以外，实习是必不可少的教学环节，而实习教师是确保落实实习任务、达到实习教学目标的人。

为了保证实习教学效果，通常采用小组讨论和个别讨论的方式进行，因此实习教学是一项很花费时间、需要耗费精力的教学任务。尽管实习教学通常不以课堂教学的形式出现，尽管实习教师通常同时承担其他大量繁重的教学任务，但应该以认真的态度对待实习教学。

- 实习教师的角色是什么？

实习教师最重要的角色是负责人，在充分调动学生主观能动性的同时，实习教师有责任监督并指导学生按实习要求完成实习任务。实习教师无论是与实习机构还是与实习学生都应该密切保持联系，及时发现问题、解决问题。实习教师所做的一切工作都应该遵循三个原则：

（1）确保学生在实习中为案主提供符合实习机构要求的专业服务。

（2）确保学生以及学校与实习机构保持良好的合作关系。

（3）确保学生在实习过程中完成实习任务，获得专业发展。

- 实习教师的工作任务包括哪些？

根据实习不同阶段划分，实习教师具体的工作任务包括：

（1）在实习开始前，向学生阐明实习任务与要求，明确对实习机构的基本要求，强调实习纪律。

（2）在实习初期，负责审核学生选择的实习机构是否符合实习要求；对于未落实实习机构的学生予以协调，并与实习机构初步取得联系。

（3）在实习过程中，监督学生的实习进程，确保其完成实习任务，并及时协调解决学生在实习过程遇到的问题。

（4）在实习结束时，组织学生分享总结实习经验，结合学生的实习表现评定成绩，并走访实习机构获得反馈。

（二）实习督导

- 在社会工作专业实习过程中，为什么要安排督导环节？

督导是社会工作专业实习过程中至关重要的、不可或缺的教学环节。从某种角度来说，如果缺少督导环节，实习的效果势必大打折扣。督导过程有以下几个教学目的：

（1）帮助学生将课堂所学的基本理论、基本技术与实务工作相结合，提升对专业知识的理解和把握。

（2）及时发现并解决学生在实习工作中以及与实习机构之间的问题。

（3）促进学生自我觉察，提升专业能力，发展专业认同。

因此，尽管督导环节不是课堂教学的形式，但其重要性丝毫不亚于课堂教学。从教师的角度而言，要确保督导教学时数，保证督导效果；要严格要求学生出勤，确保参与讨论、投入学习。

- 怎样安排实习过程中的督导更有利于学生的学习？

实习督导的教学安排应以有利于学生的学习为原则。

从形式上来看，采用小组督导和个别督导两种形式相互补充。小组督导的好处是：对于小组成员共同遇到的问题集体讨论，不仅可以提高工作效率，还有利于相互激发集思广益。个别督导的好处是：对个别同学遇到的特殊问题单独跟进，更能注意到个体化差异，促使其在更深层次上反思和觉察。

从时间安排上，以固定时间见面讨论为主。但当学生遇到紧急问题的时候，应有灵活多样的辅助形式，例如紧急约见、电话沟通、电子邮件答疑等。

（三）实习伦理

- 作为实习督导，有可能更了解学生，如何对待学生的隐私？

如同有义务尊重案主的隐私一样，实习督导有义务尊重学生的隐私。一方面，实习督导要分清督导与心理咨询的界限，在督导工作过程中注意跟进的程度，确保学生安全的界限；另一方面，对于督导过程中获知的个人资料要注意保密，不要因此对学生产生偏见，要预见可能由此带来的影响并及时采取措施。

- 作为实习教师，如何保管学生上交的实习记录？

作为实习教师，有责任妥善保管学生上交的实习记录。尊重案主的隐私是社工必须遵守的职业操守，其中包括对工作记录的处理。作为教师应成为学生的典范，小心保管学生上交的实习记录。

- 作为学校督导，如何处理与学生实习机构、机构督导的关系？

第一，双方是平等的工作关系。学校督导应对实习机构、机构督导给予充分的尊重，尊重他们的工作方式、理解他们在接待实习学生过程中付出的辛苦与努力。对于学生对实习机构以及机构督导的抱怨，要从积极的方面予以引导。

第二，学校督导要主动与实习机构取得联络。本着对学生负责的态度，学校督导要以主动的姿态与实习机构、机构督导保持联系，虚心听取反馈，及时发现问题予以解决。

第三，学习督导是学生与实习机构的协调人。如果实习机构以及督导确实在实习安排上不利于学生的专业实习，也要明确提出来，请实习机构予以解决，以保证实习效果。

参考文献

中文文献

[1] 巴黎. 小学生自卑心理成因及干预策略探究 [J]. 科技创新导报, 2011 (29).

[2] 包学雄, 王浪花. 完善民族地区社区残疾人服务探析 [J]. 广西社会科学, 2008 (3).

[3] 蔡翾飞. 残疾人社会工作模式在特殊教育学校的应用 [J]. 山东省团校学报, 2010 (76).

[4] 陈华峰, 陈华帅. 婚姻状态对老年负性情绪影响的队列研究 [J]. 中国心理卫生杂志, 2012, 26 (2).

[5] 陈建兰, 曹莉丹. 个案工作＝心理咨询？[J]. 苏州科技学院学报（社会科学版）. 2008, 25 (1).

[6] 陈煜, 曾辉, 刘勤. 对围术期儿童心理保护的探索 [J]. 中国现代中西医杂志, 2005, 3 (5).

[7] 程利娜. 社会支持、自我效能感对丧偶老年人主观幸福感的影响 [J]. 公共卫生与预防医学, 2013 (1).

[8] 常凤华. 心理干预对小儿先天性心脏病手术配合行为的影响 [J]. 齐鲁护理杂志, 2007, 13 (2).

[9] 崔杰. 养老机构环境因素与老年人生活质量的关系研究 [J]. 安康学院学报, 2010, 22 (1).

[10] 狄文婧, 陈青萍. 丧偶老年人主观幸福感及其影响因素 [J]. 中国心理卫生杂志, 2009, 25 (5).

[11] 杜景珍. 个案社会工作——理论·实务 [M]. 北京：知识产权出版社, 中国水利水电出版社, 2007.

[12] 高鸿云, 徐俊冕, 黄国英. 先天性心脏病儿童的心理行为研究 [J]. 国外医学儿科学分册, 2001, 28 (1).

[13] 郭永松, 张良吉, 李平, 等. 医务社会工作调解医患纠纷的途径与方法 [J].

中国医院管理，2009（3）.

[14] 顾东辉. 社会工作的价值观、冲突及对策［J］. 北京科技大学学报（社会科学版），2004（2）.

[15] 焦金波，王超，李绍伟. 专业社会工作者伦理价值选择之优先序列［J］. 中国矿业大学学报（社会科学版），2005（2）.

[16] 黄红，初智巍. 社会工作专业实习的现实困境分析［J］. 黑龙江高教研究，2009（7）.

[17] 江娅. 社会工作中的伦理困境和价值冲突［J］. 中国青年政治学院学报，2007（1）.

[18] 江娅. 老年社会工作的理论基础［J］. 中国青年政治学院学报，1998（2）.

[19] 廖荣利. 社会个案工作［M］. 台北：幼狮文化事业公司，1992.

[20] 李锦燕，张丽萍. 支气管哮喘患儿的心理特征分析及心理干预［J］. 中华护理杂志，2004，39（5）.

[21] 李修霞. 个案工作在机构养老中的作用探索——以合肥市甲老年公寓为例［J］. 重庆城市管理职业学院学报，2010，10（1）.

[22] 李艺敏，孔克勤. 大、中、小学生自卑感结构及发展特点［J］. 心理科学，2010，33（1）.

[23] 林孟平. 辅导与心理治疗［M］. 香港：商务印书馆（香港）有限公司，1999.

[24] 刘继同. 改革开放30年以来中国医务社会工作的历史回顾、现状与前瞻［J］. 社会工作，2012（7）.

[25] 刘庆利，张月华，何彦凛，高淑萍. 术前心理干预对先天性心脏病患儿心理行为的影响［J］. 护理实践与研究，2005，2（6）.

[26] 刘杰，孟会敏. 关于布郎芬布伦纳发展心理学生态系统理论［J］. 中国健康心理学杂志，2009，17（2）.

[27] 刘洋，李珊. 浅析丧失与哀伤辅导［J］. 社会心理科学，2009（6）.

[28] 马洪路. 残疾人社会工作［M］. 北京：中国社会出版社，2010.

[29] 毛苏，陈秀英，郑昆幼. 老年人的身心特点与健康教育对策［J］. 健康咨询，2005（5）.

[30] 莫黎黎. 医务社会工作［M］. 台北：台北桂冠图书股份有限公司，2001.

[31] 米峙. 丧偶事件对老年人的影响［J］. 中国老年学杂志，2011，31（10）.

[32] 彭希哲，梁鸿，程远. 城市老年服务体系研究［M］. 上海：上海人民出版社，2006.

［33］齐建. 我国医务社会工作的半专业化现状及其发展建议［J］. 中国社会医学杂志，2011，28（3）.

［34］钱铭怡. 心理咨询与心理治疗［M］. 北京：北京大学出版社，1994.

［35］汤夺先，张传悦. 我国大陆地区残疾人社会研究综述［J］. 安徽农业大学学报（社会科学版），2012，21（2）.

［36］万素梅，郭在军. 困境与抉择：城市老年人生活现状的调查——来自黄石市城区的个案分析［J］. 湖北师范学院学报（哲学社会科学版），2008，28（4）.

［37］汪方东，叶碌，凌云，等. 心理干预对学龄前先天性心脏病儿术后适应性的影响［J］. 浙江预防医学，2003，15（5）.

［38］吴顺芬，陈刚. 小儿先天性心脏病的治疗进展：国产封堵器的应用及评价［J］. 中国组织工程研究与临床康复，2009，13（35）.

［39］王思斌. 社会工作概论［M］. 北京：高等教育出版社，2006.

［40］王亚利，闫迎军，郝桂兰. 先天性心脏病患儿手术后行为问题探讨［J］. 山东医药，2002，42（10）.

［41］许利娅. 个案工作［M］. 北京：高等教育出版社，2004.

［42］徐小平. 论城市社区老人心理健康社会工作服务体系的建构［J］. 福建论坛（社科教育版），2008（12）.

［43］杨文慧. 残疾人就业面临的难题及对策［J］. 中国残疾人，2007（2）.

［44］于囡璐. 残疾儿童康复的社会工作介入研究［D］. 苏州：苏州大学，2011.

［45］易钢，吴斌. 案主自决的理论、实践及其选择［J］. 理论学刊，2007（6）.

［46］翟进，张曙. 个案社会工作［M］. 北京：社会科学文献出版社，2001.

［47］张乐天. 社会工作概论［M］. 上海：华东理工大学出版社，2005.

［48］张雨明. 中国女性老年人的生活现状与需求研究——与日本比较［D］. 上海：华东师范大学资源与环境科学学院，2008.

［49］赵春双，陈长香，张红，等. 婚姻及社会支持状况对老年人认知功能的影响［J］. 护理研究（上旬版），2010（11）.

［50］郑传芹. 自卑心理研究综述［J］. 郧阳师范高等专科学校学报，2004（4）.

［51］郑功成. 社会保障学［M］. 北京：中国劳动社会保障出版社，2005.

［52］JERRY M BURGER. 人格心理学［M］. 陈会昌，等，译. 北京：中国轻工业出版社，2010.

［53］S CORMIER，B CORMIER. 心理咨询师的问诊策略［M］. 张建新，等，译. 北京：中国轻工业出版社，2004.

[54] JONATHON D BROWN. 自我 [M]. 陈浩莺, 薛贵, 曾盼盼, 译. 北京: 人民邮电出版社, 2004.

[55] DAVID R SHAFFER. 发展心理学: 儿童与青少年 [M]. 邹泓, 等, 译. 北京: 中国轻工业出版社, 2005.

英文文献

[1] ANDREWS G, TENNANT C, HEWSON D M, et al.. Life Event Stress, Social Support, Coping Style, and Risk of Psychological Impairment [J]. The Journal of nervous and mental disease, 1978, 166 (5).

[2] M BOGO, E VAYDA. The Practice of Field Instruction in Social Work: Theory and Process [M]. University of Toronto Press Incorporated, 1998.

[3] LEUARENCE M BRAMMER. The Helping Relationships: Process and Skills [M]. Prentice-Hall, 1979.

[4] R R CARKHUFF. Helping and Human Relations [M]. New York: Holt, Rinehart and Winston, 1969.

[5] CHRIS L CLARK. Social Work Ethics: Politics, Principles and Practice [M]. Macmillan Press Ltd., 2000.

[6] G EGAN. The Skilled Helper [M]. Monterey, California: Brooks/Cole, 1975.

[7] FRANK A C, DONALD H S, BRIAN G C, et al.. Behavioral Adjustment of Children with Surgically Palliated Complex Congenital Heart Disease [J]. Journal of Pediatric Psychology, 1996 (3).

[8] S GUPTA, R M GIUFFRE, S CRAWFORD, et al.. Covert fears, anxiety and depression in congenital heart disease [J]. Cardiol Young, 1998, 8 (4).

[9] S LAWOKO, J J F SOARES. Quality of life among parents of children with congenital heart disease, parents of children with other diseases and parents of healthy children [J]. Quality of Life Research, 2003 (12).

[10] H MICHAEL. Values in Social Work [M]. England: A shgate publishing company, 2001.

[11] C H PATTERSON. Relationship Counseling and Psychotherapy [M]. New York: Haper & Row, 1974.

[12] C H PATTERSON. The Therapeutic Relationship [M]. Monterey, California:

Brooks/Cole Publishing Company, 1985.

[13] C R ROGERS. On Becoming a Person [M]. Boston: Houghton Mifflin, 1961.

[14] S A STONFFER, et al.. Adjustment during Army Life. Volume 1 [J]. The American Soldier. New York: Princeton University Press, 1949.

[15] P P VITALIANO, W KATON, J RUSSO, et al.. Coping as an index of illness behavior in panic disorder [J]. The Journal of nervous and mental disease, 1987, 175 (2).

后 记

时间匆促,一晃已入职北京理工大学人文与社会科学学院社会工作系工作十年。十年间本人一直承担"个案工作"教学,并担当"社会工作方法实习"督导。从心理学转入社会工作,尽管两个学科确实有很多共通性,但毕竟属于不同的学科范畴,直到现在还依稀记得十年前初次承担课程时的惴惴不安。静心回味十年来的工作与实践,个案工作实务还真是"桥梁"呢。

我国经济快速发展,在社会转型时期不可避免地会出现种种社会问题,维持社会稳定、促进全面和谐成为根本目标,要求社会工作必须同步发展——这可以从《国家中长期人才发展规划纲要(2010—2020)》将社会工作人才队伍建设首次作为国家中长期人才发展规划战略重点之一,中国特色社会工作制度与社会工作人才队伍建设首次成为国家人才强国战略的重要组成部分得到证明。但显而易见的是,社会工作在我国属于舶来品,无论是社会工作理论还是实务都处于发展的初级阶段,尚需本土化实践探索。

本手册是本人在指导学生实习过程中督导过的个案,尽管不那么完美,确有很多地方仍需要完善,但在一定程度上反映了我国目前个案工作实务领域的现状。实务篇收录了北京理工大学社会工作专业学生毕业实习服务的个案,在他们为案主服务的过程中本人提供督导,在他们完成毕业论文的过程中本人给予指导,在收入实习手册时本人又进行了删改。感谢同学们的通力合作,欣赏大家的专业精神与积极探索。

本手册是北京理工大学985Ⅲ期特别资助的教改项目,恰逢社会工作专业建系十年、本人入职本校十年，非常感谢有此机会留下如此珍贵之纪念。尽管只是实务手册，虽然尽心尽力，但深知一定有很多不妥之处，还望前辈、同行、同学批评指正，本人必将仔细斟酌。

安　芹

2014.12